Manifest Presence

MANIFEST PRESENCE
Copyright © 2005 Jack W. Hayford
All rights reserved.
Originally Published by Sovereign World Ltd
Korean translation Copyright © 2013 by Seorosarang Publishing

하나님의 임재를 경험하는 예배

(개정판)

잭 W. 헤이포드 지음 / 채수범 옮김

서로사랑

하나님의 임재를 경험하는 예배(개정판)

1판1쇄 발행 2007년 5월 25일
2판1쇄 발행 2013년 2월 14일

지은이 잭 W. 헤이포드
옮긴이 채수범
펴낸이 이상준
펴낸곳 서로사랑(알파코리아 출판 사역기관)
만든이 이정자, 윤종화, 주민순, 장완철
        이소연, 박미선, 엄지일
이메일 publication@alphakorea.org

등록번호 제21-657-1
등록일자 1994년 10월 31일
주소 서울시 서초구 방배1동 918-3 완원빌딩 1층
전화 02-586-9211~4
팩스 02-586-9215
홈페이지 www.alphakorea.org

ⓒ서로사랑 2013
ISBN _ 978-89-8471-305-5 03230
* 이 책은 서로사랑이 저작권자와의 계약에 따라 발행한 것이므로
  본사의 허락 없이는 어떠한 형태나 수단으로도 이 책의 내용을 이용하지 못합니다.
* 잘못된 책은 바꿔 드립니다.
* 가격은 뒤표지에 있습니다.

차례

감사의 글_ 9

들어가는 글: 마지막 시대를 뒤흔들고 있는 대 진동_ 12

제1부 예배로의 부르심

1장 | 하나님의 나타나심_ 25
    살아 계신 하나님께서는 우리에게 찾아오실 순간을 기다리고 계신다

2장 | 점점 고조가 높아져 가는 성령님의 예배_ 42
    예배로 부르심

3장 | 인격적인 하나님을 경배하는 기쁨_ 56
    예배에 따르는 상급

4장 | 영광의 무게에 따라 가치가 결정되다_ 72
    예배의 실체

5장 | 신령과 진정으로 드리는 예배_ 83
    예배의 핵심으로 들어가기

6장 | 우리의 예배를 받으시기에 합당하신 분께 드리는 예배_ 104
    우리가 예배를 드리는 분은 어떤 분이신가?

제2부 예배의 능력

7장 | 거룩한 성품의 아름다움_ 129
    예배에는 정결하게 하는 능력이 있다

8장 | 왕이 임하실 자리_ 144
    성경이 말하는 예배의 근거

9장 | 예배를 통하여 땅을 차지하다_ 155
        예배에 따르는 약속

10장 | 크고 높은 목소리로 드리는 예배_ 167
        경배와 찬양의 노래

11장 | "은총(은혜)이 있을지어다"라고 선포하고 "아멘"으로 화답함_ 203
        예배를 통하여 확인받는 것

제3부 예배의 목적

12장 | 생활 방식으로서의 예배_ 229
        예배에 따르는 희생

13장 | 성막 안에서 사용하는 기구와 식양(式樣)_ 243
        예배 모범

14장 | 우리가 마땅히 드려야 할 예배_ 261
        예배의 마음을 신체적으로 표현함

15장 | 성만찬 상: 승리의 식탁_ 283
        예배의 중심

16장 | 하늘과 땅을 연결하는 예배_ 298
        손으로 표현하여 올려 드리는 예배

17장 | 예배의 질서와 규모_ 316
        다른 사람들을 예배 가운데로 인도하는 문제에 관해서

18장 | 보좌에 계신 하나님을 만남_ 345
        예배의 절정

부록 1 | 예수 그리스도를 인생의 주님과 구세주로 영접하는 기도_ 362
부록 2 | 주님께 당신의 인생을 성령으로 채워 주시도록 초청하는 기도_ 365

이 책을 …

우리 주 예수 그리스도께 드립니다.
제가 아버지의 보좌 우편에 계시는
주님 앞에서 드리는 예배 가운데서
노래와 거기에 따르는 능력과 권세를 발견했을 때,
주님께서는 그 은혜와 긍휼하심 가운데서
성령님과 영원하신 말씀으로,
나의 영혼에게는 노래하는 법과,
나의 마음에는 순종하는 법을,
그리고 나의 영에게는
하늘로 높이 날아가는 법을 가르쳐 주셨습니다.

오셔서 왕으로 다스리소서!

오셔서 왕이 되시옵소서.
지금 우리가 찬양하며,
여기서 주님께 머리 숙여 경배를 드리는 바로 지금 오시옵소서.
우리가 여기서 당신을 찬양하며 경배를 드리는 동안에 오시옵소서.
예수님, 지금 이 자리에서 왕이 되시옵소서.
지금 오셔서 당신의 은혜를 다스려 주옵소서.

당신을 향하여 열려 있는 모든 심령들과,
당신을 환영하며 모셔 들이기 위하여 높이 든 손들을 보시옵소서.
예수님, 지금 이 자리에서 왕이 되시옵소서.
지금 오셔서 당신의 은혜로 다스려 주옵소서.

사랑의 아버지 하나님께 영광을 돌리세.
하늘로부터 다스리시는 그분의 아들에게 찬양을 드리세.
진리의 성령님, 당신께 감사를 드립니다.
우리는 성삼위 하나님께 경배를 드립니다.
전능하시고 거룩하신 주님,
주님과 같은 이가 없나이다.
예수님, 지금 이 자리에서 왕이 되시옵소서.
지금 오셔서 당신의 은혜로 다스려 주옵소서.

오, 우리가 얼마나 주님을 사모하는지요.
다시 오시옵소서. 인류의 구세주이신 예수여, 다시 오시옵소서.
지금도 이미 우리가 당신의 권능 가운데서 기뻐하오나,
우리는 기다리는 마음으로 그 시간이 오기를 구하나이다.
나팔소리가 울리고, 구름이 걷히리니
그때에는 모든 눈이 주님을 보게 되리라.
그 날이 올 때까지 우리는 계속 주님을 찬양하리니
주 예수여, 오셔서 우리의 왕이 되시옵소서!

잭 W. 헤이포드

감사의 글

　책을 출판하는 저자들은 모두 여러 사람들에 대해서 빚진 자의 심령을 가지게 된다. 또한 저자가 자신의 책에 그저 이 페이지와 같이 간단한 내용을 첨부하는 것으로 그런 큰 빚이 청산될 수 있다면 그것도 전혀 공평하지는 않은 일일 것이다. 저자의 책을 보기에도 그렇게 아름답고, 독자들이 쉽게 잘 이해할 수 있도록 내용도 꼼꼼하게 편집하고 출판하여 서점들로 배송하는 일을 하는 이들은 모두 능력이 뛰어난 사람들일 뿐 아니라 마음이 넓은 사람들이다. 나는 다음과 같은 사람들에게 많은 빚을 지고 있다. 그리고 내가 여기서 이름을 언급하는 모든 사람들을 알게 해 주신 하나님께 깊은 감사를 드린다.

　이 책을 출간해 준 Chosen Books 출판사의 편집장인 제인 캠벨에게 감사를 드린다. 제인은 오히려 내가 마땅히 이 책에 그렇게 쏟아 부었어야 할 것이라고 생각할 정도로 원고를 세심하고도 꼼꼼하게 여러 번이나 읽어 주었으며, 내가 수정을 요청하며 귀찮게 구는 것도 이해해 주고, 오히려 나에게 시간적인 여유를 허락해 주며 도움을 주었다. "나는 제인이 나에게 그러한 시간과 여유를 허락해 준 일이 당신과 당신의 편집 팀을 상당히 불편하게 했다는 사실을 알고 있습니다. 당신의 그러한 넓은 아량은 전혀 예상하지 못했던 급한 일들과 일정들에 쫓겨 다니는 나에게 아주 큰 격려가 되었습니다. 또한 막판에 가서는 정해진 출판 일정에 맞추기 위해서 평소보다 두세 배나 높은 강도로 작업을 해야 하는 상황까지도 감수해야 했던 당신의 부지런함은 기독교 출판사의 책임자로서 당신에게 진정으로 섬기는 종의 마음이 있는 모습을 보여 준 것이었습니다."

팀 페팅게일과 앤 맥매쓰 와인하이머에게도 감사를 드린다. "이 책을 출판하는 과정에서 가장 힘들고 어려운 일에도 기꺼이 마음을 드려서 충성스럽게 감당하는 당신의 헌신이 없었다면 이 책은 처음부터 출판되는 단계에까지 오는 그 먼 거리를 완주하지 못했을 것입니다. 그대들은 강의를 시작할 때는 그 내용을 편집하여 한 주제의 책으로 출판하리라고는 생각하지도 못했던 24개의 강의 테이프를 듣고, 정리하여 아주 읽기 쉬운 한 권 책 분량의 원고로 만들었습니다. 그대들이 해낸 일은 나로 하여금 앞으로 또 한 권의—바라기는—읽을 만한 책을 출판할 수 있는 방향으로 나가는 길을 열어 주었답니다."

우리 King's College와 Seminary에서 발간하는 모든 서적들의 편집장으로서 내가 쓴 여러 권의 책을 출판할 때마다 개인적인 편집인 역할을 해 주고 있는 셀리마 네모이는 내가 이 책의 원고를 편집하는 일을 도와주기 위해서 특별히 더 먼 거리를 오가야 했다. 내가 예배라는 주제에 대해서 지금까지 써 왔던 다른 글들에, 최근에 알게 된 진정으로 가치 있고 시기적절한 내용을 첨부하여 이 책이 나오기까지는 그의 도움이 컸다. 내가 이 책을 통해서 최고의 목적에 도달할 수 있었던 것은 셀리마가 이 책에 담긴 영적인 원리들을 잘 이해하고 있었기 때문이다. 나는 독자들이 우리가 이 책을 만들려고 노력한 목표는 이 책이 단지 '하나의 메시지'가 되는 것 이상이라는 사실을 발견하게 되기를 바란다.

우리가 이 책을 만든 목표는 성령님께서 이 책을 사용하셔서 모든 독자들의 생각을 변화시키시고, 인생을 변화시키시며, 예배 인도자들에게 영향력을 미쳐서 그들의 예배 생활이 넓어지고 확장되는 것이다.

그리고 마지막으로는 언제나처럼…

"나의 사랑하는 아내 애나. 그대는 반세기 동안 나와 함께 결혼생활과 사역뿐 아니라, 같이 예배의 삶을 배우며 살아가는 삶 가운데서 인생의 여정을 함께 걸으며 같이 성장해 온 동반자이기에 그 누구보다도 이 책의 내용을 더 잘 알고 있는 사람일 것이오. 당신이 없었다면 우리가 같이 경험해 온 이 모든 축복이 가능했을 것이라고는 전혀 상상할 수 없다오. 그 축복이란 우리가 주님의 부르심을 따라서 날마다 주님의 보좌 앞에서 경배를 드리며 나아갈 때, 우리의 소중한 주님께서 우리에게 그리고 우리를 통해서 친히 자신의 생명을 흘러넘쳐 나가게 하심으로써 언제나 우리 인생의 기쁨과 열매가 더 넓어지고 풍성해지도록 해 주신 것이었다오."

잭 W. 헤이포드

들어가는 글

− 마지막 시대를 뒤흔들고 있는 대진동 −

나는 타고 있던 런던 히드로공항행 비행기가 영국의 해안 근처로 들어가는 것을 보면서 좌석에서 몸을 돌려서 비행기의 창문을 통해서 통로를 지나서 나에게 쏟아져 들어오는 이른 아침의 햇살을 보았다. 그때 나는 비행기 객실 안으로 강하게 들어오는 오렌지 빛으로 물든 붉은 아침 햇살 속에 어떤 사람이 웅크리고 앉아 있는 모습을 보고 적잖이 놀랐다.

대부분의 승객들은 아직도 자고 있었다. 우리는 전날 밤 12시경에 뉴욕공항을 이륙해서 밤새도록 날아왔다. 그리고 잠에서 깨어나서 주위를 둘러보다가 비행기 객실의 동이 트는 아침 햇빛 속에서 두 사람을 보면서 깊은 인상을 받았다. 한 사람은 바닥에 무릎을 꿇고 앉아 있었으며, 다른 한 사람은 그 사람으로부터 몇 발자국 떨어진 곳에 서 있었다. 그 모습은 마치 그 사람이 저만치에 꿇어 엎드려 있는 다른 사람과는 상반되는 어떤 것을 대표하고 있는 듯했다.

바닥에 엎드려 있는 사람은 겉모습으로 봐서는 아랍인이며, 하는 행동으로 봐서는 이슬람교도임이 분명했다. 그 사람이 자기가 타고 있는 비행기 안에서 느끼는 방향감각에 따라서 메카를 향하여 가능한 한 좀 더 가까운 곳이 되는 방향으로 기도용 양탄자를 펴 놓고 그 위에 꿇어 앉아 있는 것으로 볼 때 그것은 분명한 사실이었다. 그는 여러 번이나 반복해서 이마가 양탄자에 닿도록 절을 했다. 그것은 그 사람이 자기가 어디에 있든지 간에 예배는 자기가 마땅히 해야 할 의무요, 명령이라는 확신에서 나온 행위였다.

그 근처에 서 있는 사람은, 정통적이고 보수적인 유대인들이 특별히 예배를 드릴 때 착용하는 작은 머리 덮개들 가운데 하나인 두건을 쓰고 있었다. 그의 길고 곱슬곱슬한 구레나룻 수염은 그 사람이 하시딕 (Hasidic, 18세기 폴란드에서 일어난 유대교의 한 파. 신비적 경향이 강함) 출신임을 말해 주고 있었다. 그 사람은 자신이 이 일에 아주 열심을 가지고 있다고 말해 주고 싶기라도 한 듯이 리듬에 맞추어 머리를 앞뒤로 흔들면서, 손에 펴든 기도문을 조용하지만 분명하게 읽고 있었다. 이 사람에게도 예배란 자기가 선택할 문제는 전혀 아니었다.

이 두 사람 모두는 인생의 초점이 각각 자기들이 하나님으로 알고 섬기며 존경하는 존재에로 온전히 맞추어져 있었다.

내가 예배에 관한 이 책을 비행기에서 본 두 사람의 이야기로 시작한 이유는 두 가지이다. (1) 역사의 이 시점에서 그 이야기를 하는 것이 너무나 시기적절하다고 생각했기 때문이며, (2) 교회는—그리고 교회의 주님이신 예수 그리스도를 믿는 모든 그리스도인들—지금 어떤 중요한 시험에 직면해 있는 것으로 생각하기 때문이다. 우리가 살아가고 있는 이 시대는 '사람들의 영혼을 테스트해 보는' 시대이며, 그리스도인으로서 우리의 테스트는 우리의 예배가 역사의 이 시점에서 현재 어떤 결과라도 일으키고 있는지의 여부를 결정하는 기준이 무엇이라고 생각하는 것인지에 관한 것이다.

우리는 적어도 지금까지의 역사 가운데서 의심할 수 없을 정도로 가장 결정적이고 중요한 시점에 와 있다. 지금은 모든 것이 다 진동하며 흔들리는 시대이다. 그러한 흔들림은 온 세상 정부들의 문제로부터, 온 세계의 환경 문제뿐만 아니라 세계 경제 문제까지 인류의 모든 영역에서 일어나고 있다. 오늘도 예외 없이 전 인류 차원의 재앙 같은 규모의 사건들이 일어나고 있다. 그런 일들은 이제 아주 일상적인 일이 되어 버렸다. 그리고 문화권, 정치, 군대, 사상 그리고 자연계 자체 내에서도 거대한 충돌과 갈등이 일어나는 이 시대에, 최소한 우리가 마지막 시대에 일어날 대 요동(흔들림)의 전주곡을 듣고 있는 것일 수도 있다고 믿는 것은 어려운 일이 아니다. 하나님의 말씀에도 그렇게 흔들리는 모습이 기록되어 있다.

"너희는 삼가 말씀하신 이를 거역하지 말라 … 그 때에는 그 소리가 땅을 진동하였거니와 이제는 약속하여 이르시되 내가 또 한 번 땅만 아니라 하늘도 진동하리라 하셨느니라" (히 12:25~26).

이 말씀은 어떤 면에서 보든지 간에 우리로 하여금 정신을 번쩍 차리게 하는 말씀이다. 그리고 지금 이때가 역사 최후의 절정적인 순간이든지, 혹은 또 하나의 대격변이라는 급진적인 변화의 시대를 겪고 있는 것이든지 간에 다음 구절은 지금 우리가 어떻게 살아야 할지를 말해 주고 있다.

"그러므로 우리가 흔들리지 않는 나라를 받았은즉 은혜를 받자이로 말미암아 경건함과 두려움으로 하나님을 기쁘시게 섬길지니(예배할지니) 우리 하나님은 소멸하는 불이심이라"(히 12:28~29).

내가 비행기 안에서 본 사람들의 행동에서뿐 아니라 위의 본문에는 전혀 놓칠 수 없을 정도로 분명하고 중요한 사실이 있다. 예배는 모든 것의 중심이 될 정도로 중요한 문제라는 것이다. 위의 히브리서 본문이 말하는 것처럼, 우리가 이러한 시대에 구체적으로 분명하게 받은 부르심과 소명은 바로 정확하게 '하나님을 섬기는 것', 즉 하나님께 예배하는 것이다. 우리는 우리가 새로운 차원의 경건함과, 또한 하나님의 영광스러운 임재하심과 그분의 능력에 대하여 아주 민감한 마음으로 하나님께 예배를 드림으로써 우리에게 변화가 임하게 될 정도로 깊은 차원의 예배를 드리라는 부르심을 받고 있다. 오늘날 하나님의 아들이신 예수님을 섬기고자 하는 모든 개인들과 교회들에게는 절대적으로 그리고 반드시 예배를 통하여 그러한 변화를 경험하는 일이 필요하다.

지금 교회의 예배에는 변화가 일어나고 있다. 최소한 나의 50년 동안의 목회 기간의 3분의 2 정도나 되는 기간에 나는 교회에서 예배에 대한 의식이 깨어나면서 예배가 회복되는 모습을 지켜보거나, 직접 그러한 과정에 폭넓게 참여해 왔다. 예배의 회복은 새로운 생명력으로 예배의 순서와 의식(儀式)을 뚫고 지나가면서, 때로는 당혹스러울 정도로 기존 편견들을 무너뜨리고 있으며, 전통에 대해서 새로운 도전을 제시하며 타파해 나가고 있다. 그러한 현실은 많은 사람들에게 생명력과 신선함을 가져다주기도 했지만, 동시에 어떤 경우에는 예배의 회복과 갱신이라는 것이 실제로 무엇인지에 대해서 왜곡과 혼란과 잘못된 정의가 나오게 되는 '여지'를 만들기도 했다. 오늘날의 예배 부흥이란 무엇을 말하는가?

예배 회복이란 음악에 관한 문제가 아니다. 예배의 방식을 현 시대에 맞추어, 현대적으로 만들어 나간다는 것도 아니다. 문화의 변천에 대한 반응도 아니다. '멋있거나', 현대의 히피 문화나, 시대를 따라가자는 운동이 아니다. 흐릿한 눈빛으로 하나님과 친밀함을 누리자는 것도 아니다. 하나님께 대해서 신학적으로 정확해지자는 것도 아니다.

예배의 회복이란 하나님의 임재하심 안에서 우리의 마음가짐을 가다듬어 가는 것이다. 우리가 하나님의 임재하심 안에 함께 들어가 머묾으로써, 그곳에서 진정으로 하나님을 알아 가는 제자들을 일으키는 것이다. 또한 우리가 순결한 예배를 드릴 때 성령님께서 일으켜 주시는 변화의 역사를 말하는 것이다. 또한 예배의 회복이란 최후에 있을 전쟁에 대해서 준비하는 것이기도 하다.

불행하게도 앞에서 말한 두 사람의 경우는 오늘날 나타나고 있는, 진정한 예배와 극렬하게 대립적인 상황을 대표적으로 보여 주고 있는 사례이다. 그것은 하나님의 법과 인간의 무법천지 상황 사이에 존재하는 아주 오래된 갈등과 대립 상황이다. 또한 예배란 그러한 대립 국면의 결과적인 사건이라는 사실을 우리에게 극명하게 보여 주고 있다. 더 나아가 그 사람들은 자기들이 예배에 대해서 평균적인 그리스도인들의 수준을 뛰어넘는 정도의 분명한 확신과 일관성 있는 태도와 담대함을 가지고 있다는 사실을 보여 주고 있다. 사실 하나님을 진정으로 예배하는 우리 중 많은 사람들에게조차도 예배에 대한 확신과 일관성과 담대한 태도가 분명한 것이 아니라 혼란스럽게 뒤죽박죽되어 있다. 그것은 실제로 우리의 심령과 가정과 교회들 가운데 예배에 대해서 더 깊은 차원의 개혁이 일어나지 않는다면, 그리스도의 교회에 대해서는 정말로 깜짝 놀랄 만한 정도로 불길한 징조이기도 하다.

그리스도인들로서 예배에 대한 우리의 헌신이 얼마나 둔감하고 느린지에 대해서는 런던으로 가던 비행기 안에서 두 사람이 전혀 부끄러워하지 않고 자신들을 예배로 드리고 있는 모습에서도 나타난다. 예배에 대한 그들의 헌신은 그들의 마음 중심으로부터 나오는 행동인 예배로, '새벽을 깨우는' 모습에서뿐 아니라 예배에 대한 그들의 생각과 마음 자세가 얼마나 확고한가 하는 것에서도 나타나고 있다. 즉 자기들의 하나님께 예배를 드려야 한다는 확신은 단지 예배에 대한 관념적인 생각들이나, 혹은 그 두 사람이 모두 각자 모스크나 회당에서 다른 사람들과 공식적인 모임을 가질 수 있을 때까지는 예배의 표현을 **보류해야겠**다며 자신의 체면을 의식하는 생각을 넘어서는 강력한 어떤 결단을 요구하고 있는 것이다. 그들은 자신들의 하루를 자신들이 섬기는 신들에게 바치기 위해서, 그곳이 어디든지 간에 자기들이 있는 곳에서 경배를 드렸다. 또한 그들은 분명한 열정으로, 머리를 조아리거나 앞뒤로 끄떡이는 행동에 대해서 전혀 부끄러워하지 않고, 남들이 다 보도록 각각 기도용 양탄자를 깔거나 기도서를 손에 들고 각자의 신에게 예배를 드렸던 것이다.

보통의 그리스도인들은 그렇게 하지 않는다. 우리는 '은혜'라는 개념에 대해서 크게 오해하여 성령님께서 우리에게 예배에 대해서 우리의 인생을 변화시키는 원리 혹은 법칙들은 가르쳐 주시지 못하도록 그분을 거부하고, 잠이나 자고 있다. 어떤 사람들은 그 두 사람뿐 아니라 그들처럼 믿고 있는 수백만 명의 사람들이 보여 주는 그러한 열성이 현재 그들 각자의 종교들 가운데 존재하는 영적인 역동성을 실제로는 어느 정도로나 반영하며 설명해 주는 것인지를 반문하면서 의미를 격하시키기도 한다. 그렇다면 전 지구상에 깜짝 놀랄 만한 속도로 확산되어 가는 이슬람 세력과, 또한 전 세계적으로 고통 받고 있는 유대인 공동체를 지탱시켜 주고 있는 원초적인 생존력에 대해서 생각해 보기 바란다.

이러한 모든 상황들 가운데서 우리는 지금 막판을 향하여 나아가고 있다. 그 두 사람은 현실의 모습을 잘 요약해서 보여 주고 있다. 그러한 현실은 우리에게 장황한 신학으로 해명하거나 따뜻한 아침이 되면 안개처럼 사라져 버릴 일일 뿐이라는 식으로 치부해 버릴 수도 없는 질문을 제기하고 있다. 우리는 우리 자신에게 다음과 같은 질문을 해 보아야 한다.

- 이슬람 세력을 전 세계적으로 확산시키고 있는 적그리스도의 영이 힘을 얻고 있는 이 시대에 그리스도의 복음은 점점 더 진척되고 확산되어 나가게 될 것인가, 아니면 퇴보하게 될 것인가?
- 반 유대민족 사상이 전 세계적으로 일어나며, 이제는 그리스도인들도 이스라엘 편에 설 것인지 그들의 반대편에 설 것인지를 결정할 것을 요구받고 있는 이 시기에, 이스라엘 국가와 전 세계에 흩어져 있는 유대인들은 또다시 대학살의 시기를 맞아야만 하게 될 것인가?

나는 여러분이나 내가 스스로 이러한 질문을 해 보고 싶은지의 여부와는 전혀 관계없이, 또한 여러분이 위와 같은 질문들에 대해서 부정적인 대답을 할 가능성은 전혀 없는 역사관을 가지고 있다 하더라도 이 책의 주제와 관계해서 아주 실제적인 이유로 위와 같은 질문을 여러분에게 제시했다. 그 이유는 내가 바로 예배가 그러한 질문에 대한 대답을 결정한다고 믿고 있기 때문이다.

나는 마지막 시대에 관한 이러한 사실들은 성령님께서 두 번째로 세상을 뒤흔드시려는 이유의 한 부분(그러나 아주 중요한 한 부분)에 불과할 뿐이라는 사실을 알고 있다. 우리가 살고 있는 세상이 흔들리고 있는 이유는 국가적인, 그리고 국제적인 문제들 외에도 하나님께서 지금 역사하고 계시기 때문이다. 하나님께서는 생명력 있는 교회 안에서, 또한 그러한 교회들 사이에서, 그러한 교회들을 통하여, 그리고 그러한 교회들의 범위를 넘어서 그리스도를 영화롭게 하시기를 원하신다. 하나님께서는 "성령이 교회들에게 하시는 말씀을" 들으려는 사람들을 점점 더 깊어지는 차원에서 예배의 진정한 의미와 그러한 예배의 능력을 베푸시는 은혜의 자리로 부르고 계신다.

우리가 하나님을 구하고 바란다면, 그것이 바로 하나님의 그러한 부르심에 응답하는 것이다. 하나님의 권능과 능력뿐 아니라 하나님 자신을 구하는 것이다. 하나님의 영광뿐 아니라 그분의 임재하심이 지금부터 영원히, 그리고 영원토록 눈에 보이도록 나타나시는 것을 구하는 것이다! 아멘! 하나님을 그러한 마음으로 구한다면 더 이상 우리는 우리 자신의 전통에 최면 걸리듯이 빠져 있거나, 지금 가지고 있는 전제들에 만족하며 앉아 있을 수는 없게 될 것이다. 또한 우리 가운데 우리가 예배가 진정으로 무엇인지를 이해하고 있다고 스스로 착각하게 될 위험에 빠지지 않을 사람은 없다. 심지어 내가 이 책에서 다루게 될 내용을 여러분들에게 제시하면, 여러분은 나에 대해서 내가 '예배가 무엇인지를 진정으로 알고 있는 소수'의 선택된 사람들 가운데 한 명이라고 생각하게 될 위험도 있다. 그러나 나도 내 자신이 예배가 무엇인지를 온전하게 이해하고 있다고는 생각하지 않는다. 나는 내가 지금까지 (예배가 무엇인지에 대해서) 한평생 동안 배우는 사람이었으며, 지금도 그렇게 배워 나가고 있는 중이라는 사실을 알고 있다. 이 책에서는 내가 지금까지 그렇게 배워 온 것이 무엇인지를 조금 말해 주려고 한다.

나는 내가 그리스도뿐만 아니라 그분의 교회를 섬기라는 부르심을 받은 사람이라는 사실을 알기 때문에, 이 책의 머리말을 내가 열여섯 살 때 우리 교회의 목사님이 하신 말씀을 성경책 뒤표지에 적어 놓았던 격언으로 마치려고 한다.

> 하나님은 지금 우리가 어떤 사람인가 하는 것보다는 우리가 어떤 사람으로 변화되어 가는가 하는 것에 더 많은 관심을 갖고 계신다.

그래서 나는 "이 때에"(에 4:14) 이 책을 여러분 앞에 내놓는다. 내가 이 책에서 하려고 하는 말이 여러분과 내가 모두 '주님을 알아 가는 길을 계속 가는 일'에 도움이 되기를 바란다. 우리는 예배를 통해서 주님을 더욱 알아 가야 하며, 진동하며 흔들리는 것 이면에 계시는 영원하신 하나님을 간절한 마음으로 찾고 있는 이 세상 가운데서 주님을 더욱 빛내야 한다. 하나님의 선택받은 백성인 교회가 그렇게나 많은 사람들이 갈급해 하며 사모하는 마음에 응답하여 그렇게 갈급한 마음을 채워 주게 되는 원동력은 언제든지 예배이며, 또한 이 세상의 구도자들은 바로 우리가 드리는 그러한 예배 가운데서 참되시고 살아 계신 하나님, 곧 우리 주 예수 그리스도의 아버지이신 분이 눈에 나타나도록 친히 분명하게 임하시는 것을 발견하게 된다. 예배는 이렇게 중요한 문제다.

예수 그리스도의 이름 안에서
여전히 '변화해 나가는' 아이에 불과한
잭 W. 헤이포드

하나님의 임재를 경험하는 예배

JACK HAYFORD

제1부

예배로의 부르심

경배하세 경배하세 나신 왕께 절하세

오, 교회여 일어나 목소리를 높여라.
그리스도께서 사망과 지옥을 무너뜨리셨도다.
온 땅이 기뻐하니 즐거이 노래할지어다.
부활의 찬양 소리 드높다.
와서 경배하세, 와서 경배하세.
부활하신 왕, 그리스도께 경배하세.

사망이 주님을 뉘었던 무덤을 보라.
지금은 빈 무덤이 입을 열고 선포하도다.
"그분은 생명의 보좌에 계신 분이니
사망과 나도 그분을 가둬 둘 수가 없도다."
와서 경배하세, 와서 경배하세.
부활하신 왕, 그리스도께 경배하세.

세상이 훤화하며 진동하는 소리를 들어 보라.
그 능력으로 돌문을 여셨도다.
지옥의 모든 노예들이 달려들지라도
주님의 때는 막을 수 없었도다.
주님이 이기셨도다, 주님이 이기셨도다.
그는 그리스도 주, 부활하신 왕이시라.

의심이 머리를 쳐들고 불평하며
조롱하는 자들이 비웃으며 죄인들이 놀리도다.
그러나 진리는 놀라운 사실을 선포하나니
깊은 생각을 가진 심령은 기쁨으로 그 진리를 받도다.
주님 다시 사셨네, 주님 다시 사셨네.
부활하신 왕을 맞으라.

오, 예수님, 주님의 부활하심을 찬양하나이다!
이제 주님의 승리를 노래하나이다.
죄나 사망이 우리를 사로잡으려고 할지도 모르나
주님의 승리가 우리를 자유롭게 하시나이다!
승리 가운데 굳게 서라, 승리 가운데 굳게 서라.
부활하신 왕이신 그리스도께 경배하라.

잭 W. 헤이포드

1장

하나님의 나타나심

- 살아 계신 하나님께서는
우리에게 찾아오실 순간을 기다리고 계신다 -

내가 강의를 하려고 강단으로 올라서자 한 5백 명이나 되는 리더들이 나를 따뜻하게 맞아 주었다. 그들은 대부분 젊은 찬양 가수들, 악기 연주자들 그리고 각 교회의 예배 분야에서 지도자들로 섬기고 있는 사람들이었다. 그들의 평균 연령대는 25~30세 정도인 것 같았다. 그들은 누가 강사로 온다고 하더라도 오히려 강사 자신이 큰 용기를 얻을 정도로 밝은 얼굴과 간절히 사모하는 듯한 표정으로 기다리고 있었다. 나는 지난 2년 동안 벌써 여러 번이나 그런 분위기 속에서 강의를 했으며, 이번이 열 번째 강의였기 때문에 강사를 따뜻하게 맞아 주는 청중뿐 아니라, 청중이 그렇게나 간절한 마음으로 흥분되어 있는 분위기에 익숙해 있었다. 나는 그때 인테그리티 뮤직(Integrity Music)과 함께 예배 세미나를 주관하는 특권을 누리고 있었으며, 이제 세미나 개회를 위한 전체 집회가 막 열리려고 하던 참이었다.

여러분들과 내가 이 책을 시작하려는 지금 이 순간에도 나는 그때와 아주 비슷한 기분을 느끼고 있다. 우리는 지금 생명력 있는 그리스도의 교회가 21세기로 들어가고 있는 이때에, 성령님께서 예배에 대해 부어 주려고 하시는 전 세계적인 각성과 부흥을 통하여 우리가 받을 수 있는 잠재적인 축복을 구하며 나아가는 여정에 같이 참여하고 있는 것이다.

- 성령님이 부어 주시는 각성은 예배로의 부르심이다. 성령님은 우리가 그리스도께 영광 돌리는 일을 도와주고 싶어 하신다.
- 성령님이 부어 주시는 각성은 하나님의 보좌로 나아가라는 명령이요, 지시이다. 하나님의 보좌가 곧 권능과 능력의 원천이다.
- 성령님은 예배를 위한 매뉴얼(안내서)의 저자이시다. 우리는 하나님의 말씀을 공부하고 연구해야 한다.

성령님께서는 정말로 모든 곳에 있는 그리스도인들을 부르고 계신다. 지금 온 세상은 성령님께서 우리로 하여금 예수님의 이름 앞에 머리를 숙이고, 기도하고, 목소리를 높여서 그 이름을 높여 드리도록 우리의 마음을 움직이고 계신다는 사실을 깨달아 가고 있다. 다시 말하면, 성령님께서는 우리에게 살아 계신 하나님께 경배를 드리고자 하는 마음을 일으켜 주고 계신다. 그러나 그 이유는 무엇인가? 성령님께서 하시려는 일은 무엇인가? 내가 이렇게 말하는 이유는 인간이 하나님께 예배를 드리는 것이 합당하지 않거나, 바람직하지 않거나 중요하지 않은 일이었던 때는 실제로 한 번도 없었기 때문이다. 그리스도인들이 개인적으로 하던 일을 멈추고 하나님 앞에 무릎을 꿇고, 친히 자신의 아들이신 우리 주 예수 그리스도를 통하여 우리에게 주신 값으로 매길 수 없는 구원의 은혜라는 선물뿐 아니라, 우리에게 날마다 베푸시는 자비하심에 대해서 겸손과 찬양과 감사를 드리는 마음으로 손을 높이 드는 것은 언제라도 합당하고 중요한 일이었다. 그렇지 않은 적은 한 번도 없었다.

그렇다면 이제 와서 우리를 예배로 부르시는 이유는 무엇인가? 하필이면 교회 역사의 이 시점에서 예배가 현 시대의 표어가 되고 있는 이유는 무엇이겠는가? 수천 명의 젊은 지도자들이—가끔씩은 그들의 담임 목사님들과 함께—만 이틀씩이나 자기들의 일상적인 일정들을 모두 희생하면서까지 한 가지 목적, 즉 만유의 창조자이시며 그리스도 안에서 영원한 생명을 주시는 분이신 지극히 높으신 하나님께 예배를 드리는 일에 대해서 더 깊이 이해하고, 자기들의 은사와 재능의 초점을 전적으로 그러한 일에 맞추는 것을 강조하며 진행해 나가는 세미나에 참석하는 이유는 무엇인가?

위와 같은 질문에 대한 대답은 분명하고 간단하다. 전능하신 하나님께서는 곧 임하실 것이기 때문이다. 그래서 하나님께서는 지금 사람들에게 예배하고자 하는 마음을 일으켜 주고 계시는 것이다. 세상의 분위기와 상황 속으로 하나님을 환영하며 모셔 들이는 일에 있어서 가장 중요한 것은 예배이기 때문에, 그분의 성령님께서는 지금, 말하자면 자신의 백성들의 심령에 '전능하신 왕이 너희에게 곧 임하시리니 붉은 양탄자를 깔고 준비하라'는 감동을 주고 계시는 것이다.

분명히 밝혀 두어야 할 것이 있다. 나는 지금 만왕의 왕이신 분이 궁극적으로 임하시는 사건인 주님의 재림을 말하는 것이 아니다. 내가 여기서 '임하신다'는 표현에 대해서 하나님의 아들께서 마지막 나팔 소리와 큰 호령으로 어린 양의 혼인 잔치를 위하여 영광과 권능으로 임하시는 예수 그리스도의 재림 사건을 의미하는 것으로 정의하려는 의도는 전혀 없다. 내가 여기서 좀 더 직접적으로 그리고 구체적으로 말하고자 하는 것은, 하나님께서는 인간의 상황이라는 영역 안으로 들어올 준비가 다 되어 있으시며, 또 마음으로 그렇게 하시고 싶어 하신다는 사실에 대해서이다. 즉 하나님께서는 바로 오늘, 그 영광과 영적인 권능으로 친히 자신을 우리에게 나타내 보이시기를 원하신다. 하나님께서는 여러분과 내가 살고 있는 곳에서 구속의 시나리오를 일차적으로 실현하시는 분으로서, 지금 날개를 펴고 기다리고 계신다. 예배가 바로 하나님께서 그렇게 우리에게 임하시도록 초청하는 일이며, 하나님께서는 우리의 그러한 초청에 응답하신다.

좀 더 구체적으로 말한다면, 나는 여러분들에게 그런 일들이 이미 일어나고 있다고 장담할 수 있다. 나는 이미 열정적으로 그리고 거룩한 방식으로 드리는 예배, 따라서 하나님께서 이미 응답하시는 예배를 드리는 것이 생명력 넘치는 습관으로 완전하게 자리를 잡은 예배자들이 엄청나게 많다는 사실을 잘 알고 있다. 아마 여러분들도 그럴 것이다. 그렇다. 지금 우리가 이 책장을 넘기는 순간에도 예배를 통하여 하나님의 거룩하신 은혜가 수천 곳의 수백만 명의 사람들의 심령에 들어가서 파도처럼 흘러넘치게 될 길이 예비되고 있다. 따라서 하나님께서는 수백만 명의(실제로는 수십억 명의) 사람들이 있는 곳으로 들어오시려고 준비하며 기다리고 계시지만(즉, 재림), 동시에 지금도 이곳저곳들로 임하고 계신다. 하나님께서는 상황들 속으로 뚫고 들어오셔서 권능으로 행하시며, 친히 자신의 은혜를 증명해 주실 뿐 아니라, 자신의 절대주권적인 능력을 보이시고, 자신의 나라를 확장시켜 나가시며, 사람들과 교회와 지역 사회들과 온 세상을 모두 변화시켜 나가신다. 하나님께서 이러한 방식으로 임하신 상황들의 공통분모는 하나님의 축복의 단비, 즉 하나님께서 권능으로 임하시는 일이 일어나기 전에 먼저는 하나님께 올려 드리는 찬양의 구름이 떠올랐다는 사실이다.

우리의 눈에 보이도록 나타나는 하나님의 임재하심

신중한 사람들은 "하나님께서 임하신다, 들어오신다"는 말을 들으면 걱정하며 우려를 표하는 경향이 있다. 그러나 내가 이러한 단어를 사용하는 것은 그것이 성경적인 표현이기 때문일 뿐 아니라, 내가 정말로 하고 싶은 말이기 때문이다. 또한 사랑하는 독자 여러분들이 이 책의 처음 단계에서 내가 어떤 의도로 이러한 표현을 사용하고 있는지를 반드시 이해하기 바란다. 나는 앞의 문단에서 하나님께서 (1) 지금 일어나고 있는 일을 인간이 흉내 내거나 만들어 낼 수 있는 능력 이상의 방식으로 일어나게 하시고, 그리고 (2) 그런 일들이 하나님께 전적으로 예배를 드리려는 결단이 없었다면 그저 평범한 이들이었을 보통 사람들이 겸손한 마음과 열정으로 하나님을 예배하기로 결단하게 되는 상황과 나란히, 혹은 곧 이어서 연속적으로 일어나도록 하시는 방식으로, (3) 또한 개인적인 삶이나 공동체적인 인간 환경 가운데서 일시적이거나 임시적인 것 이상의 결과들이 일어나게 하는 방식으로 역사하시는 사례들과 장소들을 설명하기 위해서 여러 가지 표현들을 사용했다. 간단하게 말한다면, 어떤 일이 눈에 보이도록 나타난 것이다. 하나님의 손길이 우리가 못 본다는 것은 불가능할 정도로 분명하게 나타나서 역사하신 것이다.

나는 교회 지도자들 가운데 아주 많은 사람들이 하나님의 임재하심에 대해서 (1) 하나님께서는 친히 자신을 나타내시기 전에 먼저 사람들이 그분이 그들 가운데 임하시도록 초청해 드리기를 기다리시며, (2) 예배란 바로 그렇게 해 주시도록 하나님을 초청해 드리는 방법이라는 두 가지 개념에 대해서 받아들이지 못하고 불편해하고 있다는 사실을 알게 되었다. 나는 그들이 어려워하고 있는 부분을 이해한다. 그들은 내가 하나님은 능력이 없는 분이시거나, 아니면 우리가 먼저 예배나 하나님께서 행동하시도록 부추기는 일을 해 드리지 않으면 그냥 수동적인 분으로 계시는 분이라고 말하고 있는 것으로 생각하고 있다. 그러나 성경은 전혀 그렇게 말하고 있지 않으며, 오늘날 예배가 무엇인지를 진정으로 이해하고 있는 사람들도 예배를 삶에 그렇게 적용시키지는 않는다.

아마 여러분들도 오늘날에 일어나고 있는 예배의 부흥에 대해서 험담하는 사람들이 '예배는 하나님의 나라가 임하도록 불러들이며, 그 나라가 임하는 길을 예비하는 일이다' 라는 개념에 대해서, 일반적으로 그러한 주장은 하나님이 우리가 조종할 수도 있는 분임을 의미하는 것이라고 비판하며 조롱하고 공격하는 소리를 들어 보았을 것이다. 물론 사실은 그와는 정반대이다. 하나님은 하나님이시다. 이것은 분명한 실체이며, 영원히 영광스럽고 변할 수 없는 사실이다. 하나님은 모든 것 위에 전능하시고, 말로는 표현할 수도 없을 정도로 영화로우시며, 우리의 생각을 뛰어넘는 지혜를 가지신 분이고, 측량할 수 없을 정도로 사랑이 많은 분이시다. 그러나 이러한 사실이 위대하고 참인 동시에, 또한 하나님께서는 우리가 이해할 수 없을 정도로 오래 참으시는 분이시며, 그분이 인간을 다루시는 방법에 대해서는 사람들이 삶 속에서 의식적으로 하나님을 환영하며 원하기로 결정하는 마음을 갖게 될 때까지 기다리시기로 친히 스스로 정하시고, 그것을 굳게 지키시는 부분이 있다.

하나님의 거룩하신 섭리 가운데서는 인간의 자유의지가 하나님의 절대주권적인 의지와 충돌하지 않는다. 하나님의 절대주권은 인간이 자유의지를 사용해서 하나님께로 나아올 것을 요구하신다. 즉 세상의 일들과 인간의 상황에 대한 하나님의 뜻은 하나님께서 사랑과 권능의 자리로 나오라고 부르시는 부르심에 인간이 응답하는 것이다. 그렇지 않으면 하나님께서는 자신의 영광과 권능을 사람들에게 좀 더 충만하게 나타내지 않으시고 제한하신다. 바로 이러한 원리야말로 우리의 기도는 응답되며, 기도는 변화를 일으킨다고 믿는 기대의 근거가 되는 진리이기도 하다. 내가 주일학교 시절에 교회 벽에 붙어 있던 동판에 새겨져 있던 글귀대로 '기도는 만사를 변화시킨다'.

예수님께서 친히 가르쳐 주신 기도의 방법에서처럼 기도는 하나님의 임재하심으로 들어가는 디딤돌이다. 예수님께서는 우리에게 "이렇게 기도하라"고 말씀하신다(마 6:9-13).

1. 너를 만드신 창조주와 특별한 관계가 있다는 사실을 알고 나아오라 - "하늘에 계신 우리 아버지여"
2. 모든 것 위에 뛰어난 하나님의 거룩하신 영광을 인정하고 놀라는 마음으로 경배드려라 - "이름이 거룩히 여김을 받으시오며"
3. 너의 세계 속으로 하나님의 역사하심을 초청해 드려라. 땅의 필요에 대해서 천국의 가장 좋은 것으로 채워 주시기를 구하라 - "나라가 임하시오며 뜻이 하늘에서 이루어진 것 같이 땅에서도 이루어지이다"

그 다음부터 이어지는 모든 기도의 내용들은 하나님의 뜻과 사역이 일어나는 출발점이며 목표인 예배에 근거하여 하시는 말씀이다. 다른 곳에서는 그렇지 않더라도 주님께서 가르치신 기도에서는 그러한 예배의 원칙이 아주 분명하게 제시되고 있다.

물론, 기도의 자리가 연약하고 죄로 가득한 인간이 영원하신 하나님의 전능하신 능력과 은혜의 역사의 실체를 분명하게 경험할 수 있는 유일한 장소는 아니다. 성경은 하나님의 거룩하신 오래 참으심이 얼마나 깊은 성품인지에 대해서, 따라서 어쨌든 하나님께서는 자신의 역사를 이루시는 일에 인간을 동반자로 삼으시기로 결정하신 예들로 가득하다. 또한 하나님의 말씀은, 하나님께서는 인간의 마음이 하나님의 보좌와 연합하고, 또한 그렇게 함으로써 하나님의 임재하심을 초청하고 구하거나 환영하며 받아들이면 하나님께서 강하게 역사하실 준비가 되어 있으시다는 사실을 보여 주고 있다. 예를 들면, 에베소서 3장 20~21절은 이 문제에 대해서 다음과 같이 균형을 맞추어 주고 있다.

> "우리 가운데서 역사하시는 능력대로 우리가 구하거나 생각하는 모든 것에 더 넘치도록 능히 하실 이에게 교회 안에서와 그리스도 예수 안에서 영광이 대대로 영원무궁하기를 원하노라 아멘"

자주 인용되곤 하는 위의 말씀에서, 바울과 에베소 교인들이 예배와 하나님의 역사하심들 간의 역동적인 관계를 얼마나 많이 인정하고 있는지에 대해서 살펴보기 바란다. 물론 오늘날에는 이런 관계가 이해되는 경우는 아주 드물다.

1. 하나님의 능력은 넘치는 **능력**이다 – "능히 하실 이에게"
   하나님은 마치 흘러 나갈 수로(水路)를 찾고 있는 세차고 강력한 강물과 같은 분이다. 그러나…
2. 흘러 나갈 **권능**과 능력의 정도는 구속받은 인간들에 의해서 결정된다 – "우리 가운데서 역사하시는 능력대로"
   간단히 말하면, 그러한 권능의 정도와 크기는 바로 하나님의 권능, 즉 하나님만큼 크시지만, 그러한 권능이 나타나는 통로는 바로 인간의 열린 태도와 심령이라는 것이다.
3. 예배와 영광은 하나님께 속한 것이다 — "교회 안에서와 그리스도 예수 안에서 영광이 대대로 영원무궁하기를"
그러한 원리가 언급되자마자 그러한 통로에 대해서 언급하고 있는 것은 우연이 아니다. 초대 교회의 그리스도인들은 예배와 하나님의 능력이 그들의 삶과 교회와 세상 가운데 나타나는 것 사이에는 직접적인 관계가 있다는 사실을 이해하고 있었다.

내가 이렇게 말한다고 해서 인간의 지위를 성경이 말하는 위치보다 높은 것이라고 말하거나, 하나님을 하나님의 보좌에서 내려오시도록 하거나, 그분을 인간에게 의존적인 분으로 격하시키는 것은 아니다. 그렇게 하는 것은 비성경적인 일이다. 그러나 성경이 알려 수는 바에 의하면, 하나님께서 인간의 동의나 선택이 없이 인간에게 부과하시거나 허락하시는 일의 범위에는 제한이 있다고 분명하게 말하고 있다. 그리고 하나님께서는 친히 자신의 아들이시며 구세주이신 분을 따르기로 결정한 그분의 구속받은 백성들이 하나님의 길을 배우며 예배의 길을 따라 걸어가기로 결단할 때는 기꺼이 그들이 상상할 수 있는 범위를 넘어서 "더 넘치도록"(exceedingly abundantly) 응답해 주시려는 마음을 갖고 계시는 것 같다.

예배는 하나님께서 우리가 사는 세상 가운데서 역사하시는 차원을 점점 더 깊어지도록 확장시켜 나간다. 말 그대로 예배는 하나님께서 권능으로 임하셔서 어둠의 세력을 당황하게 만드시고 죄의 파괴적인 역사를 무너뜨리시도록 문을 열어 드리는 일이다. 바울이 표현하는 영적인 전쟁의 용어로 말한다면, 경배와 찬양은 하나님을 높여 드리는 일일 뿐 아니라, 하나님보다 자기들을 높이는 사건들이나 사실들과 세력들을 무너뜨리는 일이다(고후 10:3~5). 사람과 상황을 변화시키시고 구속하시며 해방시키시는 하나님의 능력이 나타나도록 하는 것은 하나님의 임재하심, 즉 하나님의 존재와 신격이 있으신 그대로 그러한 우리의 상황으로 들어오시는 것에 달려 있다.

그러나 나는 다른 입장을 가지고 있는 신학자들이 이러한 주장을 다음과 같이 다루고 있다는 사실을 알고 있다. 그들은 비판적인 시각으로 "예배가 하나님의 임재하심을 초청하고 불러들이는 일이라고?" 하며 반문하기도 한다. 그들은 계속해서 "하나님은 당신이나 내가 임하시도록 구하든지 말든지 간에 이미 함께 계신다!" 고 말한다. 그들은 그러한 느낌표를 사용함으로써 예배가 하나님의 임재하심이 우리가 사는 세상에 그렇게 강력한 차원으로 나타나시는 일에 어떤 차이라도 가져오게 된다고 하는 주장을 날카롭게 공격한다. 나는 그리스도인들이 그러한 반대 주장들을 듣고 마음속에 의심이 생겨서 예배에 대한 마음이 좌절되는 것을 막고, 그러한 의심을 벗겨 내고, 이 문제를 분명하게 규명하기 위해서 내가 어떤 의미로 '임재하심' 이라는 단어를 사용하는지를 밝히도록 하겠다.

하나님의 임재하심은 우리에게 두려운 마음을 일으키며(awesome), 우리 안에 거하시며, 아주 놀라운 일을 일으킨다

(awesome은 두려운, 공포심이 생기는, 경외스러운 등의 의미이다―옮긴이)

성경은 하나님께서 자신의 임재하심을 나타내시는 방식에는 최소한 세 가지 차원이 있다고 말해 주고 있다. 물론 하나님은 모든 곳에 계신다. 그러나 하나님께서 자신을 나타내시기로 하시는 방식에는 어떤 구분이 있다. 하나님의 경이로운(awesome) 임재하심, 지속적인(abiding) 임재하심 그리고 하나님의 놀라우신(amazing) 임재하심이다.

우리에게 두려운 마음이 생기게 하는 하나님의 임재하심

'경외심이 생기게 하다'(awesome)는 단어는 과거에 사용하던 '놀라운'(awful)이라는 단어를 현대적으로 표현한 것으로서 '두려움과 놀람으로 가득 차다'(filled with awe)는 의미이다. Awful이란 오늘날에 사용하는 것처럼 뭔가 무서울 정도로 끔찍하게 나쁜 것을 말하는 것이 아니라, 경외감(awe)으로 가득하게 되는 것을 의미한다. 일반적으로 이 단어는 우리가 궁극적으로 하나님 앞에 서서 우리의 삶에 대해서 책임지고 심판을 받게 될 것을 가리킬 때 사용하는 단어이다. 우리는 마침내 최후의 "주의 크고 영화로운(NKJV는 'awesome') 날"에 하나님 앞에 서게 될 것이며, 하나님께서는 우리에게 책임을 물으실 것이다. 우리는 영원하신 하나님의 임재하심 앞에 서게 될 것인데, 그분의 임재하심은 두렵고 경외심이 일어나게 하는 광경일 것이며, 따라서 그 앞에 선다는 것은 깜짝 놀랄 만한 일이 될 것이다.

하나님의 임재하심에 대한 이러한 모습은, 오늘날 우리 사회가 교만으로 가득한 허영으로 가득 차서 하나님을 두려워하는 마음이 없어지게 된 것은 말할 것도 없고, 지난 몇 년 동안에는 교회도 하나님의 이러한 임재하심에 대해서 신학적으로 별로 언급하지 않아서 이제는 빛을 잃게 되었다. 그래서 시편의 기자는 이렇게 부르짖는다: "내가 주의 영을 떠나 어디로 가며 주의 앞에서 어디로 피하리이까." 그러한 질문에 대한 대답은 분명하다. 피할 곳은 없나이다! 주님은 무소부재하시니이다!(시편 139편을 보라) 히브리서 4장 13절은 이렇게 말한다: "지으신 것이 하나도 그 앞에 나타나지 않음이 없고 우리의 결산을 받으실 이의 눈 앞에 만물이 벌거벗은 것 같이 드러나느니라."

하나님의 임재하심의 이러한 모습은 우리를 겸손하게 만들어 준다. 하나님의 말씀에는 하나님의 임재하심의 이러한 모습이 다음과 같이 요약되어 있다.

1. 하나님은 모든 곳에 다 계시며(무소부재, 無所不在), 모든 것을 다 보고 계신다.
2. 하나님은 공의로우시며, 우리가 말하는 것과 행동하는 모든 것에 대해서 다 심판하실 것이다.
3. 우리는 그러한 말과 행동들에 대해서 하나님 앞에서 책임을 지게 될 것이다.

이러한 사실들을 모두 종합해 보면, 우리는 두렵고 떨리는 마음으로 하나님께 예배를 드리며, 하나님 앞에서 조심스럽게 행하고, 다른 사람들과의 관계에서는 사랑과 공평을 행하며, 선한 일을 해야 한다.

우리 안에 영원히 거하시는 하나님의 임재하심

하나님께서는 우리를 대해 주시는 두 번째 차원의 관계를 다음과 같이 계시해 주신다. 즉 그것은 개인적이고 인격적인 관계에서의 부드럽고, 서로를 이해해 주며, 따뜻함이 있는 관계이다. 우리가 죄에 대한 회개와 예수님을 의뢰하는 믿음을 통해서 아버지께 나아가게 되었을 때, 우리의 구세주께서는 하나님의 임재하심에 대해서 전적으로 더 풍요로운 차원을 보여 주신다: "나의 계명을 지키는 자라야 나를 사랑하는 자니 나를 사랑하는 자는 내 아버지께 사랑을 받을 것이요 나도 그를 사랑하여 그에게 나를 나타내리라"(요 14:21).

이것은 "내가 결코 너희를 버리지 아니하고 너희를 떠나지 아니하리라"(히 13:5), "내가 세상 끝날까지 너희와 항상 함께 있으리라"(마 28:20) 등의 약속들로 인해서 더욱 깊어진 특별한 차원의 관계이다. 이러한 임재하심은 우리에게 하나님과의 사이에 개인적인 친밀감이 생기도록 해 줄 수 있는 방식으로, 즉 "주 나와 동행하시며 늘 말씀하시네"(통일찬송가 151장의 원래 가사는 "나와 동행하시고, 나와 말씀하시며, 내가 주님의 것이라고 말씀하시네"이다-옮긴이)라는 옛날 찬송가의 가사에 표현되고 있는 것처럼, 가깝고 소중한 분으로 알고 그분께 나아와 예배를 드리라는 초대의 말씀이다.

하나님의 임재하심에 관한 이러한 진리의 흐름은 하나님께서 모든 인류와 가지시는 관계를 말하는 것으로서, 경외심이 생기게 할 정도로 두려운 무소부재의 임재하심이라는 객관적인 실체로부터 시작하여, 하나님께서 친히 개인적, 인격적으로 우리 안에 거하시는 임재하심을 말하는 주관적인 관계로 이어진다. 이것은 하나님께서 친히 자신이 구속하신 모든 백성들과 가지시는 관계를 말한다. 하나님의 임재하심에 관한 진리는 이러한 두 번째 차원으로부터 다시 흘러 나가서, 하나님의 전능하신 능력이 눈에 보이도록 표현되어 나타나게 되는 것으로 이어지게 된다. 하나님께서는 그분을 경배하며 자기들 가운데서, 혹은 어떤 특정한 상황들 가운데서 하나님께서 눈에 보이도록 임해 주시기를 구하는 사람들에게 전능하신 능력으로 찾아오시려고 기다리고 계신다.

우리를 깜짝 놀라게 하는 하나님의 임재하심

하나님의 말씀에는 하나님께서 이렇게 능력으로 임하시는 가능성이 실현되기 위해서는 우리가 부르짖어야 하며, 하나님께서 그렇게 임해 주시도록 초청해 드려야 한다는 사실이 분명하게 기록되어 있다. 초대교회의 그리스도인들은 다음과 같은 기도로 하나님께서 눈에 보이도록 나타나 주시기를 구했다.

> "대주재여 천지와 바다와 그 가운데 만물을 지은 이시요 … 주여 이제도 그들의 위협함을 굽어보시옵고 또 종들로 하여금 담대히 하나님의 말씀을 전하게 하여 주시오며 손을 내밀어 병을 낫게 하시옵고 표적과 기사가 거룩한 종 예수의 이름으로 이루어지게 하옵소서 하더라 빌기를 다하매 모인 곳이 진동하더니 무리가 다 성령이 충만하여 담대히 하나님의 말씀을 전하니라"(행 4:24, 29~31).

이사야도 하나님께서 권능으로 충만하며, 눈에 보이도록 역사해 주시기를 부르짖고 있다.

> "원하건대 주는 하늘을 가르고 강림하시고 주 앞에서 산들이 진동하기를 불이 섶을 사르며 불이 물을 끓임 같게 하사 주의 원수

들이 주의 이름을 알게 하시며 이방 나라들로 주 앞에서 떨게 하
옵소서"(사 64:1~2).

이러한 기도들은 감정적인 체험을 따라다니는 사람들이, 자기들 눈
앞에서 어떤 극적인 사건이 일어나기를 구하는 얄팍한 기도가 아니다.
위와 같은 기도를 하는 사람들은 바로 "주여, 주님은 하나님이시며, 창
조주이십니다"라고 선포하며, "하나님이시여, 당신의 이름을 알리소
서!"라고 구하는 예배자들이다. 그들은 하나님 보좌 앞에 나아가 자기
들의 즐거움이나 인간적인 복수심 때문에 원한을 갚아 주시기를 구하
고 있는 사람들이 아니다. 이 사람들의 예배는 하나님께서 전능하신 능
력으로 개입해 주시기를 그렇게나 담대하게 구하는 모습뿐 아니라, 더
불어서 우리에게 시사해 주는 바가 많다. 이들의 그러한 모습은 예배란
하나님의 임재하심 앞에서 두려워히며 떠는 경외감으로부터 시작하여
하나님과의 친밀함에로, 그리고 다시 하나님의 임재하심을 환영하고 초
청하는 자리, 즉 하나님께서 자신의 임재하심과 권능을 눈에 보이도록
역동적으로 나타내 주시기를 구하는 자리로 나아가는 것으로 이어질
수도 있다는 사실을 보여 주고 있다

그들이 부르짖었다는 사실은 우리도 그렇게 해야 함을 의미한다

위에서 살펴본 예배자들과 성경에 나오는 다른 비슷한 예배자들이
보여 주고 있는 그렇게나 담대한 태도들은 예배를 단지 주님을 높여드
리고 찬양하기 위한 목적으로 명상하며 경건의 시간을 가지는 것으로

생각하거나, 혹은 주님과 고요한 교제를 즐기는 시간으로만 생각하며 머뭇거리는 사람들의 모습과는 완연하게 대조된다. 예배를 하나님께서 우리와 함께 역사를 일으켜 나가시며, 우리가 하나님의 권능을 환영하며 맞아들이는 방편으로 보는 개념을 이해하고 있는 사람들은 극히 드물다. 그렇기 때문에 대부분의 교회들은 하나님께서 권능으로 임하여 주시기를 기대하며 사모하는 마음으로 예배하는 일에 대해서 거부하는 경향을 보이고 있다. 그러나 초대 교회의 예배에 나타나는 예배의 모습은 우리에게 바로 그렇게 하도록 촉구하고 있다.

- 예배는 객관적인 활동이나 하나님의 영광에 합당한 찬양을 하거나 높이는 일 이상의 것이며,
- 하나님과 친밀한 교제를 추구하는 경건생활 이상의 일일 뿐 아니라,
- 하나님의 전능하신 능력으로 그분과 함께 역사를 일으켜 나가는 동반자의 역할로 들어가는 성경적인 방법이기도 하다.

그렇기 때문에 우리는 하나님께서 그러한 모든 차원에서 눈에 보이시도록 나타나는 임재하심의 차원으로 임하시기를 구해야만 한다.

생명력 있는 예배는 사람들의 심령을 무소부재하신 하나님의 임재하심으로 만져 줌으로써, 정말로 정직한 영혼이라면 벗어나지 못하고 괴로워하고 있는 내적인 책임감과 부담을 해결하고자 하는 마음을 일으켜 준다. 또한 살아 있는 예배는 하나님과의 관계를 추구하여, 하나님 그분을 알며, 그분과 친밀하게 동행하고, 그저 그 하나님과 함께 있고자 하는 갈급한 마음이 생기도록 해 준다. 그러한 예배는 하나님의 권능

이 가장 위대하게 나타나는 것보다는, 하나님의 개인적이고 인격적인 임재하심에 더 큰 관심과 흥미가 생기도록 해 준다. 그러나 눈에 보이도록 나타나시는 하나님의 임재하심 안에 있는 이러한 모든 위대한 가능성들이 우리가 구하는 모든 것은 아니다. 지금도 성령님께서는 생명력 있는 예배를 일으키고 계시며, 또한 생명력 있는 교회들로 하여금 하나님께서 능력으로 개입하시는 모든 차원의 역사하심에 대해서 이해하며 깨어나도록 하시고 있다.

성령님께서 하나님의 백성들로 하여금 새로운 기대감으로 하나님의 임재하심 안으로 들어오라고 부르시고 계시는 이 시대에, 우리가 하나님의 그러한 부르심에 가장 잘 응답해 드리기 위해서는 우리의 마음과 영혼과 생각에 어떠한 준비가 필요하겠는가? 하나님께서는 우리를 그러한 자리로 오라고 부르시고는, 이제 무대의 중심으로 오셔서 우리 가운데서 친히 눈에 보이도록 자신을 나타내실 뿐 아니라, 우리가 사는 세상 가운데서 하나님의 사랑으로 불붙어 있는 교회들을 통해서 자신의 권능과 영광을 새롭게 드러내 주시기 위해서 모든 준비를 다 마치시고 기다리고 계신다.

2장

점점 고조가 높아져 가는 성령님의 예배

— 예배로 부르심 —

"이 일 후에 내가 보니 하늘에 열린 문이 있는데 내가 들은 바 처음에 내게 말하던 나팔 소리 같은 그 음성이 이르되 이리로 올라오라 이 후에 마땅히 일어날 일들을 내가 네게 보이리라 하시더라 내가 곧 성령에 감동되었더니 보라 하늘에 보좌를 베풀었고 그 보좌 위에 앉으신 이가 있는데"(계 4:1~2).

성경 전체 중에 우리의 호흡을 멎게 할 정도로 가장 장엄한 장면이 바로 요한계시록 4~5장이라는 사실에 대해서는 의문의 여지가 없다. 우리는 바로 그곳에서 하나님께서 친히 앉으셔서 우주를 통치하고 계시는 보좌가 있는 왕실로 안내를 받아 들어가게 된다. 이제 나와 함께, 요한이 인간의 언어라는 세속적인 도구로 그 엄청난 천국의 영광의 광채를 표현해 보려고 애쓰고 있는 모습을 살펴보기로 하자. 요한은 지금 자기의 관심을 지각이 있는 존재라면 당연히 모두 그렇게 할 곳인 왕이신 창조주 하나님의 보좌와 개인적인 영광에 집중시키고 있다.

전능하신 하나님의 모습은 다이아몬드와 진한 붉은 빛이 감도는 홍보석(carnelian)과 같이 살아 있는 광채를 내뿜는 찬란한 모습이다. 하나님의 보좌 위에는 녹보석(emerald) 같은 무지개가 원을 그리듯이 둘러싸고 있으며, 말로 표현할 수 없는 주님의 영광 가운데서 천사들(생물)은 밤낮으로 쉬지 않고 머리를 숙여 경배하고 일어나서, 또 다시 머리를 굽혀 경배하면서 "거룩하다 거룩하다 거룩하다 주 하나님 곧 전능하신 이여 전에도 계셨고 이제도 계시고 장차 오실 이시라"고 선포할 정도로 경외감에 사로잡혀서 하나님께 경배를 드리고 있다(계 4:1~8을 보라).

여러 해 전에 여기서 그룹(여기서는 "생물"이라는 단어로 나온다)들이 이렇게 반복적으로 하는 행동의 의미가 무엇일지에 대해서 좋은 제안을 해 준 사람이 있었다. 데이비드 스턴은 그때부터 유대인들을 위한 신약성경을 출간하는 일에 학자로서 탁월한 기량을 발휘했던 사람인데, 예루살렘으로 이주할 때까지 정기적으로 우리 교회에 와서 함께 예배를 드리던 사람이다. 어느 날 여러 교인들이 예배에 관한 성경 본문들에 대해서 묵상하고 함께 나누는 시간을 가지고 있었는데, 데이비드는 처음에 볼 때는 생물들이 그저 하나님께서 그렇게 요구하시기 때문에, 단지 그분의 요구에 기계적으로 복종하는 마음으로 반복해서 질을 하고 있는 것처럼 보일 수도 있는 장면에 대해서 언급했다.

하나님께서는 자신의 보좌에 가장 가까운 자리에 있는 그러한 피조물들로부터 모든 존귀와 경외뿐 아니라 심지어는 비열할 정도의 찬사까지 다 받으시기에 합당하신 분이시지만, 데이비드는, 하나님께서는 그 어떤 피조물이라도 자기들이 진정으로 기꺼이 드리려는 자원하는 마음으로, 목소리를 사용하여 드리는 찬양(찬양은 단지 노래가 아니며, 노래는 찬양을 표현하는 한 가지 방법일 뿐이다-옮긴이)을 올려 드리는 예배, 또한 그러한 예배를 신체적으로 표현하여 올려 드릴 때 가장 크게 높임을 받으신다고 말했다.

데이비드는 다음과 같이 말했다: "나는 본문에 나오는 생물들이 '밤낮 쉬지 않고 이르기를 거룩하다 거룩하다 거룩하다 주 하나님 곧 전능하신 이여 전에도 계셨고 이제도 계시고 장차 오실 이시라'고 선포하는 것은 단지 그들이 지금까지 그렇게 해 오던 습관을 따라서 하는 일은 아니라고 생각합니다." 오히려 그 생물들이 예배를 드리는 가운데 머리를 숙여 경배했다가 다시 일어나서 하나님의 영광을 바라보면서 선포하는 내용들은, 그들이 머리를 숙였다가 고개를 들고 다시 하나님을 볼 때마다 하나님의 본체와 영광의 또 다른 면을 보았기 때문에 터져 나오는 선언이었던 것이다. 생물들은 그들이 이제 막 본 것에 대해서 또 새롭게 놀라서 다시 하나님 앞에 머리를 숙이고 경배를 드렸던 것이며, 그렇게 머리를 숙였다가 다시 머리를 들어서 하나님을 바라보았을 때는 하나님이 누구신지에 대해서 또 새로운 경이로움을 경험하게 되었다는 것이다.

그의 말을 듣자마자 내 영혼 안에서는 데이비드의 그러한 통찰력에 대해서 "아멘!" 하는 맞장구가 일어났다. 나는 그러한 폭발적인 찬양이 피조물들로부터 솟아나오기 시작해서 하나님의 보좌 주위로 사정없이 퍼져 나가면서, 그 고조가 끝도 없이 점점 높아져만 가는 핵심적인 장소에서는 그러한 일들이 일어나고 있다고 믿는다. 그러한 예배가 다시 회복되어 드려지는 곳에서는 어디서나 그런 일이 일어난다.

요한계시록에 나오는 예배의 예언적인 그림

요한계시록의 핵심적인 가치는 바로 예배이며, 그 외의 모든 내용들은 다 예배에 대한 예언적인 그림으로 나오고 있다. 성경에서 요한계시록보다 예배에 대해 더 많이 언급하고 있는 책은 없다. 그러나 요한계시록이 예배의 장면으로 점철되어 흐르고 있다는 사실에 대해서 주목하는 사람들은 그렇게 많지 않다. 요한계시록은 '마지막 사건들'에 관한 안내서로서의 위치에 어울리게 아주 실제적인(사색적이 아니라) 가치를 가지는 책이기도 하지만, 그에 앞서서 이 책은 처음부터 예배에 대해서 이해할 수 있는 자료로서 아주 특별한 위치를 차지하고 있는 책이기도 하다.

- 요한은 영광을 입으신 그리스도 앞에 예배를 표현하는 자세로 죽은 듯이 땅에 엎드려 있다(계 1장을 보라).
- 교회에 대해서는, 그리스도께서 교회에 주시는 현재적인 '말씀'에 대해서 예배하는 심정으로 반응하는 자세로 "성령이 하시는 말씀을 들으라"고 명령하시고 있다(계 2~3장을 보라).
- 하늘나라의 예배의 제단에서는 일찍 순교하여 우리보다 먼저 영광으로 들어간 영혼들이 지극히 높으신 분을 향하여 부르짖는 음성도 들린다(계 6장).
- 대환난으로부터 구원받아 나온 교회가 보좌 앞에서 하나님과 어린 양께 드리는 높은 찬양의 소리도 들린다(계 7장).
- 보좌 앞에서 예배(향연)와 기도(중보)의 강력한 여파가 점점 쌓여 가는 것이 보이기도 한다. 바로 이것이 하나님의 심판이 속히 임하도록 시기를 재촉하는 계기가 되기도 한다(계 8장).
- 요한계시록은 하나님을 높여 드리는 예배와 더불어 한 쌍으로 대조되는 사건으로서 '귀신과 우상'을 섬기는 사람들에게 임하는 운명적인 심판의 모습을 보여 주기도 한다(계 9장).
- 마지막 나팔이 울리자 하늘에서는 천둥 같은 예배의 함성이 울린다. 하나님의 섭리 가운데서 예배는 하늘에서 결정된 일이 땅에서

성취되는 일을 촉진시키는 역할을 하는 것 같이 보인다(계 11~12장).

위와 같은 내용들은 계시된 '예배의 책'의 첫 번째 절반에만 나오는 내용들이다. 요한계시록의 전반부는 하나님께서 구속하신 피조물인 우리의 예배와, 하나님께서는 우리의 그러한 예배에 대해서 자신의 뜻을 세상에서 진행시켜 나가시는 것으로 반응하시는 관계를 말해 준다. 이러한 사실은 우리에게 경외감을 갖게 해 준다. 그러한 사실은 4장과 5장에서 간단하지만 아주 분명하게 언급되고 있다.

요한계시록 4장과 5장의 내용은 계속해서 흐르는 물처럼 한 가지 사건에 대해서 말하고 있는데, 사람들이 장을 구분하면서 나누어 놓은 것이다. 우리가 요한계시록 4장과 5장을 읽어 나가면, 먼저는 요한에게 '위로 들려 올라가서'(4:1) 하나님의 영광스러운 보좌의 장엄한 광경을 보는 것이 허락된다. 이제 생물들이(the living creatures) "거룩하다 거룩하다 거룩하다"고 선포하는 찬양의 노래는 앞으로 점점 더 고조되어 올라가게 될 찬양의 첫 선율이 된다. 그러한 찬양은 거기서 시작되어, 어린양이 오시는 것을 보게 되는 사람들이 부르는 노래로 이어진다. 그리고 창조주 아버지께서 본문이 시작되면서 높임을 받으시자마자, 보좌 주위에 있던 이들이 "합당하시도다 일찍이 죽임을 당하사 각 족속과 방언과 백성과 나라 가운데에서 사람들을 피로 사서 하나님께 드리시고"(계 5:9)라는 찬양을 부르면서 구속자의 아들을 높이는 찬양이 시작된다.

그러나 이것은 시작에 불과하다. 성령님이 인도해 나가시면서 점점 고조되어 나가는 예배의 모습은 마치 물결의 파장이 동심원들을 그리면서 퍼져 나가듯이 계속 넓어져 가고 있다. 그러한 예배는 '성령 안에', 그리고 하나님의 임재하심 안에 있는 한 사람의 성도(요한)로부터 시작해서(4:2), 지극히 높으신 분의 보좌에 가장 가까운 곳에 있는 천사들로부터 폭발하듯이 터져 나오는 찬양으로 이어져서(4:8), 하나님의 보좌 주위에서 다스리는 한 무리의 장로들의 합창으로 번져 나가고 있다(4:10~11). 처음에 천국에서 시작된 이러한 주제는, 이제 범위가 확장되어 어린 양의 피로 말미암아 성취된 온 세상을 향한 구속의 소망을 포함하게 되어, 어린 양이 몸으로 드리신 희생 제사와, 그분의 지혜와 존귀와 힘과 영광과 베푸신 축복에 대해서 드려지는 찬양이 되고 있다(5:1~12). 그러나 이렇게 점점 더 고조되어 나가는 예배의 차원들도 여전히 시작에 불과할 뿐이다.

그 다음 장면에서는 헤아릴 수도 없이 많은 천사들이 어린 양의 제사와 승리로 인해서 드러나고 실현된 이 예배에 동참하고 있다. 요한계시록은 바로 이 지점에서부터 앞으로 고통스럽게 진행되다가, 만왕의 왕이시며 만주의 주가 되시는 어린 양의 궁극적인 승리로 이어지게 될 역사의 흐름에 대해서 언급하면서, 아직 펼쳐지고 있지 않은 시대에 이루어질 찬양의 행진의 모습을 선포하고 있다. 그러나 5장 13~14절은 그러한 일들을 기다리면서도 시간적으로 그보다 더 먼 시대의 일을 투사해 보여 주고 있다. 여기서 예배는 예언적인 모습이 되고 있다. 거기서 펼쳐지는 장면들은, 땅에 사는 사람들이나 땅 위에 사는 사람들, 그리고 땅 아래 있는 사람들까지 포함하여 모든 피조물들이 합해서 드리는 찬양의 고조가 점점 올라가면서, 시간의 간격을 뛰어넘으며 진행되어 전 세계로 동심원처럼 퍼져 나가다가 그 정점에 이르는 모습을 보여 주고 있다.

요한은 요한계시록 4~5장에서 자신이 성령 안에서 영원의 영역, 즉 시계로는 측정할 수 없는 영역으로 들어가서 자기의 눈앞에서 펼쳐지는 장면을 그리고 있다. 우리가 그곳에서 실제로 어떤 일이 일어났는지를 이해하기 위해서는 4~5장에서 벌어지는 일들을 예언적으로 이해해 보려는 과정이 필요할 것이다. 요한이 지금 영원한 영역에서 이렇게 앞으로 벌어질 일들을 예언적으로 보고 있다는 사실에는 우리가 처음 볼 때 생각하던 것보다 더 많은 내용들이 포함되어 있는 것 같다.

요한은 모든 피조물을 지으신 분의 보좌 앞에서 올려 드려지고 있는 예배의 모습을 지켜보고 있다. 그러나 요한이 지금 보고 있는 광경은 다음과 같은 내용일 수도 있다.

- 요한은 지금 세상이 창조된 직후에 피조물들이 하나님을 경배하고 있는 광경을 보는 것일 수도 있다.
- 요한은 지금 전능하신 하나님께서 그 위엄으로 하늘을 별들로 반짝이게 하신 직후에 하나님께 드려지는 찬양을 듣고 있는 경우일 수도 있다.
- 요한이 앞으로 실현될 최종적으로 완성된 예배에 대해서 묘사하고 있는 장면은 우리가 지금 예배하며 들어가고 있는 예배와 잇대어, 그 연장선상에 있는 예배이다. 이러한 예배는 어둠의 영역으로 밀고 들어가서, 어둠의 세력을 물리치고, 구속의 궁극적인 목적이 이루어지고, 하나님의 나라가 최종적으로 승리하며 임하게 하는 길을 예비하는 예배를 의미한다.

우리가 예배의 고조가 점점 높아지고 있는 모습을 그리고 있는 이 놀라운 본문을 살펴보고 있는 이유는, 이 장면이 아주 중요한 두 가지 사실을 이해하는 데 도움이 되기 때문이다. 즉 예배는 지금까지 한 번도 중단되지 않고 모든 시대마다 하나님께 드려져 온 일일 뿐 아니라, 예배가 없으면 하나님의 뜻과 목적이 이루어지는 것을 반대하며 저항하는 저지선이 생겨나게 된다는 것이다. 우리가 이 책을 시작하면서 이 사실에 주목하는 것은 다음과 같은 것을 이해하는 데 도움이 되기 때문이다.

- 예배가 그렇게나 많이 왜곡되고, 혼란스러워지며, 소홀하게 취급되는 경우가 많은 이유, 즉 예배가 거의 무시될 정도로 그 가치를 잃고, 그저 수동적으로 따라하거나, 예배에 대해서 이해하지 못하고 형식적이 되거나, 영혼을 무감각하게 만드는 의식으로 전락하고 말게 된 이유는 무엇인가?
- 예배가 그저 하나의 쇼가 되어, 예배를 인도하는 일에 있어서 한때는 루시퍼처럼 진지하고 신실했지만 결국에는 어리석게도 자기들이 이룬 업적과 성과에만 사로잡혀서 눈이 멀게 된 사람들에 의해서 완전히 장악되는 음악 공연으로 전락하게 된 이유는 무엇인가?
- 예배가 교회의 생명력의 중심으로 파고 들어가지 못하며, 또한 성령님과 민감하게 동행하는 예배가 아니라, 사람들이 당연히 좌지우지할 수 있는 여지가 생길 정도로 정해진 틀을 갖추고 있는 경우가 많은 이유는 무엇인가?
- 우리가 예배를 하나님의 말씀의 진리가 눈으로 보이도록 체현되는 실체(예배에 대한 성경의 가르침을 따를 뿐 아니라, 예배의 영으로 충만하여 드리는 예배)로 받아들인다면, 그러한 예배는 우리가 개인적으로도 건강한 삶을 누리며, 다른 사람들을 섬기는 문을 열 수 있는 열쇠가 되어서, 그 어떤 교회에 대해서라도 복음 전도와 영적인 성장으

로 이어지는 돌파구를 역동적으로 열 수 있는 기회가 될 수 있는 이유는 무엇인가?

이제 요한계시록의 위의 본문에 나오는 시나리오를 좀 더 깊이 살펴보기로 하자. 요한은 하나님의 보좌 주변에서 펼쳐지고 있는 대단히 압도적일 정도로 웅장하고 영광스러운 예배의 장면을 보고 있다. 나는 이 책에서 성경의 예언적인 본문들과 예배의 관계를 하나도 빼놓지 않고 다루어 보려는 것은 아니지만, 다른 성경 본문들을 몇 군데 같이 살펴본다면 실제적이고 개인적인 차원에서 힘이 되는 내용들을 발견할 수 있다고 생각한다. 이렇게 진행하면 예배와, 그리스도의 교회와 및 그분의 나라가 진척되는 것 사이에는 빼놓을 수 없을 정도로 중요한 관계가 있다는 사실을 더욱 분명하게 이해하게 될 것이다. 또한 여러분은 여러분의 인간관계들과 추구하는 바와 소원과 도전적인 어려운 일들 가운데서 하나님의 약속들과 목적들이 이루어지기 위해서는 예배가 여러분의 인생 가운데 얼마나 중요한 문제인지도 이해하게 될 것이다.

하나님께서 자신의 구속 계획과 목적을 진척시켜 나가시기 위해서 사용하시는 방편은 바로 생명력 있는 교회, 살아 있는 교회이다. 예배는 생명력 있는 교회가 되는 일의 핵심에 있는 문제이다.

하나님의 뜻이 방해를 받아 막히다

요한은 두루마리를 보면서 울고 있다. 하나님의 뜻이 봉인되어서 알 수가 없기 때문이다. 또한 그가 우는 이유는 아무도 그 두루마리를 열자가 없기 때문이었다.

> "또 보매 힘있는 천사가 큰 음성으로 외치기를 누가 그 두루마리를 펴며 그 인을 떼기에 합당하냐 하늘 위에나 땅 위에나 땅 아래에 능히 그 두루마리를 펴거나 보거나 할 자가 없더라 그 두루마리를 펴거나 보거나 하기에 합당한 자가 보이지 아니하기로 내가 크게 울었더니"(계 5:2~4).

그때 장로 중 한 사람이 말한다: "울지 말라 유대 지파의 사자 다윗의 뿌리가 이겼으니 그 두루마리와 그 일곱 인을 떼시리라"(5절).

이 장면에서 유다의 사자가 나오는 것은 우연한 일이 아니다. 유다 지파의 군대가 이스라엘이 싸울 때마다 제일 먼저 진군했을 뿐만 아니라, 그 지파의 이름이 바로 '찬양'을 의미하기 때문이다. 사자 같은 능력을 가진 이 어린 양은 또한 그분이 이스라엘 가운데서 가장 많은 승리를 구가한 전사일 뿐 아니라, 역사상 가장 헌신적인 예배자이며, 사람들이 하나님께 가장 많은 경배와 찬양을 드린 사람(노래 부르는 자)으로 기억하는 다윗의 자손이라는 사실과도 연계가 되고 있다.

비록 높임을 받으신 메시아께서는 강한 군사로 묘사되고 있지만, 요한은 그분을 희생 제물이 되셨던 어린 양, 즉 친히 죽으심으로써 옛 언약이 예배에 대해서 요구하는 모든 것을 다 이루신 분으로 묘사하고 있다. 그분은 천국에 올라가서 "방금 죽임을 당하신 것 같은 생생한 죽음의 흔적"(어린 양의 죽음의 직접적인 원인이 된 상처)을 가지신 분으로서, 세상과 인류를 멸망과 파괴로부터 회복시켜 주실 수 있으신 유일하신 분으로 나온다.

앞에서 살펴본 것처럼, 실제로 요한은 자기가 이러한 환상을 보기 약 50년 전에 있었던 사건으로서 예수님께서 승천하실 때 하늘나라로 돌아가신 때로부터 시작하여 실제로 모든 구속사의 처음부터 끝까지 전말을 증거하고 있다. 또한 동시에 성령님께서는 요한을 통해서 우리에게 하늘나라에서 이루어지는 예배의 전말을 처음부터 끝까지 보여 주신다. 요한은 지구상의 모든 만물들을 창조하실 때의 예배부터 만물이 회복되어 완성될 때의 예배를 다 보여 주고 있다.

요한은 성령님의 도우심으로 지금 하나님 아버지의 임재하심 앞에서, 하나님의 아들이신 어린 양이시며 죽은 자 가운데서 부활하신 분께서 친히 제자들과 함께 시간을 보내시면서 그들에게 "너희는 온 천하에 다니며 만민에게 복음을 전파하라"고 말씀하시고, 마지막으로 감람산에서 작별 인사를 하신 후에 하늘나라로 올라가시고(행 1:1~11), 이제는 하늘나라에 도착하셔서 영원한 영광의 자리로 돌아오심으로써 모든 임무를 완성하시는 순간에 대해서 우리에게 증거해 주고 있는 것이다!

- 여기서 승리하신 어린 양으로 묘사되며 찬송을 받으시는 분의 임재하심은, 우리에게 그 장면으로부터 시작된 예배는 그때부터 마지막 나팔이 울리고 궁극적인 승리가 실현될 때까지 쉬지 않고 계속된다는 사실을 보여 준다.
- 어린 양께서 그곳에 임재해 계신다는 사실은 인류의 구원을 위한 대가가 완전히 치러졌으며, 우리를 의롭다 하심(칭의)과 거룩하게 하심(성화)을 위해서 하나님께서 해 주실 모든 일들이 이미 다 이루어졌고, 확보되었음을 선언해 준다.
- 여기서 모든 음부의 권세와 악한 세력들을 모두 발아래 두고 다

스리시는 권세로 나타나는 하나님의 임재하심은, 죄로 오염된 인간이라는 그릇들로 하여금 깨끗이 씻김을 받고, 성령 충만을 받을 수 있도록 함으로써, 그들이 하나님의 목적을 위한 한 백성으로 우뚝 서게 되는 것이 가능하게 해 준다.

예수님께서는 "내가 … 내 교회를 세우리니 음부의 권세가 이기지 못하리라"(마 16:18을 보라)고 선언하셨다. 예수님께서는 지금 아버지의 보좌 앞으로 가셨다. 인류의 구원이라는 사명은 이제 완수되었다. "다 이루었다!" 그러나 예수님께서 이루신 승리를 친히 세우신 몸인 교회를 통해서 온 세상으로 확산시켜 나가시려는 일은 이제 시작되었을 뿐이다!

그 두루마리를 가져다가 봉인을 뜯을 만한 분명한 대표자가 없다는 사실에 대해서 요한이 운 이유, 또한 어린 양이 나타나셔서 아버지의 손에서 그 두루마리를 받는 모습을 보면서 요한뿐 아니라 온 하늘나라가 다 기뻐했던 이유는 아주 분명하다. 여기에 나오는 두루마리는 역사적으로 로마의 그 시대에 유언장으로 사용하던 문서와 정확하게 똑같은 모습이다. 하나님의 손에 있는 그 두루마리는 세상과 인류를 위한 하나님의 유언과 뜻을 말하는 것으로서, 인간이 죄에 굴복함으로써 사망이 찾아오게 되고, 세상에 대해서 창조주께서 원래 의도하셨던 축복이 아니라 저주를 유산으로 남겨 주게 된 이후에 닫혀서 봉인된 두루마리이다(슥 5:1~4를 보라). 그러나 이 두루마리는 인류를 대표할 만한 합당한 사람이 나와서 세상과 인류를 향한 하나님의 뜻(그 두루마리)을, 그 봉인을 합법적으로 뜯어내고 다시 공표할 수 있게 될 때까지는 그대로 전능하신 하나님의 손에 놓여 있었다. 여기서 어린 양께서 봉인을 뜯어내심으로써 두루마리 위에 지저분하게 써 놓은 도둑들과 거짓말쟁이들의 낙서들은 아버지의 이름(그 이름의 권위)을 가지신 분의 권세로 말미암아 무효가 되어 효력을 잃게 되었다(3절을 보라).

이것이 바로 그 뒤로 연이어 나오는 모든 예배의 장면들의 배경이다. 그러한 배경을 이해하면 예수님께 찬양을 올려드리고자 하는 마음이 생겨나게 된다. 다음과 같은 사실은 아무리 강조해도 지나치지 않을 것이다. 즉, 하늘나라에서 울려 퍼지는 찬양의 고조는 (1) 승리자이신 구세주께서 계시되어 나타나는 분위기 가운데서, (2) 진리와 거짓, 구세주와 도둑, 그리고 살아 계신 하나님과 악한 자 사이에서 어떤 정도로라도 영적인 전쟁을 지속적으로 수행해 나가는 분위기 가운데서 그 높이와 정도가 점점 높아져 가게 된다는 것이다.

이것이 바로 요한계시록의 흐름이다. 사람들은 정말로 진지하게 요한계시록을 통해서 그리스도의 재림의 시기를 추정해 보려고 하거나, 현재 일어나는 사건들을 성경에 맞추어 보려고 애써 보기도 하지만, 요한계시록은 그보다는 훨씬 더 고상하고 분명한 주제에 초점을 맞추고 있다. 다른 사람들이 요한계시록을 이해하는 열쇠를 제공하는 일에 대해서 얼마나 소중한 공헌을 하든지 간에(나는 어떤 사람에 대해서도 공격하려는 마음은 없다), 현재를 살아가는 우리의 개인적인 그리고 하나님의 백성으로서의 소명은 성령님의 부르심을 듣는 것이다.

성령님께서는 우리를 성령으로 충만한 예배로 부르신다.

성령님께서는 우리를 영적 전쟁으로 부르신다.

성령님께서는 우리를 예배의 회복과 갱신에서 체험하는 흥분과 유익을 넘어서서, 예배의 목적과 원칙들 및 하나님께서 친히 예배에 쏟아 부으시는 능력으로 나아가라고 부르신다. 우리가 아주 흔히 말하는 대로 "예배는 모두 전적으로 하나님께 대한 것이다!" (Its All About Him) 그리고 그것은 사실이다.

그러나 그러한 하나님께서는 아주 놀라울 정도로 은혜로운 진리가 한 가지 있다. 즉 예배는 하나님께서 바로 당신과 나를 위해서 주시는 선물이라는 사실이다. 물론 그렇다고 해서 하나님께서 사람을 경배하신다는 것을 의미하는 것은 아니다. 그러나 하나님께서는 예배를, 하나님께서 친히 사랑하시는 피조물들이 하나님을 알고, 우리의 인생의 목적을 이루어 주시고, 우리의 인생에 풍성한 열매가 있게 하시며, 우리를 위해서, 우리 안에서 그리고 우리를 통해서 하나님의 뜻이 성취되는 아주 높은 기쁨을 맛보게 하시는 방법으로 계획하셨다.

이제 계속해서 요한계시록을 통해서 나와 함께, 요한이 우리의 상황 가운데서 우리를 만나 주시는 하나님의 구체적인 선하심을 만나고 체험하는 모습을 살펴보도록 히자. 하나님께서는 우리의 예배를 기뻐하실 뿐만 아니라, 우리가 하나님의 보좌에 나아가서 우리의 마음을 쏟아 드리는 예배를 드릴 때 친히 우리 주변에 자신의 축복을 쏟아 부어 주실 준비가 되어 있으시다는 사실을 우리에게 증명해 보여 주시기를 기뻐하시는 분이시다.

3장

인격적인 하나님을 경배하는 기쁨

— 예배에 따르는 상급 —

내가 들은 그 음성, 곧 나팔소리같이 나에게 들린 음성이 말했습니다. "이리로 올라오너라. 그러면 내가 이후에 마땅히 될 일들을 네게 보여 주겠다."(계 4:1, 우리말성경)

세상에서 가장 어려운 일들 가운데 하나는 균형을 유지하는 일이다. 특별히 위대한 진리들을 균형이 잡힌 올바른 관점으로 바라보는 것은 정말로 어렵다. 아주 진지한 사람들이 마치 습관처럼 어떤 좋은 것에 대해서 너무 지나치게 강조하면서 우리를 거기에 강하게 붙들려 있게 만들려고 하다가, 결국은 우리가 오히려 그것을 나쁜 것으로 오해하게 되는 경우가 얼마나 많은지는 놀랄 지경이다. 실제로 그런 일이 일어나서, 다른 내용이 아니라 바로 직접 하나님 자신께 관련된 진리에 대해서 그러한 오해가 일어나는 경우에는, 하나님의 진리가 어떻게 그렇게도 부정적으로 비춰질 수 있는지를 설명하기란 더욱 어려워지게 된다.

나는 지난 50년 동안 목회를 하면서 하나님의 진리에 관련된 어떤 문제에 대해서 특별한 열정을 가지고 있을 뿐 아니라, 거의 복수심에 불타는 듯한 마음으로 그러한 진리를 삶에 적용하려고 하는 사랑스러운 사람들을 만났던 적이 여러 번이나 있었다. 그러한 사람들은 자기들의 신앙생활의 초점을 성경이 계시해 주는 가치를 강력하게 따르려는 열심에 맞추고 있었지만, 그들 자신의 인간적인 힘이 나오게 하는 불(때로는 그것을 하나님의 성령의 불로 해석하는 사람들도 있지만)은 오히려 그들 스스로를 삼켜 버릴 뿐 아니라, 때로는 그들의 인간관계를 깨뜨리거나 개인적인 사역들까지 파괴해 버리는 경우도 많았다.

예배에 관해서도 그렇게 왜곡되는 경우들이 많다.

그에 대한 예로 우리는 이 책의 뒷부분에서 예배를 무질서하고 혼란스럽게(formless) 만들지는 않으면서도, 형식적인 예배의 모습을 벗어나서 자유롭고 역동적인 예배로 만들어 나가야 하는 어려운 문제에 대해서 살펴보기로 하겠다. 그러나 여기서는 요한이 하나님의 임재하심 안으로 '들림 받아 올라가서' 그분의 임재하심을 경험했던 내용을 기록하고 있는 요한계시록의 내용을 계속 살펴보기로 하겠다. 우리가 초점을 맞추려고 하는 불균형의 문제는 다음과 같은 질문으로 바꿔서 표현할 수 있다. 본문의 상황은 하나님께서 요한으로 하여금 하나님 자신께 예배를 드리도록 하기 위한 목적으로 그에게 하나님을 보여 주려고 그를 하늘로 '이끌어 올리신 것인가?' 아니면, 하나님께서는 친히 요한에게 얼마나 관심이 많으신지를 그에게 이해시켜 주시기 위해서 요한을 자신의 임재하심 안으로 데려가신 것인가? 즉 목적어가 하나님인가, 요한인가 하는 문제이다.

"예배란 진정으로 누구에 관한 문제인가?" 라는 질문에 대해서 어느 한쪽으로 쏠리지 않고 균형을 맞추기 위해서는 내가 그 어떤 사람의 관심이라 하더라도 하나님의 위대하심과 전능하심과 찬양을 받으시기에 합당하신 분이라는 사실과, 그분의 절대주권적인 권세에 관한 진리로부터 벗어나서 다른 곳으로 향해지는 것은 원하지 않는다는 사실을 이해하기 바란다. 첫 번째로, 제일 먼저, 그리고 무엇보다도, 또한 모든 것 외에 하나님은 살아 계시는 분이시다!(He is!) 그것으로 끝이다! 바로 그 것이 하나님께서 모세에게 친히 자신을 "있는 자"(as "I Am")로 계시하신 이유이다.

하나님께서 '영원히 현재적인 분' 이라는 사실은 그분이 영원하시며 무소부재하신 분이라는 진리보다도 시사해 주는 바가 더 많다. 하나님의 영원하신 현재성이라는 진리는 하나님이 어떤 분이신지를 말해 주는 하나님의 완전한 충만하심, 충족성, 완전하심, 아름다우심 등의 속성을 요약해 주는 단어이다. 따라서 우리가 예배라는 주제에 대해서 논의할 때마다 우리의 눈에 일차적으로 들어와야 하는 분은 바로 그 궁극적인 분이신 하나님이라는 사실은 이해가 된다. 우리가 늘 말하는 대로 예배는 '모두가 전적으로 하나님께 관한 문제' 이다.

그러나 '모든 것은 다 전적으로 하나님께 관한 문제' 라고 할 때는 하나님의 또 다른 면이 있다. 그것은 하나님은 단지 현재적으로—영원히, 그리고 언제나—존재하시는 분이실 뿐 아니라, 그 하나님께서는 자신의 말씀인 성경에서 하나님의 하나님 되신 그 모든 것을 한 단어로 포장해 놓으신다는 것이다. 하나님께서는 결론적으로 거의 다음과 같이 말씀하시는 것과 다를 바가 없다: "무엇보다도 나에 대해서 더 잘 표현해 주고 있는 것은 바로 이것이다. '나는 **사랑이라**'"(I Am Love).

하나님의 말씀은 "하나님은 사랑이라"는 표현으로 우리의 상황을 완전히 바꿔 놓는다. 마치 하나님께서 우리를 위해서 균형을 맞추어 주시는 것 같다. 하나님께서는 우리에게 "너희가 나에게 나와서 예배를 드리도록 허락한다. 나는 너희가 합당한 방식으로 나에게 영광 돌리는 것을 환영한다. 그것은 옳은 일이기 때문이다. 나에게 예배가 필요한 것은 아니다. 오히려 나에게 예배하는 것은 너희 자신을 위해서도 좋은 일이다. 그것은 나에게 예배가 필요하기 때문이 아니다. 오히려 너희가 예배를 통해서 너희 자신으로부터(인생을 살면서 자신에게 집착하며 속박당해 있는 것이 가장 끔찍한 속박이다) 점진적으로 자유롭게 될 것이기 때문이다. 또한 너희가 나에게 나와서 예배함으로써 나와 친밀한 관계, 즉 나를 알고, 이해하고, 나와 동행하는 그런 관계의 자리로 들어오게 되기 때문이다" 라고 말씀하시는 것 같다.

하나님께서는 계속 이렇게 말씀하실 것이다: "또한 나는 너희가 나의 관심과 초점이 어디에 맞추어져 있는지를 알게 되기 원한다. 나의 뜻과, 나의 관심과, 나의 권능과, 나의 목적과, 나의 계명과 계획들과 목표들이 나에 관한 것인 적은 한 번도 없었단다. 나의 모든 그러한 것들은 바로 다 너희에 관한 것이었다. 그 모든 것들은 다 너희의 축복, 너희의 보람과 성취, 너희의 인생이 열매 맺도록, 너희가 너희를 창조한 나의 목적을 이룰 수 있게 해 주는 것을 목표로 한 것이었단다. 또한 내가 너희에게 나를 예배하는 법에 대해서 정해 준 이유는, 너희가 바로 그러한 방법들을 통해서, 지금 있는 자리에서 '위로' 올라와서 내가 너희에게 주려고 가지고 있는 모든 축복 안으로 들어오게 하기 위한 것이란다."

양날 가진 칼과 같은 진리의 모습

하나님께서 우리의 예배를 원하신다는 사실은 전혀 신비스러운 일이 아니다. 창조 때로부터 인간이 생명과 생산(자녀와 토지 소출을 포함하여)과 지속적으로 기쁨이 충만한 삶을 살기 위해서는, 반드시 하나님과 그분의 방식을 존경하며 높여 드리는 일인 예배가 없어서는 안 되는 일이었다. 예배를 드릴 때마다 그러한 목표들이 이루어지지 않은 적은 없었다. 그러나 죄가 인류의 삶의 현장에 나타나자마자, 곧 하나님과의 신뢰의 관계가 깨진 틈을 타고 인간의 심령으로 들어온 후에는 예배에 전제 조건이 생기게 되었다. 예배와 하나님과의 관계와 교제라는 축복을 회복하기 위해서는, 다시 말해서 우리 가운데 어떤 사람이라도 하나님께서 우리의 인생에 대해서 세워 두셨던 원래의 계획을 이루어 주실 수 있는 자리로 돌아갈 수 있게 되기 위해서 예배의 방향은 **구속적으로** 진행되어야만 하게 된 것이다. 따라서 이제 예배는 우리의 인생을 위한 하나님의 **창조적인** 목적을 진척시키는 일이 되지 못하며, 따라서 하나님과의 관계를 끊어지게 만든 요인인 인류의 죄와 불순종의 힘을 무력화시키기 위해서 먼저 희생 제사를 드리는 일이 필요하게 된 것이다.

이제 희생 제사에는 어떤 규칙이 따르게 되었다. 인간의 지성은 타락했기 때문에, 인간이 스스로 자기 자신을 파괴하지 못하도록 만들 어떤 원칙들을 세워서, 그것으로써 인간의 생각을 새롭게 만들고 통제해야만 하게 되었다. 그것이 바로 계명이다. 그러나 하나님께서는 인간의 문제와 필요를 해결하시기 위해서 친히 마련하신 구속적인 해결방안을 진척시켜 나가시면서도 친히 가지고 계셨던 원래의 계획은 잊지 않으셨다. 그 계획이란, 하나님께서 우리 모든 사람들을 구속적인 예배의 문과 그의 아들 예수님을 통해서 친히 자신에게로 나오도록 이끌어 가시려는 목적으로서, 언제나, 그리고 지금도 아주 중요한 일이다. 또 다른한 가지는 우리의 인생에 우리가 사랑하는 하나님 아버지께서 우리 각사람이 무엇보다도 받아 누리기를 원하시는 그분의 모든 사랑과 축복이 임하도록 하시는 것이다. 그리스도께서는 우리의 죄와 그 죄로 인해서 하나님과 멀어진 관계라는 문제를 해결해 주시기 위해서 죄가 없는 삶을 사시고 또한 자신의 삶을 완전한 희생 제물로 드리셨다. 이제 그분으로 인해서 두 가지 일이 일어났다. 우리에게는 모든 죄를 용서받고, 다시 거듭나게 되어 영원한 생명에 들어갈 수 있는 기회가 생기게 되었을 뿐 아니라, 전능하신 하나님과의 관계를 회복하고 그분과 지속적으로 동행하는 자리로 초대를 받게 된 것이다. 그렇게 되면 우리는 다음과 같은 사실을 점점 더 발견해 나가게 된다.

- 우리에 대한 하나님의 목적이 전개되어 나가는 것을 보는 법
- 거듭난 하나님의 자녀들로서 성장해 나가는 법
- 죄로 망가진 세상에서 살아가는 삶 가운데서 아무것도 보이지 않을 때도 믿음으로 살아가는 법
- 우리 영혼의 원수와 싸워서 이기는 법
- 아직도 죄로 오염된 우리의 인간성이 가지고 있는 죄의 '중력'을 벗어나는 법

우리는 지금까지 요한계시록 4~5장을 통해서 '점점 정도가 고조되어 올라가는 예배'의 모습을 살펴보았다. 여기서는 다시 그러한 예배가 이루어지는 배경으로 돌아가서, 그 본문을 다른 렌즈를 통해서 살펴보려고 한다. 지금까지는 우리가 하나님께 대해서 알아야 할 내용들을 살펴보았으므로, 여기서는 같은 본문에서 그 하나님께서 바로 우리를 찾으시며, 우리를 돌보시고, 우리보다 먼저 앞서 행하신다는 사실을 살펴보기로 하자. 여기서 잠시 하나님께서 우리의 예배를 얼마나 간절하게 원하시는지, 또한 우리 주위에서 퍼져 나오고 있는 하나님의 풍성하신

은혜와, 이제 그리스도로 말미암아 회복된 우리의 인생에 대한 하나님의 목적 가운데서 우리가 그러한 예배를 통해서 경험할 수 있는 것이 무엇인지에 대해서 묵상해 보는 시간을 가지도록 하자. 하나님께서 우리로부터 예배를 원하시는 것은, 사실 그분이 우리의 예배로부터 무엇인가를 받으시기 위해서가 아니라, 오히려 우리가 예배로부터 무엇인가를 받게 되는 것을 원하시기 때문이다.

하나님의 말씀을 이러한 시각으로 살펴보는 것을 두려워하지 말기 바란다. 사실 하나님께서는 여러분이 여러분을 향한 하나님의 사랑에 대한 그림을 보며, 또한 하나님께서 여러분 편에 계시며, 여러분을 위해서 권능을 행사하시기를 원하시는 분이라는 사실을 깨닫게 되기를 원하신다. 사랑하는 여러분이여, 바로 그러한 그림이 여기에 있다.

하나님께서 우리를 사랑하시는 방법을 마음속에 그려 보라

요한계시록에 나오는 예언적인 사건들을 도표로 작성하듯이 순서대로 깔끔하게 정리해 보려고 하지 말고 요한계시록의 가장 두드러진 특징인 예언적인 특징을 따르려고 한다면 훨씬 더 많은 것을 이해할 수 있다. 물론 이렇게 말한다고 해서 여러분이 많은 곳에서 보았던 도표들에 진실성이 없다거나 가치가 없다고 말하는 것은 아니다. 그러나 사람들이 어떤 체제나 구도에 사로잡혀서 본문이 정말로 말하고 있는 단순한 내용이나 그 아름다움을 보지 못하고 있다는 것이 문제이다.

여기서 우리는 요한이 부르심을 받고 올라가서 보고 있는 경배와 찬양이라는 배경 속에서 하나님께서 우리를 사랑하시는 방식들에 대해서 그림처럼 보여 주시는 모습들을 살펴보려고 한다. 하나님께서 여러분과 나를 친히 그분의 임재하심이 있는 곳으로 "올라오라" 말씀하시고, 우리의 상황을 뛰어넘어서 '성령 안에서' 움직이라 명하시며, 약속의 무지개와 우리를 위한 하나님의 권능이 확실히 우리를 기다리고 있는 곳인 하나님의 보좌를 보며 그 앞에서 예배하라는 부르심을 받는 곳은 바로 그곳이다.

요한의 상황: 자신의 상황을 뛰어넘으라는 나팔소리

요한계시록 4장에서 요한은 자기가 "나팔 소리 같은 그 음성"을 들었다고 말한다(1절). 요한은 지금 자기가 전에 들었던 음성, 즉 구원자이신 주님의 음성에 대해서 말하고 있다(계 1장). 요한은 예수님께서 자신을 아버지의 임재하심이 있는 곳으로, 하늘나라로 올라오라고 부르시는 음성을 듣고 있다. 요한이 영원한 영역으로 발을 옮겨놓게 되는 이 사건은 아주 초월적인 순간을 이루고 있다: "… 이리로 올라오라 이 후에 마땅히 일어날 일들을 내가 네게 보이리라 하시더라 내가 곧 성령에 감동되었더니 …"(계 4:1~2).

현실세계를 벗어난다는 의미에서의 초월적이라는 의미는 아니다. 요한은 지금 자신이 있는 상황의 한계를 넘어서는 곳으로 부르심을 받고 있다. 우리는 그러한 부르심에 대하여 응답하여 나아가서, 예배의 영 안으로 들어가서 주님의 얼굴을 구하게 된다. 그러나 그러한 부르심이 큰 나팔소리 같은 음성으로 임하는 이유는 무엇인가? 예수님께서 요한을 잠잠하고 고요한 음성으로 부르시지 않으시고, 깜짝 놀랄 정도로 충격적인 큰 목소리로 부르시는 이유는 무엇인가? 요한이 처한 상황에 대해서 생각해 보기 바란다. 아마 여러분도 그와 비슷한 상황에 처해 있을지

모르겠다.

그 당시에 요한에게는 두 가지 사실이 분명했다. 첫 번째로, 요한은 밧모 섬에 갇혀 있었기 때문에 개인적으로 자유롭지 못한 상황에 있었다. 요한은 로마 사람들에 의해 박해를 받아서, 자신이 하고 싶은 일을 마음대로 할 수 없는 처지에 있었다. 두 번째로, 요한은 예수님으로부터 직접 자신의 감독 아래 있던 일곱 교회 가운데 다섯 교회가 유감스러운 상황에 있다는 말씀을 전해 들었다. 예수님께서는 그 모든 교회를 다 칭찬하시기는 하셨지만, 실제로는 "그러나 너를 책망할 것이 있나니 … 이러한 것들을 바로잡거라!"고 말씀하셨어야 할 만한 잘못들이 있었다 (계 2~3장을 보라).

그러나 요한이 그러한 교회들에 찾아가서 주님으로부터 책망받은 부분들을 변화시킬 기회는 로마의 박해로 인해서 완전히 닫혀 버린 상태였다. 아마도 그 당시 요한의 나이는 80세였을 것이며, 따라서 요한은 그저 '나는 이곳을 절대로 빠져나가지 못할 거야!' 하고 생각했을지도 모른다.

바로 이것이 우리 모든 사람들이 때로는 절망에 빠져서, '도대체 우리가 지금 우리를 가로막고 방해하는 이 큰 장애물들을 뛰어넘을 수 있을까?' 생각하고 고민하다가, 결국에는 '아마도 하나님께서 자신의 종인 우리를 기뻐하시지 않는가 보다' 하는 절망스러운 생각에까지 이르게 되는 모습이기도 하다. 이것은 우리가 우리에게 진정으로 그리스도의 모습으로 다른 사람들을 섬기는 능력이 있겠는가 하는 우려뿐 아니라, 우리를 꼼짝달싹도 못하게 만드는 문제들에 대한 염려가 섞여 있는 모습이기도 하다. 요한의 한계 상황은 밧모 섬이라는 울타리였다. 우리에게는 상황이라는 섬, 혹은 결혼 생활에서 부부 간에 거리가 생기고,

관계가 단절되는 상황이 될 수도 있을 것이다.

그때 갑자기 주님의 음성이 들린다: "이리로 올라오라!" 그 음성은 지금 요한에게 자기 앞에 열린 문을 통해서, 하나님의 보좌가 있는 곳으로 들어오라고 부르신다. 거기서 요한은 자기를 제한하고 제약하는 상황들—요한을 옥에 갇혀 있는 것이나 마찬가지로 답답하게 만드는 상황—을 뛰어넘어서, 그때까지는 자기가 한 번도 본 적이 없는 모습으로 계시는 예수님을 보게 될 것이다. 요한은 모든 것을 초월해 계시며, 궁극적으로 승리하시는 예수님의 모습을 계시로 보게 될 것이다.

바로 이어 나오는 본문에서는 요한이 '성령으로' 초월적인 영역이면서도 영원한 순간으로 들어가서 아주 중요한 것을 배우는 모습을 보여 주고 있다. 그곳은 바로 예배의 장소로서, 요한이 하나님의 약속과 (무지개) 하나님의 권능(보좌), 그리고 승리의 사자와 구속하시는 어린 양의 모습을 보게 되는 곳이다.

열린 문을 통해서 승리의 비전을 보다

요한이 열린 문을 통해 발을 들여놓을 때 세 가지 일이 일어난다. "보라 하늘에 보좌를 베풀었고." 첫 번째로, 요한은 지금 지극히 높으신 하나님께 대해서 말하고 있다. 요한은 지금 엄청난 장면을 보고 있는데, 자신이 직면하고 있던 모든 일들도—그것이 얼마나 힘들고 어려운 문제들이라 하더라도—자기가 지금 보고 있는 그 보좌의 웅장함과 영광스러움에 비하면 모두 하찮은 것에 불과하게 보인다고 말하고 있다. 그렇다고 해서 하나님께서 나의 상황을 하찮게 여기신다는 의미는 아니다. 하나님께서는 내가 먼지에 불과한 사람이라는 것을 아신다. 또한 하나님께서는 그러한 문제들이 나에게는 중요한 문제들이라는 사실도 아신다. 그러나 하나님은 나의 문제보다 더 크시고, 위대하신 분이시다. 하나님은 그러한 문제들 위에 계시는 분이시다. 요한은 지금 "나는 보좌를 보았다!"고 말하고 있는 것이다.

두 번째로, 요한은 그 보좌 주위에서 경배하는 사람들을 보고 있다. 그들은 지금 창조주께 경배를 드리고 있다. 그분은 단지 모든 것 위에 다스리시는 분이실 뿐 아니라, 아무것도 없는 곳에서 필요한 모든 것을 만들어 내시는 분이시다. 다시 말하면, 여러분은 인생의 막다른 골목에 이르러서도 더 이상 아무런 희망도 없다고 믿을 필요는 결코 없다는 말이다. 우리가 처할 수 있는 최악의 상황이란 우리가 할 수 있는 일이란 하나도 없다고 선언하는 자리일 것이다. 만일 여러분이 그러한 자리에 있다면, 하나님께서는 바로 여러분의 아버지이시며, 지금 여러분을 집으로 돌아오라고 부르고 계신다는 사실을 기억하기 바란다. 더 좋은 사실은 아버지께서 지금 여러분에게 "집으로 돌아와라, 열려 있는 그 문을 통해서 들어오라"고 부르신다는 것이다! 하나님께서 다시 우리를 그분의 영으로 채워 주시고, 그분의 희망으로 우리를 새롭게 하시며, 친히 자신의 사랑으로 우리에게 확신을 주시고, 실망과 절망 가운데서 잃어버린 꿈과 열망을 회복시켜 주실 수 있는 곳이 바로 하나님의 보좌 앞에서 예배를 드리는 장소인 이곳이라는 사실이다.

세 번째로, 보좌 주위에 무지개가 있는 것에는 이유가 있다. 그 무지개는 단지 아름다운 것일 뿐 아니라, 완전히 파괴되어 다시는 회복될 수 없을 것 같아 보이는 모든 상황을 뛰어넘는 축복에 대한 약속을 기억나게 해 준다. 하나님께서는 노아에게 무지개라는 징조를 통해서 전 세계적으로 임했던 대재앙이었던 홍수에 대해서 말씀하시면서 "다시는 이런 일이 일어나지 않을 것이다"라고 하셨다. 많은 사람들은 과거에 일어났던 나쁜 일들이 다시 일어날 것이라는 공포 속에 살아가고 있다. 지난 시절에 어려운 상황들을 통하여 두들겨 맞고 상처를 입은 사람들이 있다. 그런 사람들에게 주님께서 말씀하신다: "어서 들어오너라. 와서 보좌를 바라보아라. 모든 것을 할 수 있는 창조주인 나 하나님과, 너를 위한 약속의 무지개를 바라보아라."

요한이 아버지 하나님께는 모든 것을 창조하시는 능력이 있을 뿐 아니라, 어느 것이라도 만들어 내실 수 있는 능력이 있으신 분이시라는 사실을 다시금 깨닫고 회복을 경험하는 축복을 받은 곳이 바로 그곳이었다. 요한은 지금 하나님의 보좌를 둘러싸고 있는 엄청난 영광과 위엄의 예배 장면 가운데서 지금 자신이 비록 세상에서는 유배를 당하여 옥에 갇히는 고통스러운 상황에 있지만, 하나님께는 희망이 전혀 없는 절망적인 상황이란 결코 존재하지 않는다는 사실을 다시 깨닫게 됨으로써 새로운 확신을 얻게 되었던 것이다. 이것이 바로 하나님께서 우리를 위해서 하늘 문을 열어 두시는 정책을 사용하시며, 여러분과 나에게 사랑을 베푸시는 전능하신 하나님께 대한 그림이다.

예수님께서는 자신의 백성들을 초월적인 순간에로 부르신다. 우리는 살아 계신 하나님께 예배를 드릴 때 바로 그러한 순간을 경험하게 된다. 요한계시록에 여러 번이나 계속 반복해서 나오는 메시지는, 세상은 언제나 여러분을 구속하고 반대하며, 사단도 언제나 지옥의 권세들이나 사용할 수 있는 잔인한 방법으로 우리와 맞서 싸우려고 시비를 걸어 오지만, 예수님께서는 그 모든 것 위에 다스리시는 주님이시며, 바로 그분께서 여러분 안에 살아 계신다는 것이다. 우리는 그 주님 안에서 궁극적인 승리가 보장되어 있을 뿐 아니라, 그러한 승리는 지금 여기서도 예배를 통하여 우리의 삶에 적용되는 승리라는 것이다.

그러한 예배가 시작되는 출발점은 예수님께서는 우리가 처한 모습 그대로의 우리를 보시며, 우리에게 그러한 상황을 넘어서 "이리로 올라오라!"고 부르고 계신다는 사실을 깨닫는 것으로부터 시작된다. 우리는 열려 있는 문을 통해 들어가서 아버지 하나님께 가까이 나아감으로써 우리 안에 어떤 일이 일어나게 하라는 초대를 받은 사람들이다. 즉 하나님께서는 우리에게 그분께로 나와서, 우리의 삶 가운데서 가장 깊이 역사하시는 성령님의 역사를 경험하고, 또한 아주 친밀한 관계 속에서 하나님을 만남으로써 주님께서 우리를 통해서 하시기를 원하시는 다음 단계의 일을 위한 준비가 갖추어질 수 있는 자리로 나오라고 우리를 부르신다. 하나님께서는 우리를 예배 가운데서 새롭게 되는 법을 아는 사람이 되라고 부르셨을 뿐 아니라, 우리의 예배의 강이 흘러넘치게 되면 우리도 다른 사람들을 그러한 예배의 강으로 인도해 들어갈 수 있게 된다.

이것은 단지 요한의 체험만이 아니다. 나는 이 사건이 구체적으로 특별하게 우리 가운데 많은 사람들에게도 해당되는 사건이라고 믿는다. 이 사건은 '교회'들에게는 아주 중요한 의미를 지니는 사건이었다. 물론 요한이 감독으로 관리하던 교회들에만 해당하는 것은 아니었다. 요한계시록이라는 편지 자체는 일곱 교회에 보내는 편지였지만, 요한계시록 전체의 메시지는 '교회들'에게 보내는 내용으로 되어 있다. 그렇다면 요한계시록의 메시지는 바로 지금 여기에 있는 여러분과 나에게도 해당되는 편지라는 것을 의미한다. 요한계시록의 메시지는 모든 시대의 교회들에 다 해당된다. 그러나 나는 요한계시록이 특별히 마지막 시대의 교회 생활을 위한 메시지라고 믿는다. 그러나 그 날이 언제인지는 나도 모른다. 그것을 아는 사람은 아무도 없다. 나는 어릴 때부터 예수님께서는 곧 오실 것이라고 믿었다. 지금도 그렇게 믿는다. 그러나 그런 믿음이 어떤 최면 상태에서 생겨난 것은 아니다. 나는 부흥을 경험하는 교회는 언제나 예수님께서 자기들 시대에 오실 것이라고 믿는다고 생각한다. 그것은 지금 마지막 시대에서도 마찬가지일 것이다. 언젠가 어떤 사람이 나에게 이렇게 질문했다: "목사님은 이 시대가 마지막 시대일 것이라고 믿으시나요?" 그래서 나는 "잘 모르겠습니다. 그러나 적어도 우리에게는 이 시대가 마지막 시대이지요"라고 대답했다.

어쨌든 우리가 이 '마지막 시대'에 산다고 한다면, 다윗이 적어도 자기의 시대에는 하나님을 섬겼던 것처럼, 우리에게도 시대적인 책임이 따르게 된다. 우리가 살고 있는 시대는 우리의 마지막 시대이기 때문이다. 교회가 언제나 자신의 시대가 마지막 시대라고 생각하고 있는 이유는 무엇인가? 그것은 우리가 예배와 부흥과 새롭게 하시는 영 안에 있을 때에는 하나님의 임재하심이 아주 기깝고 생생하게 느껴지게 되기 때문이라고 믿는다. 예수님께서는 바로 지금도 우리에게 생생하게 느껴지도록 역사하신다. 그래서 우리가 예수님께서 곧바로 역사의 문을 열고 들어오실 준비가 되어 있으시다고 느끼게 되는 것이다. 바로 그것이 부흥을 경험하는 교회라면 언제나 예수님께서는 바로 우리 시대에 재림하신다고 믿게 되는 이유이다.

앞으로 예수 그리스도의 교회는 우리가 사는 이 세상에 대해서 지금보다 몇 배나 더 강력한 영향을 끼치게 될 것이다. 그러나 교회가 생명력 있는 예배의 기쁨과 축복과 생동감으로 깨어 있을 때에만 그러한 일이 일어나는 것은 아니다. 물론 그러한 축복은 지난 20년 동안 교회 안에서 확산되어 나가기 시작했으며, 나는 이런 일이 바로 성령님께서 계속 확산시켜 나가기를 원하시는 일이라고 믿는다.

이 요한계시록에서 구원자이신 주 예수님께서 우리를 부르시는 음성을 살펴보면 개인적으로 우리 앞에도 아주 엄청나게 역동적인 일들이 우리를 기다리고 있다는 사실을 더욱 분명히 알게 된다. 예배는 인류가 가진 잠재력을 완전하게 실현하기 위해서 할 수 있는 가장 존귀한 일일 뿐 아니라, 가장 효과적이며 가장 실제적인 일이기도 하다. 실제로 요한이 그러한 부르심에 응답하자, 하나님의 권능과 임재하심뿐 아니라, 요한 자신의 부족하고 결핍한 환경을 충족한 상황으로 변화시켜 주시는 하나님의 능력을 새롭게 경험하고 인식하게 되는 문이 열렸던 것이다. 그런 의미에서 요한계시록은 바로 여러분에 대한 부르심이다. 여러분에게, 주님의 부르심에 응답하라고 하시는 초청이다.

하나님의 말씀은, 하나님께서 자신의 뜻과는 상관없이, 당신의 인생, 가정, 당신이 살고 있는 지역 사회나 당신의 개인적인 세계의 어느 부분에 대해서라도 봉인되어 아무도 알 수 없게 되어 있는 일들에 대해서, 친히 그 인봉을 뜯어내고 개봉하여 우리에게 알려 주시기를 얼마나 원하시는지를 보여 주고 있다. 그것이 바로 우리가 예배 가운데서 "하나님 아버지, 당신의 나라가 임하시고, 당신의 세계에서와 마찬가지로 나의 세계에서도 당신의 뜻이 이루어지기를 원하나이다"라고 선포하며 기도할 때 일어나는 일이다.

이제 여러분을 초청하고자 한다. 단지 다음과 같이 말씀드리기 바란다: "예수님, 감사함으로 주님께 나아갑니다. 특별히 저를 향하여 열어 주신 문, 아버지의 임재하심으로 나아가는 문을 통하여 들어갈 때 주님께서 저를 도와주실 것이라는 소망을 주신 것에 대해서 감사드립니다. 예수님, 아버지 하나님의 창조의 능력과 주 예수님의 구속의 능력이 바로 지금도 내 앞을 가로막고 있는 모든 장애물들을 해결할 수 있다는 확신을 주셔서 감사드립니다."

자, 이제 점점 고조되어 올라가는 하늘나라의 예배에 참여하기 시작하라. 계속 찬양과 경배를 올려 드려라!

4장

영광의 무게에 따라 가치가 결정되다

― 예배의 실체 ―

"일어나라 빛을 발하라 이는 네 빛이 이르렀고 여호와의 영광이 네 위에 임하였음이니라"(사 60:1).

    영광(Glory)이라는 단어에는 특별한 아름다움이 있다. 영광이라는 단어는 사용하기만 하는 것으로도 무지개처럼 다양한 빛으로 찬란하게 빛나는 모습을 연상시킨다. 결혼식 날에 교회의 복도를 따라 걸어 들어오는 신부의 빛나는 아름다움으로부터, 올림픽 경기에서 최종적으로 우승한 사람이 이제는 영광스럽게 월계관을 쓰고, 전 세계로 그 사람 출신 국가의 국가가 울려 퍼지는 가운데 금메달을 받는 선수에 이르기까지, 모든 사람들이 다 영광이라는 단어를 사용할 수가 있다. 우리는 영광이라 하면 뭔가를 해냄, 혹은 탁월함이라는 개념을 연상한다. 사실은 정말로 그럴 만하다. 그러나 영광(Glory)이라는 단어가 가지는 본래적인 의미는 그보다 더 중요한 어떤 것과 관계가 있다. '어떤 것' 이란 특정한 사람이나 사물, 혹은 행위에 무엇인가를 투자하거나 입히거나 더해서, 그 사람이나 사물이나 행동이 다른 사람들이나 사물들이나 행위들에 비해서 아주 뛰어나거나 탁월하게 되는 어떤 것을 의미한다.

구약성경에는 어떤 아이가 태어나는 동시에 그의 어머니가 죽게 되는 끔찍한 이야기가 나온다. 그러한 상황은 그들의 나라가 패전하여 난국에 처하게 되는 사건과 나란히 전개된다. 이 이야기는 이스라엘이 하나의 민족국가로서 정체성을 찾아 나가려고 많은 노력을 기울이던 초창기에, 소용돌이 같이 휘몰아치던 역사의 중심부에서 일어났던 일로서 가슴을 울리는 이야기이다. 성경은 이스라엘 민족이 약속의 땅에 들어가서 자신들이 살 곳을 개척해 나가던 시대에 일어났던 이 사건을 통해서, 하나님께 드리는 예배가 한 사람이나 민족이 전쟁 가운데서 이기거나 패배하게 되는 문제와 깊은 연관이 있다는 사실을 강조해 주고 있다.

성경에 기록된 모든 역사적인 사건들과 마찬가지로, 이 사건이 하나님의 말씀에 기록된 목적은 단지 과거의 역사를 기록으로 남기기 위한 것은 아니다. 성경이 이 사건을 기록한 목적은 어떻게 해야 열매로 가득한 인생을 살 수 있는지, 혹은 지혜롭지 못하게 살나가 실패로 끝나게 되는 인생은 무엇인지에 대해서 온 시대를 아우르는 원리들을 알려 주기 위해서이다. 우리는 이 이야기에서 예배와 하나님의 영광스러운 임재하심이 지속적으로 머물게 되는 것 사이에는 끊을 수 없는 관계가 있다는 교훈을 발견한다. 이것은 우리 뇌리에서 지울 수 없을 정도로 분명한 하늘의 메시지이다. 그 교훈은 우리에게 이렇게 말한다: "우리는 하나님 아버지를 속여서는 안 된다. 최소한 우리가 인생 가운데서 승리하는 삶을 살고자 한다면 그렇다."

약속의 땅을 찾아서 전쟁을 하며 진군하던 이스라엘의 역사는, 우리 모두가 한평생 동안 보람, 성취감 그리고 목적과 의미를 찾아가고 있는 인생의 여정과 동일한 과정을 거치고 있기 때문에, 우리는 '영광'(탁월하고 뛰어난 인생을 경험함)과 '예배'(생명을 주시는 분과 어떤 관계를 가짐)의 관계를 반드시 이해해야 한다. 이러한 관계에 대해서는 이가봇의 이야기에 나오는 연속적인 대화들 속에 잘 요약되어 나오고 있다. 개인이나 집단생활에서 나타나는 예배는 드리는 당사자들의 존엄성(worth)을 결정해 주며, 존엄성은 무게를 결정하고, 무게는 가치(value)를 결정하며, 가치는 영광을 보장해 준다.

이가봇 이야기는 네 가지 부분으로 이루어진다.

1. 그 시대는 혼돈의 시대로서, 하나님의 백성들을 인도하는 영적 지도자들의 예배 행위도 더럽게 오염되어 있었다. 대제사장이었던 엘리는 하나님께 드리는 예배에 대해서 별로 관심이 없었다. 그가 사리사욕에 빠져 있었다는 사실은 그가 탐욕스러운 돼지처럼 이스라엘 백성들이 드리는 희생 제물들을 갈취하는 모습과, 그러다 보니 스스로 뚱뚱해진 모습으로 나타나고 있다. 엘리는 자기중심적으로 변해 버린 예배가 어떤 모습인지를 보여 주는 반면교사이다.

2. 동시에, 이스라엘에서 부친의 뒤를 이어 영적인 지도력을 이어가야 하는 사람들로 알려져 있던 엘리의 아들들도 아주 적극적으로 비도덕적인 삶을 살아가고 있었다. 그들에게 하나님을 높여 드리고 경외하려는 마음은 눈곱만큼도 없었다. 그들의 부패한 생활 모습은 오늘날의 영적인 지도자들이 때때로 변명하기도 하는 부패하고 타락한 삶의 모습을 이해하기 위하여, 고대의 영적 지도자들의 부패와 타락상에 관한 사례 연구대상으로 부각되기도 한다. 엘리 제사장의 아들들은 오늘날 교회의 건강을 끊임없이 위협하고 있는 세속화된 예배의 모습이 어떤지를 보여 주고 있

다. 이러한 일들은 오늘날에도 교회의 지도자들이 '(예배라는) 쇼가 계속 공연되도록 해 나갈 수만 있다면' 그들의 부도덕한 생활이나 그 어떤 다른 합당하지 못한 행위들도 적당하게 변명하며 넘어갈 수 있는 상황에서라면 어디서라도 일어나고 있다.

3. 이렇게 탐욕스러운 시기에 블레셋 군대가 유대인들을 여러 차례나 계속 공격해 들어오고 있다. 그 당시의 블레셋 군대는 마치 오늘날에도 이스라엘에 대해서 전투적으로 지하드(聖戰)를 전개할 것을 주장하는 사람들처럼, 이스라엘을 대적하는 일에 있어서는 전혀 봐주는 일이 없는 잔인한 세력이었다. 이스라엘 군대는 전쟁에 대한 역사적인 전쟁 선례를 따라서 블레셋 군대에 맞서고 있는 것이 아니라, 오히려 한때는 아름다운 실체였지만 이제 지금은 공허한 전통이 되어 버린 방식으로 그들과 더불어 싸우고 있다. 그들은 모세나 여호수아 때처럼 자기들도 언약궤를 전쟁터로 가지고 나갈 수만 있다면 하나님의 임재하심이 그들이 바라는 승리에 도움이 되어 그들이 그 전쟁에서 이기게 해 줄 것이라고 믿고, 엘리 제사장에게 그들이 언약궤를 전쟁터로 가지고 나가도 되는지를 물었다. 언약궤는 하나님의 임재하심의 상징이었을 뿐만 아니라, 순종하는 마음으로 예배를 드리는 마음이 일어나도록 해 주는 실체였다. 그러나 그 당시 이스라엘에게 있어서 언약궤는, 요즘에 사람들이 하나님의 축복과 능력을 바라는 마음으로 지니고 다니는 토끼의 앞발처럼, 그저 행운을 가져다주는 주물(呪物, 신비한 힘을 일으키는 물건)에 지나지 않았다. 그들에게 진정한 예배는 없었고, 하나님과의 관계라는 것은 그들이 전혀 알지 못하는 일이었으며, 단지 종교라는 형식이 영적인 이해의 자리를 대신하고 있었다. 그러

한 결과는 무엇이겠는가? 물론 그들은 그 전쟁에서 졌다. 오늘날 이 사건이 우리에게 전해 주는 메시지가 바로 이것이다. 즉 영적인 실체가 없는 예배는 미신적인 행위와 전혀 다를 바가 없다는 것이다. 따라서 그러한 예배에는 하나님의 축복이 전혀 임하지 않으며, 모든 것이 혼란으로 끝나게 될 것이다.

4. 마지막으로, 그들이 전쟁에서 진 사실이 보고된 순간부터 더 큰 비극적인 일들이 연속적으로 일어났다. 블레셋 군대는 엘리 제사장의 아들들을 포함하여 3만 명의 이스라엘 남자들을 죽였을 뿐 아니라, 언약궤까지 빼앗아 갔다. 엘리 제사장은 그러한 보고를 듣고 충격을 받아서 뒤로 넘어져서 목이 부러져 죽었다. 엘리의 며느리는 남편이 전쟁에서 죽었다는 말을 듣고는 곧바로 진통을 시작하여 조산(早産)으로 아들을 낳다가 아이가 태어나는 순간에 죽었다. 그녀가 남긴 마지막 말은 이스라엘의 역사에서 그 당시의 사정을 잘 말해 주고 있다. 그녀는 죽으면서 갓 태어난 아들에게 '영광이 떠났다' 라는 의미로 이가봇(Ichabod)이라는 이름을 지어 주었던 것이다. 이 이야기는 예배에 신령과 진정성이 결여되었을 때(즉, 영적으로 공허하고, 진리가 없는 예배) 그러한 예배가 백성들과 한 나라에 미치는 결과가 무엇인지, 그리고 성전을 가득 채우는 구름 같이 농후한 영광은 전혀 의미가 없는 예배로부터 퍼져 나오는 독가스로 변해 버린다는 사실을 설명하는 것으로 맺고 있다.

예배의 진정한 가치

고대 영어에서 '예배'(worship)라는 단어는 weorthscipe였다. 이 단어는 어떤 대상에게 '가치를 돌리다'(ascribed worth)는 의미를 가지고 있다. 어원적(語源的)으로 이 단어는 하나님께 참된 예배를 드린다는 것은 종교적인 의식을 행하는 것 이상이라는 것을 의미한다. 즉 참된 예배란 예배하는 분께 돌려 드리는 합당한 가치와, 또한 그분께 경배하는 행위에 따르는 개인적인 대가를 인간적인 방법으로 표현하는 것을 의미한다.

참된 예배는 우리가 우리 주님의 가치와 존귀하심을 선포할 때 일어난다.

- 참된 예배는 우리가 우리의 음악적이거나 사역을 위한 재능을 과시하며 뽐낼 때가 아니라, 우리가 하나님 앞에 나아가 그분의 성품을 높여 드릴 때,
- 우리가 찔러 쪼개시는 능력으로 임하시는 하나님의 영으로부터 우리 자신을 보호하는 것이 아니라, 오히려 겸손한 마음으로 하나님 앞으로 나아갈 때,
- 하나님의 자녀인 우리가 점잖은 체하면서 속 좁은 마음과, 그리스도의 몸의 연합보다는 교회를 분열시키려는 교조주의적(教條主義的)인 자세를 버리고 그분의 말씀의 진리에 대해서 마음을 열 때 일어난다.

우리는 하나님께 합당한 가치를 돌려 드릴 때 우리를 창조하신 하나님과 우리를 구속하신 주 예수님을 가장 존귀하게 높여 드리게 된다. 하

나님은 우리의 찬양과 송축과 높임을 받으시기에 합당한 가치가 있으신 분이시다. 그러한 예배는 하나님께서 고안해 내신 일로써, 우리의 인생 가운데 하나님의 영광이 나타나며, 하나님의 능력과 실체와 기쁨과 자유가 임하도록 하시기 위하여 하나님께서 친히 자신의 말씀의 원리로 정해 놓으신 일이었다. 예배는 고린도후서 3장 17~18절에 설명되어 있는 변화를 일으켜 준다.

"주는 영이시니 주의 영이 계신 곳에는 자유가 있느니라 우리가 다 수건을 벗은 얼굴로 거울을 보는 것 같이 주의 영광을 보매 그와 같은 형상으로 변화하여 영광에서 영광에 이르니 곧 주의 영으로 말미암음이니라"

우리가 성령님의 능력 안에서 아버지 하나님을 예배하며, 그분의 아들을 찬양하며 크시다고 선포할 때, 높임을 받으시며 보여 주시는 짙고 농후한 영광(the weight of His glory, 가끔은 성전 안에 가득한 짙은 연기로 묘사되는 영광)은 우리의 성품과 행동에 충격적인 영향을 입혀서 우리를 변화시키고 새롭게 만드신다. 그러한 예배는 죄와 자아라는 권세로부터 우리를 풀어내어 해방시키며, 우리 일상생활의 과정에서 예수 그리스도의 생명과 사역이 흘러나가도록 영향을 미치신다. "영광에서 영광에"라는 구절은, 성경에서 우리의 삶이 점진적으로 변화되어서, 우리에 대한 하나님의 영원한 계획인 하나님과의 교제와 축복 안에 살아가는 삶을 가리키는 표현이다.

우리의 경배를 받으시기에 합당하신 존귀하신 분을 경배하는 것이야말로 우리의 예배가 영광이 임하는 예배가 되도록 해 준다.

그러므로 여기서 다시 이가봇, 즉 영광이 떠났다는 뜻을 가진 이름의 의미로 돌아가서 살펴보기로 하자.

카보드(Chabod)는 '영광'에 해당하는 히브리어 단어이며, 이 단어의 가장 깊은 의미는 이 단어의 가장 일반적인 의미가 무게, 무거움, 실체를 가리키는 단어라는 사실에 있다(이가봇에서 '이'는 영광의 무게를 부정하는 접두어이다. 그러므로 엘리의 며느리는 이가봇이라는 이름으로 '영광이 떠났다'는 사실에 대해서 탄식했던 것이다). 이 이야기가 우리를 부르는 자리는 바로 이곳이다. 이 사건과 우리를 비교해서가 아니라, 이 이야기와는 대조적으로, 우리의 마음으로부터 참된 예배가 사라지게 만드는 것들에 대해서 경고를 받으라는 것이다. 이 이야기는 우리가 예배할 때 하나님께서 찾으시는 것들, 즉 하나님의 임재하심의 카보드(영광)가 우리의 삶에 직접 마주쳐 임해서 우리의 삶을 변화시키며, 우리의 삶이 하나님의 영광의 무게와 실체와 축복과 임재하심을 덧입도록 해 주는 특징들이 무엇인지를 생각해 보라고 권면하신다.

그러한 예배야말로 인간에게 잃어버린 영광을 회복시켜서 되돌려 주시려는 하나님의 노력의 모든 것이다. 성경은 그러한 사실을 점진적으로 계시해 주고 있다. 하나님께서는 인간이 에덴동산에서 하나님과의 교제의 관계를 유린하고 예배하는 것을 잊음으로써 상실했던 것을 바로 그러한 일이 일어났던 장소에서 다시 바로잡아 주신다. 하나님께서 타락한 부부에게 가죽 옷을 입혀 주시기 위해서 피조물을 희생시키시는 모습은 하나님께서 친히 남자와 여자를 만드신 원래의 계획에 있었던 모든 가능성과 잠재력을 새롭게 복구시키시고 회복시켜 주시는 예배에 대한 그림이다.

하나님께 예배하는 교회들이나 개인들은 하나님께서 우리를 예배로 부르시는 목적에 대한 이해를 정기적으로 새롭게 해야 할 필요가 있다. 그렇게 하지 않는다면 우리도 엘리나 그의 아들이나 이스라엘 백성들처럼—그러한 형식인 의무들을 아무리 신실하게 수행한다고 해도—아무 의미 없는 공허한 형식과 습관에 빠져 버리게 되거나, 아무 생각 없이 그러한 일을 막연하게 따르게 될 위험에 처할 수 있다. 우리도 엘리나 그의 아들들처럼 하나님과 관계된 분위기 속에 살면서도 우리를 변화시켜 나가시는 하나님의 성령에 의해 새롭게 변화를 받기보다는 우리 자신을 만족시키려는 탐욕에 빠질 수가 있다.

우리는 이러한 진리가 교회에 나오는 모든 사람들의 마음속에 얼마나 깊이 자리 잡고 있는가 하고 질문해 볼 필요가 있다. 얼마나 많은 그리스도인들이 예배란 단지 설교를 잘 듣게 하기 위해서 마음 문을 여는 준비 과정이라고 오해하도록 잘못 배웠거나, 혹은 예배가 아무런 기쁨도 없이 그저 종교적인 의무가 되도록 방치해 두고 있는가? 단지 감정적인 흥분으로 하나님을 향한 깊은 갈망과 사모하는 마음을 대치하는 경우가 얼마나 많았는가? 영적인 진정성과 온맘으로 드리는 예배를 원하시는 하나님의 마음을 구분하지 못하고, 그저 광적으로 좋은 느낌을 추구하는 경우도 얼마나 많은가? 그런 점에 있어서 자아와 교만한 태도와 체면을 유지하려는 마음에서 나오는 주저함과 망설임이 하나님 앞에서 기쁜 마음으로 찬양을 표현하려는 마음을 방해하는 경우는 얼마나 많았는가?

그러한 질문들에 대해서 실망스러운 대답이 나올 수도 있겠지만, 그와는 정반대로 여러분과 내가 영적으로 각성을 경험한 교회로서 우리 자신을 예배에 관하여 우리의 죄를 깨닫게 하시고, 잘못을 바로잡아 주시며, 초점을 다시 올바로 맞추게 하시며, 우리의 생각을 새롭게 하시는 성령님을 향하여 열어 드린다면 어떤 일이 일어날지에 대해서 생각해 보기 바란다. 그러한 예배가 일어난다면, 농후하고 짙은 하나님의 영광에 의해서 임하는 변화의 역사가 일어나서 우리 모든 사람들에게 하나님의 임재하심의 흔적을 남기게 될 것이다! 이러한 일은 하나님의 사랑을 알고, 그분의 아들을 높여 드리기 원하며, "성령님, 나에게 임하셔서 그러한 일을 일으켜 주옵소서!" 하고 말하려는 마음이 있는 모든 사람들의 입에서 "할렐루야!" 가 터져 나오게 할 것이다.

나는 개인적으로 전 세계의 점점 더 많은 교회들이 그러한 방향으로 나아가고 있다고 생각한다. 나는 컨퍼런스나 교회들을 돌아다니면서 수만 명의 그리스도인들의 표정에서 그러한 변화를 읽을 수 있었다. 나는 사람들이 활짝 열린 마음을 가지고 예배하고, 천국이 임해서 '의에 주리고 사모하는' 사람들을 충만하게 채워 주시는 모든 곳에서 그러한 변화들을 읽고 있다.

또한 나는 복음주의 진영의 교회 지도자들 가운데서 가장 존경받는 잡지들 가운데 하나의 편집인으로부터 전화를 받으면서도 많은 교회들이 하나님께서 오늘날의 교회의 예배 가운데 원하시는 것을 새로운 마음으로 추구하고 있다는 증거를 보았다.

그는 이렇게 말했다: "잭, 우리는 다음에 발간되는 잡지를 전적으로 예배에 관해서만 다루어 보려고 기획하고 있습니다. 예배에 관해서 목사님께서 기사를 써 주시기를 부탁드리고 싶습니다." 나는 그 편집인에게 내가 그 잡지의 목적에 맞는 사람이라고 생각한다면 그렇게 하겠다고 대답했지만, 그가 곧바로 이어서 하는 말을 듣고는 깜짝 놀랐다: "우리는 분명히 훌륭한 신학만으로는 하나님께서 우리의 예배에 대해서 기대하시는 것에 부응하지는 못한다고 생각합니다. 나는 목사님께서도

하나님의 말씀을 알고, 하나님의 진리에 근거를 두는 것이 중요하다는 사실에는 동의하실 것이라는 사실을 알고 있습니다. 그러나 우리 편집 팀은 다음에 나올 잡지를 준비하면서, 복음주의적인 기독교의 경향은 우리가 예배할 때 하나님을 향하여 전적으로 우리 자신을 열어 드리기보다는, 예배에 관한 진리를 연구만 하고 있다라는 결론에 이르게 되었습니다." 그는 계속해서 나에게 "우리가 어떻게 해야 예배의 핵심에로 들어갈 수 있는가?" 라는 질문에 대해서 언급해 주기를 바란다고 말하면서, 구체적으로 "목사님께서 보시고 적용하고 계시는 대로, 하나님께서 우리의 예배에 대해서 기대하시는 것이 무엇인지에 대해서 솔직한 평가를 써 주시겠습니까?" 하고 요청했다.

다음 장은 내가 그 잡지에 기고한 내용의 전문이다. 나는 그 내용이 예배 가운데서 농후한 영광의 무게를 유지하고, 하나님께서 자신의 백성들 가운데와 우리의 교회들에 임재하심으로써 그분의 영광이 눈에 보이도록 나타나게 해 줄 문제들의 핵심을 다루고 있다고 생각한다.

5장

신령과 진정으로 드리는 예배

— 예배의 핵심으로 들어가기 —

"아버지께 참되게 예배하는 자들은 영과 진리로 예배할 때가 오나니 곧 이 때라 아버지께서는 자기에게 이렇게 예배하는 자들을 찾으시느니라"(요 4:23).

때때로 사람들은 우리에게 예배의 모습이 어떠해야 한다고 생각하는 것에 대한 우리의 입장을 변호하며 말해 보라는 주문보다는, 하나님께서 실제로 찾으시는 예배는 어떤 예배냐는 질문을 하기도 한다. 아주 좋은 질문이다. 하나님의 말씀은 분명히 우리에게 영으로뿐만 아니라 진리로 예배하기를 요청하고 있기 때문에, 세상에 나와 있는 모든 신학 서적들이나 전제들로도 우리에게 정말로 가장 필요한 것—그렇게 예배 드리는 것—을 대치할 수는 없을 것이다("worship in truth and spirit"이라는 표현이 "영과 진리로 예배"로 번역되기도 하나, 개역한글 성경에서는 "신령과 진정으로 예배"로 번역한다. 요즘에는 미국에서도 "영적으로, 그리고 참으로", 즉 진정으로라고 번역하려는 사람들이 생기고 있다—옮긴이). 바로 그렇기 때문에 우리가 그저 단순하게 우리의 교만한 마음을 낮추고 꿇어 엎드려서 우리의 마음을 열어 드리고, 성령님께 우리 안에 어린아이와 같은 심령을 만들어 주심으로써 우리가 실제로, 그리고 진정으로 상한 마음이 되어서, 우리 안에 진정으로 겸손한 마음으로 하나님을 향하여 사모하는 갈급한 마음이 일어나도록 해 드리기로 결심한다면 우리 모두에게 어떤 일이 일어나게 될 것인지에 대해서 살펴보는 것은 가치가 있는 일이다.

나는 지난 50여 년 동안 기독교 지도자로서 하나님께 예배를 드리고, 회중을 예배 가운데로 인도하며, 예배에 관하여 연구도 하고 설교도 해 왔지만, 지금도 내가 예배라는 주제에 대해서 전문적인 지식을 가지고 있다고는 감히 생각하지 못하고 있다. 내가 지금까지 평생 동안 하나님의 임재하심 안으로 들어가서 그분을 경험하는 삶을 살아 온 것은, 나로 하여금 내가 아는 것이 얼마나 부족하며, 내가 오늘날 교회 지도자로서 얼마나 전적으로 하나님만을 의지해야 하는—내 자신의 경험이 아니라—사람인지를 일깨워 주는 계기가 되고 있다.

지금 우리가 생각해 보아야 할 문제는 '하나님을 높여 드리는 예배는 어떤 예배인가?' 하는 것이다. 혹은 이 문제를 약간 바꿔서 신학적으로 표현해 본다면, '예배가 진정으로 하나님을 예배하는 예배가 되게 만드는 것은 무엇인가?' 하는 문제일 것이다.

나는 이러한 상황 가운데서 위와 같은 두 가지 질문에 대한 대답과, "우리의 연구 주제인 예배에 관한 신학적 근거를 제시하라"는 요청에 대한 대답으로 다음과 같은 글을 쓰기로 했다.

나는 먼저 일반적으로 그러한 질문에 대해서 기독교의 공식적인 대답이 없는 상황에 대해서, 많은 사람들이 기대하고 있는 대로 하나님의 영광과 인간이 하나님의 보좌 앞에서 하나님께 합당한 예배를 표현해 드리는 것이 얼마나 타당한 일인지에 대한 논문을 써 보고 싶은 마음이 들었다. 물론 하나님의 아름다우심과 위대하심만으로도 우리는 겸손하게, 그리고 우리가 드릴 수 있는 최고의 헌신과 경배뿐 아니라, 입술의 찬양을 하나님께 표현해 드려야만 마땅할 것이다. 그러나 나는 내가 '예배의 마음'(the heart of worship)으로 나아가야만 한다는 생각이 들었다. 그래서 이 글에서는 그 문제에만 집중하기로 했다. 그렇다고 해서 내가 지금부터 말하려는 것이 신학적으로 정확성이 떨어지는 글이라는 말은 아니다. 단지 '예배 신학' 이라는 주제를 받으면 보통 앵무새처럼 천편일률적으로 다루는 일반적인 내용을 언급하지는 않을 것이기 때문에 받아들이기가 쉽지 않을 수도 있을 것이다.

내가 보기에는 예배에 관한 신학적인 전제들은 대부분 가슴이 아니라 머리에 집중되어 있는 것 같다. 즉 신학자들은 예배에 대해서 마음에 관한 것보다는 이성적인 내용을 주로 다루고 있다. 서구의 전통에서는 대부분 주관적으로 하나님을 만나고 경험하거나, 하나님과의 신비한 만남의 체험 등에 대해서는 실제로 비판하며 비난하는 것이 일반적인 일이다. 일반적인 예배 신학에서는 주로 계시된 하나님, 그분의 속성과 본성을 객관적으로 분석하면서, 하나님께 합당한 예배란 본질적으로 그렇게 계시된 정보와 내용들을 하나님을 향해서 입으로 말하고 암송함으로써 다시 하나님께 돌려드리는 것으로 이루어진다는 전제를 가지고 있다. 이렇게 하나님을 향한 심령의 갈급함과 사모하는 마음보다 하나님께 대한 지성적인 개념에 초점을 맞추고 있는 모습은 진정으로 예배란 우리가 하나님께로 올려 드리는 어떤 것이라기보다는 그분이 우리에게 주신 은혜의 선물이라는 진리와, 하나님께서는 우리가 하나님께 대해서 얼마나 잘 해석할 수 있는 능력을 가지고 있는가 하는 것보다는 직접 우리를 도와주시는 일에 더 많은 관심을 가지고 계신다는 소중한 진리를 간과하는 처사인 것이다. 우리 서구 복음주의 전통에서는 종종 학자연하며, 예배란 지적인 활동이라는 주장을 고집하고 있는 것처럼 보일 때가 많다. 그러나 지금도 우리의 구원자가 되시는 예수님의 말씀은 지금도 지성적인 범위를 넘어서는 예배로 부르시는 부인할 수 없는 음성으로 우리의 귓전을 울리고 있다: "하나님은 영이시니 예배하는 자가 영과 진리로 예배할지니라"(요 4:24).

우리는 흔히 '생각'(mind, 지성)과 '영'(spirit, 심령)을 동의어라고 생각한다. 그러나 성경이 '영'으로 예배하라(worship in spirit)고 말할 때는 '마음'(heart)을 가리키는 것에 더 가깝다. 또한 그러한 표현에 "진리로"(in truth, 요즘에는 '진리' 대신 '참'으로 번역하여 '진정'이라는 개념으로 이해하기도 한다—옮긴이) 예배하라는 말씀이 같이 나온다는 사실은 지성도 적극적으로 예배에 참여해야 한다는 사실을 의미한다는 것은 부인할 수 없다. 그러나 진리의 예배는 반드시 두 번째 일이며, 먼저 예배 가운데 마음이 온전하게 드려지고 표현된 이후의 문제이다.

그러나 대개 많은 사람들은 이러한 우선순위에 대해서 노골적으로 부인하거나 거부하지는 않는다 하더라도 믿지 못하고 의문을 제기한다. 그것은 우리의 지성화 된 가치체계가 감정의 가치를 최소화시키고 있기 때문이다. 사람들은 인간의 반응에서 좀 더 감정적인 요인이 동인이 되어 작용하는 중추기관인 마음이 이성보다는 감성의 지배를 더 받는다는 이유로 별로 중요하지 않은 것으로 생각하기도 한다. 마음은 지성보다 더 쉽게 잘 속아 넘어간다고 보기도 한다. 그러나 이러한 주장을 근거로 마음에서 나오는 예배(즉 영적인 예배, 신령한 예배)를 버리고 지성에 근거한 예배로 나아가는 것은 이중적인 거짓말에 넘어가는 일이다. 첫 번째는 지성은 마음보다 그리 잘 속아 넘어가지 않는다는 거짓말이다(이러한 주장은 근거가 없다. 고후 4:4를 보라). (개역한글 성경은 "마음"이라고 번역했지만, 다른 NIV, KJV, NASB는 "minds", 즉 '생각', 혹은 "지성"이라고 번역했다—옮긴이) 두 번째는 지성은 언제나 우리가 예배 가운데서 하나님과 연결되고 만날 수 있는 방법이라는 거짓말이다(성경은 이러한 주장을 부인한다. 욥 11:7을 보라).

하나님께서 인간에게 주신 무한하게 소중한 선물인 지성의 가치를 깎아 내리거나, 인간의 지성이 예배에 도움이 된다는 것을 부인하려는 것이 아니다. 그러나 우리는 "하나님께서 우리로부터 받으시기를 원하시는 예배는 어떤 예배인가?" 하는 질문에 대답해야 한다. 또한 그 어떤 사람의 지적인 능력에도 한계가 있다는 사실을 솔직하게 인정한다면 이 문제를 강조하지 않을 수가 없다. 마지막으로 하나님의 말씀에 의하면 하나님께서는 **총명하고 명석한** 어떤 것이 아니라, **깨지고 상한** 어떤 것을 찾으신다는 사실을 말해 주고 있다: "하나님께서 구하시는 제사는 상한 심령이라 하나님이여 상하고 통회하는 마음을 주께서 멸시하지 아니하시리이다"(시 51:17). 이 말은 우리의 지성이 하나님의 거룩한 계시를 받아들이기에 합당하지 못하다는 것이 아니라, 하나님의 거룩하신 **초대**를 받아들이기에는 너무 부족하다는 것이다. 지성은 하나님께서 예배를 받으시기에 합당하신 분이시라는 진리를 발견하고, 예배를 드리기로 결심한 후 선택할 수는 있다. 그러나 우리의 창조주와 구속자가 되시는 분의 임재하심의 여러 가지 차원들로 온전히 들어가서, 하나님께서 우리를 초대하여 부르시는 친밀한 자리로 들어가는 문을 열고, 하나님께서 친히 자신의 영원하신 사랑으로 인간의 영혼을 매료시키고자 하시는 신비한 만남으로 들어가기 위해서는 하나님을 사모하며 예배하는 마음이 가지고 있는 영적인 능력으로만 가능한 일이다. 계시의 빛을 받은 지성의 활동으로도 스스로 **추론**하여 하나님께 도달할 수는 있다. 그러나 하나님께 대해서 불붙은 사랑의 마음은 하나님을 **기쁘**시게 해 드릴 수 있으며, 그 다음에는 우리를 기쁘게 해 주시고자 하시는 하나님의 마음을 경험할 수도 있다!

바로 그것이 하나님께서 원하시는 바라는 사실에 대해서는 의문의 여지가 없다. 하나님께서 우리를 영원한 생명과 기쁨으로 초대하시는 일은 최초에 친히 인간에 대한 생각을 떠올리시고 만드실 때부터 하나님의 마음에서 떠나지 않고 있던 일을 표현하시는 것이었다. 믿음의 선조들은 우리에게 이렇게 가르쳤다: "사람의 첫째 되는 목적은 하나님을 사랑하고 영원토를 그분을 즐거워하는(즉, '누리는') 것이다"(웨스트민스터 소요리). 여기서 우리가 이렇게 기다리는 하나님을 누리는 기쁨과 즐거움은 미래를 위한 것만이 아니다. 베드로는 우리가 지금 그리스도께 예배를 드리는 것에 대해서 "예수를 너희가 보지 못하였으나 사랑하는도다 이제도 보지 못하나 믿고 말할 수 없는 영광스러운 즐거움으로 기뻐하니 믿음의 결국 곧 영혼의 구원을 받음이라"(벧전 1:8~9)고 말한다.

그러므로 나는 하나님께서 우리가 하나님께 예배를 드릴 때 가장 마음에 두시는 것은, 우리가 하나님께 대해서 얼마나 많은 화려한 개념이나 생각을 가지고 있는가 하는 것보다는, 얼마나 간절하고 뜨거운 마음으로 하나님을 사모하는가 하는 것이라고 주장하려고 한다. 또한 하나님께서 우리의 영이 하나님의 영과 친밀한 교감이 이루어지는 과정에서—즉 예배—우리에게 가장 해 주시고 싶으신 일은 우리에게 사랑과 생명과 기쁨을 전달해 주시는 것이라고 주장하고 싶다. 따라서 나는 먼저 초점을 '하나님의 거룩하심과 그에 비하여 우리가 아무 가치도 없는 존재'라는 사실에 맞추지 않거나, 또한 하나님의 입장에서 볼 때 예배란 단단하게 잠겨 있는 인간의 마음을 열게 함으로써 하나님께서 인간의 필요에 응답하시며, 또한 친히 가장 많이 사랑하시는 피조물들이 가장 잘되기를 바라시는 하나님의 소원을 푸시기 위해서 마련하신 방법이라고 말함으로써 우리의 예배의 본질을 타락시키고 있는 것처럼 보이는 위험한 영역을 무너뜨리고자 한다. 물론 또한 나는 지금 하나님의 뛰어나신 영광과, 인간의 죄와 다른 문제들이 중요한 문제가 아니라고 말하는 것은 절대로 아니라는 사실을 서둘러서 강조하려고 한다. 실제로 하나님은 거룩하신 분이시며, 우리는 아무런 가치가 없는 존재들이다. 그러나 일단 우리가 예수님의 십자가로 말미암아 이루어진 구속을 믿음으로 받아들였다면, 나는 다음과 같이 분명하게 말하려고 한다.

- 하나님께서 가장 기쁘게 열납하시는 예배는 본질적으로나 일차적으로 지적인 예배는 아니라는 것이다(그렇다고 해서 하나님께서 기쁘게 받으시는 예배가 무지하고 맹목적인 예배가 아닌 것은 분명하지만).
- 하나님께서 우리에게 하나님께 나와서 예배할 수 있게 하시면서 가지신 가장 중요한 관심은, 예배가 하나님의 유익이 아니라 오히려 우리의 유익을 위하여 하나님의 임재하심에 우리 자신을 노출시키는 체험이라는 사실이다(물론 하나님께서 우리가 그분께로 나아가는 것을 기뻐하신다는 것은 의심할 수 없을 정도로 분명한 사실이지만).

나는 하나님께서 직접 해 주신 말씀뿐 아니라, 자신의 말씀을 따르고 있는 상황 속에서 하나님께 드려지는 예배를 기뻐하신다는 분명한 증거를 기반으로 하는 예배 신학을 제안한다. 그러한 신학에 따르면 하나님께서 열납하시며 귀하게 보시는 예배는 다음과 같다.

- 하나님의 임재하심을 소중하게 생각하는 예배
- 마음을 겸손하게 만드는 예배

- 희생으로 드리며, 하나님으로부터 받기를 기대하는 예배
- 모든 수단을 다 사용하여 하나님 사랑을 전하며 증거하는 예배

이제부터 위와 같은 명제들을 하나씩 살펴보기로 하자.

하나님의 임재하심을 소중하게 생각하는 예배

무엇보다도 하나님께서는 그분을 원하는 사람들을 자신의 임재하심 안으로 환영하며 맞아들이신다. 사람들이 하나님을 구하는 이유는 절박한 상황 때문이거나 하나님을 기뻐하는 마음 때문에, 혹은 하나님과의 관계를 미친 듯이 갈구할 수밖에 없는 절박하게 외로운 상황이거나, 하나님을 사랑하는 마음으로 그분과의 교제를 사모하는 마음 등 가운데 한 가지일 것이다. 그러나 어떠한 동기에서든 간에 하나님을 구하겠다는 목적이 아주 분명하다면 하나님께서는 그러한 마음을 기뻐하신다.

출애굽기 33~34장에서는 하나님과 모세 사이에 부드럽지만 강한 대화가 오가는 장면이 나온다. 그 대화는 얼굴과 얼굴을 대면하여 만나는 아주 친밀한 관계로부터 나오는 행동으로부터 전능하신 하나님께서 극적으로 선포하시는 장면까지 이어지고 있다. 그러한 상황 가운데서 하나님께서는 모세에게 율법을 담고 있는 두 번째 돌판을 주신다. 이 장면에서 가장 중요한 것은 모세가 하나님께 마음으로부터 부르짖는 기도이다.

"내가 참으로 주의 목전에 은총을 입었사오면 원하건대 주의 길

을 내게 보이사 내게 주를 알리시고 나로 주의 목전에 은총을 입게 하시며 … 여호와께서 이르시되 내가 친히 가리라 내가 너를 쉬게 하리라 모세가 여호와께 아뢰되 주께서 친히 가지 아니하시려거든 우리를 이 곳에서 올려 보내지 마옵소서" (출 33:13~15).

이 일 직후에 하나님께서는 모세에게 자신의 영광을 보이신다. 그것은 하나님께서 모세를 기뻐하시며, 영원히 모세와 함께하시겠다는 확실한 징표였다(출 40:33~38, 왕상 8:8~11).

나는 목회 사역을 시작한 지 15년이 지난 후에야 회중 예배에 대한 생각이 바뀌게 되었다. 우리는 함께 모이는 예배 시간에 대해서 외적인 아름다움이나 기술적인 면이나 학문적인 면을 고려하기보다는 전혀 아무런 구애도 받지 않고 자유롭게 찬양과 경배를 드리는 일이 물처럼 흘러가며 일어나도록 하는 시간을 가지는 것을 우선순위로 삼았다. 때로는 성경 구절을 직접 인용하여 표현하는 노래들을 부르는 경우도 많았다. 나는 오늘날까지도 보통은 예배 시간 중에 간단한 교훈과 우리가 모인 목적을 상기시켜 주는 짤막한 메시지로 이 찬양과 경배의 시간을 소개하곤 한다. 내가 이 시간에 청중들에게 상기시켜 주는 교훈과 예배의 목적은 그래함 켄드릭이 빌립보서 3장 6~11절을 따라서 작곡한 "내 안에 가장 귀한 것 주를 앎이라"라는 찬양으로도 표현될 수 있을 것이다.

우리 교회가 간절하게 눈에 보이도록 하나님의 임재하심을 나타내 보여 주시기를 구한 지 2년 만에 우리 교회에는 하나님의 영광과 은혜가 임해서 지금까지도 계속되고 있다. 이렇게 하나님의 임재하심을 구했던 2년 동안은 우리가 하나님의 임재하심을 구한다는 사실 자체로도 보람이 있는 일이었으며, 하나님께서 우리 곁에 가까이 계신다는 사실을 언제나 느끼던 기간이었다. 물론 하나님의 임재하심과 영광이 지속적으로 나타나는 기간에도 우리에게는 하나님께 대한 우리의 간절한 마음과 열정을 주기적으로 다시 새롭게 해야 할 필요가 있었다. 우리는 영적으로 아무리 훌륭한 습관이라고 할지라도 의식(儀式)과 형식주의에 빠지게 될 가능성이 높다는 사실을 잘 알고 있었다. 즉 외적으로는 여전히 모든 것이 아무런 흠이 없이 절차가 진행된다 하더라도, 그러한 형식들이 지향해야 할 초점을 잃게 된다면 그런 일이 일어날 수밖에 없는 것이다. 그러나 온유하신 성령님께서는 우리에게 정기적으로 살아 계신 하나님을 목마르게 사모하는 마음을 새롭게 일으켜 주심으로써 우리를 다시 '첫사랑'으로 돌아가게 하시는 방법을 사용하신다.

그러한 예배는 임하시는 하나님의 임재하심으로 인해서 놀라운 경이감으로 충만해지게 될 것이며, 우리도 하나님의 하나님 되심에 대해서 그분과 사랑에 빠지게 될 것이다. 만일 누구든지 간에 '사랑에 빠진다'는 표현에 대해서 불쾌하게 생각하는 사람이 있다면(나도 한때는 그러한 표현이 충분하게 객관적이지 못한 것이라고 생각하고 불쾌하게 생각했던 적이 있다), 그렇다면 반대로 우리는 아마도 이성적인 사고가 우리의 마음을 그저 하나님을 알고 사랑하고자 하는 열정으로부터 멀어지게 만드는 것에 대해서도 마음이 불쾌하게 되기를 배우게 될 것이다.

마음을 겸손하게 만드는 예배

아마 하나님과 선지자들 중에서 우리의 기억에 가장 깊이 남을 만한 만남의 사건은 이사야를 부르시던 때였을 것이다(사 6:1~8을 보라). 죄인의

"화로다 나여 망하게 되었도다"라는 부르짖음은 지성적인 분석으로 이루어진 일이 아니라, 전혀 부끄러워할 줄 모르는 열정과 어린아이와 같이 활짝 열린 마음으로 하나님의 임재하심 안으로 들어가자마자 스스로 발견하게 된 자신의 모습이었다. 이사야가 "내가 본즉 주께서"(원문은 "내가 여호와를 보니"로 시작함-옮긴이)라고 하는 것은 변명이나 거만한 마음으로가 아니라, 받은 강력한 은혜가 그의 교만을 무너뜨리는 순간에 나온 말이었다. 이러한 관점은 같은 책인 이사야서의 뒷부분에서 더욱 깊게 확인되고 있다(사 57:15를 보라).

교만이 깨지기 시작하는 지점은 우리가 어떠한 마음으로 하나님께 나아가 예배를 드리는가 하는 것에 달려 있다. 이사야는 유다에서 그가 살던 시대의 문화의 혜택을 받고 교육을 받은 엘리트로 알려진 사람이었다. 그런 이사야였지만 그는 전혀 가식이 없이 하나님의 임재하심 앞으로 들어간 사람에게만 나타날 수 있는 어린아이와 같은 겸손과 배우려는 자세를 가지고 있다. 또한 이사야의 부르짖음은 겉으로 드러나 보이는 형식에는 전혀 신경 쓰지도 않고, 하나님께서 자신을 계시해 주시는 모습에 대해서 완전하게 자신을 내어 드리며 반응하는 모습을 보여 주고 있다. 그것이 바로 예수님께서 우리 모두에게 요구하시는 것이기도 하다.

> "진실로 너희에게 이르노니 너희가 돌이켜 어린 아이들과 같이 되지 아니하면 결단코 천국에 들어가지 못하리라 … 삼가 이 작은 자 중의 하나도 업신여기지 말라 너희에게 말하노니 그들의 천사들이 하늘에서 하늘에 계신 내 아버지의 얼굴을 항상 뵈옵느니라"(마 18:3, 10).

내가 성경이 우리에게 경배와 찬양의 심령을 밖으로 표현해 드리는 예배(목소리뿐 아니라 신체적으로), 곧 어리석지 않은 말로 표현하고, 전혀 가식이 없는 순수한 연극으로 만들어서 표현해 드리는 예배를 요구하시는 이유를 이해하기 시작한 것은 위의 말씀으로부터 우리가 예배 가운데서 어린아이와 같은 모습(유치한 것이 아니라)을 가지는 것이 절대적으로 필요하다는 사실을 마음으로 깊이 깨닫게 되었기 때문이다. 예배를 표현해 보자는 아주 간단한 요청보다 우리의 교만한 마음을 더 자극하는 것은 없다(심지어는 "2절에서는 목소리를 좀 더 높여서 찬양합시다"는 요청이라고 할지라도 말이다). 나는 교회 안에서 하는 단체 미용 체조 교본은 가지고 있지 않다. 특정한 종류의 단체 미용 체조가 하나님 보시기에 다른 교단보다 더 나은 교회 의식이라는 것을 증명하는 것은 아니기 때문이다. 그러나 나는 목회자가 교인들에게 신중하게 가르치고, 목회자로서 본을 보여 준다면, 교인들이 예배를 표현하는 일에 있어서 자신들의 체면을 생각하거나 자기 자신에 대해서 신경을 쓰지 않고 어린아이와 같은 자유를 경험하게 되는 데 도움이 될 것이며, 우리 성인들이 하나님보다 자신의 체면과 중요성에 사로잡혀 있는 현실에 대해서 중요한 도전이 될 것이다.

나는 사람들의 동기는 진지한 것이라고 생각한다. 그러나 곧 엉뚱한 방향으로 진행되어, 언젠가 우리 교회의 교인 중 한 사람이 나에게 목회자로서 예배를 인도하는 문제에 대해서 좀 유연해지라고 말하기도 했다: "목사님, 목사님께서 사람들에게 예배 중에 손을 들라고 가르치거나 권유하지만 않으셔도 우리 교회가 좀 더 빠르게 성장하리라고 생각합니다." 그리고 나서 그 사람은 이렇게 덧붙였다: "나는 목사님께서 몇몇 교인들의 자부심(pride, 교만)에 상처를 입히시게 될지도 모른다고 생각합니다."

나는 미리 생각한 말은 아니었지만, 솔직하게 내가 생각하는 대로 문제의 핵심을 찌르는 말을 했다: "자부심에 상처를 입힐지도 모른다고요?" 그러고 나서 나는 부드럽게 말했다: "나는 그런 마음이라면 완전히 죽게 되기를 바라고 있습니다."

인간의 존엄성을 존중하는 것이 옳은 일이라는 사실에 대해서는 의심의 여지가 없다. 그러나 세상뿐 아니라 교회 안에도 자리 잡고 있는 경향이 한 가지 있는데, 그것은 인간의 존엄성과 교만(자부심)을 동일한 것으로 보는 등식이다. 그것은 틀린 등식이다. 우리 교회 안의 한 사람 한 사람이 중요하고 모두가 가치 있는 분들이기 때문에, 나는 우리 교인들 모두에게 "어린아이와 같은 마음으로 아버지 앞에 나아갑시다!" 라고 가르치고, 그렇게 할 수 있도록 도와주며, 그렇게 하는 방법을 본으로 보여 주어야 하는 것이다. 그러나 교만한 마음에는 속임수가 따를 뿐 아니라, 스스로 그렇게 교만한 마음을 유지하는 것을 정당화시키기 위한 방법을 찾으려고 고집하기 때문에—그것도 교회 안에서—우리는 우리의 마음이 이사야처럼 겸손하게 변해 나가도록 도와줄 수 있는 방법을 찾아내야 한다. 그러한 마음은 하나님을 새로운 시각으로 바라볼 수 있는 여지를 만들어 줄 뿐 아니라, 하나님의 임재하심 앞에서 깊은 고백과 정결함을 얻게 되는 자리로 나아가게 되는 길을 예비하는 일이 되는 것이다.

희생으로 드리며, 하나님으로부터 받기를 기대하는 예배

히브리서 11장 6절은 그러한 예배에 대해서 아주 분명하게 말하고

있다: "하나님께 나아가는 자는 반드시 그가 계신 것과 또한 그가 자기를 찾는 자들에게 상 주시는 이심을 믿어야 할지니라." 이 본문은 예배란 언제나 하나님께 희생의 제사를 드리는 것을 의미한다는 명제에 근거되어 있다. 즉 찬양이든, 헌금이든, 혹은 성령님께서 부르시는 요청에 의해서 어떤 것을 내려놓는 일을 통해서든지 간에 "하나님께 나아가는 자"는 자기의 어떤 것을 하나님께 드린다는 의미이다. 그러나 동시에 우리가 예배자라면 그와 동일한 믿음으로 하나님께서 그에 대한 보답으로 친히 우리에게 무언가를 주실 것이라는 사실을 믿어야 한다고 말하고 있다. 하나님께서는 우리가 드리는 것에 대해서 보상이 되고, 우리를 풍요롭게 하며, 자비롭고 좋은 어떤 것을 주실 것이다.

하나님께 희생 제사를 드리고 보답을 기대하는 두 가지 일 사이의 긴장관계는 많은 논란을 일으킨다. 어떤 사람들은 인간의 이기심에 대해서 하나님의 입장을 변호해야 할 의무가 있다고 생각하면서, 위의 본문이 선포하고자 하는 명제에 나오는 균형을 받아들이기를 애써 거부하기도 한다. 그러나 진리는, 하나님께서는 하나님의 축복이라는 상급을 풍성하게 주시는 분이실 뿐만 아니라, 그렇게 하시기를 기뻐하시는 분이라는 사실이다. 하나님께서는 "네가 감히 나에게 무엇인가를 바치고, 내가 너에게 무엇인가를 주도록 만들려고 하느냐?"라고 말씀하시지 않으신다. 하나님께서는 그 대신에 그저 다음과 같은 취지로 말씀하신다: "네가 나를 믿고 나왔으니, 이제 너는 네가 나를 찾는 것에 대해서 내가 너에게 보답해 줄 것이라고 믿기 바란다." 물론 십일조나 헌금은(물론 성경적으로 타당한 '희생 제물'이다) 하나님께 일대일씩의 보상을 홍정할 대상은 아니다! 그러나 예배에 대한 하나님의 부르심에는 우리를 반드시 축복해 주시겠다는 하나님 자신의 약속이 따르고 있다. 그것이 바로 내가 하나님께서 물리적이고 물질적인 공급하심으로 우리를 축복해 주고 싶어 하신다는 약속을 전혀 주저하지 않고 담대하게 가르치는 이유이다.

이제 인용하려고 하는 말라기 3장 10~12절에 대해서 그 본문에 나오는 언약이 현 시대에도 적용되는지에 대해서는 목회 지도자들의 해석이 다양하다. 그러나 여전히 그 본문은 인간이 드림으로써 순종하는 것에 대한 하나님의 풍성하신 마음과, 그렇게 순종하는 마음으로 드리는 예배와 관련하여 인간이 축복을 기대하는 것은 당연하다는 사실을 보여 주고 있다.

> "만군의 여호와가 이르노라 너희의 온전한 십일조를 창고에 들여 나의 집에 양식이 있게 하고 그것으로 나를 시험하여 내가 하늘 문을 열고 너희에게 복을 쌓을 곳이 없도록 붓지 아니하나 보라 만군의 여호와가 이르노라 내가 너희를 위하여 메뚜기를 금하여 너희 토지 소산을 먹어 없애지 못하게 하며 너희 밭의 포도나무 열매가 기한 전에 떨어지지 않게 하리니 너희 땅이 아름다워지므로 모든 이방인들이 너희를 복되다 하리라 만군의 여호와의 말이니라"

시대가 지나도 전혀 변하지 않는 분명한 사실을 다시 반복하는 것은 신령하지 못한 일이 아니다. 즉 예배는 하나님께서 우리의 축복과 유익을 위해서 우리에게 주신 선물이다. 하나님께는 예배가 필요하지 않다. 예배가 필요한 장본인은 바로 우리이다. 그리고 우리가 마음을 활짝 열고 들어가기를 배울 때, 겸손하고 정결하게 된 마음이 무엇인지를 발견하게 될 것이며, 궁극적으로는 우리의 손을 활짝 열고 하나님께 나와서 드리게 될 것이며, 그렇게 활짝 열어 드린 손을 몇 배로 채워 주시겠다는 약속을 받고 그곳을 나가게 될 것이다.

그렇게 활짝 열린 손으로 하나님께 나오는 예배자들은 한 가지를 더 배우게 될 것이다.

하나님의 사랑을 전하며 증거하는 예배

만일 하나님을 기쁘시게 해 드리는 예배가 하나님의 필요를 채워 드리는 것(물론 하나님 편에서 아무것이라도 부족하거나 필요로 하시는 것이 있다면 말이다)이라기보다 인간의 필요와 문제를 해결해 주는 것이라면, 이제는 전능하신 하나님의 마음과 뜻을 존중해 드리는 그러한 예배는 다른 사람들을 향하여 축복하고 사랑을 전하는 손을 만들어 내게 될 것이다. 따라서 우리의 구세주께서 '가장 큰 계명'이 무엇인지를 요약해 주시면서 "둘째도 그와 같으니"라고 말씀하시는 것은 전혀 놀라운 일이 아니다. 수평적인 명령은 우리가 하나님을 예배해야 하는 것에 초점을 맞추고 있는데("네 마음을 다하고 목숨을 다하고 뜻을 다하여 주 너의 하나님을 사랑하라"), 여기로부터 수평적인 명령이 나온다("네 이웃을 네 자신 같이 사랑하라", NKJV는 '사랑하라'는 동사를 한 번 사용해서 하나님을 사랑하라는 명령과 이웃을 사랑하라는 명령을 연장선으로 이해하고 있다-옮긴이). 근본적으로 말해서 그러한 예배를 통해서 우리의 마음이 다음과 같은 것에로 초점이 맞추어지게 될 때 우리의 예배는 진정으로 하나님의 인정을 받게 된다.

- 다른 사람들을 향한 용서의 마음과 생계를 얻기 위해서 매일의

삶 가운데 화평을 도모하고 화해시키려는 노력이 분명하게 나타나는 삶
- 은혜로운 말과 행동을 통해서, 우리가 세상을 향해서 따뜻하고 호감이 생기게 하는 '빛'(착한 행실-옮긴이)을 비출 뿐 아니라, 믿을 만하고 설득력 있게 복음을 전하는 가운데 하나님의 임재하심 안에서 발견되는 영광이 눈에 보이도록 나타나는 것
- 이기적이지 않은 종의 심령으로 인류의 필요를 채우는 일을 돕는 데 언제나 참여하려는 마음. 이러한 마음은 소외되고 불의를 당하는 피해자들을 돌아보려는 마음으로 나타나며, 너무나 싸구려 같은 가치관을 가진, 그래서 앞을 못 보는 소경 같은 사람들을 불쌍히 여기는 마음에 의해서 깊어진다.

우리 교회의 거의 모든 예배 시간에 둥그렇게 서서 같이 기도하는 시간을 가지게 된 것은 바로 그런 확신에서 비롯된 것이다. '섬김의 시간'(Ministry Time)은 교인들이 약 10여 분 동안 소그룹으로 서로 삶을 나누고 기도하는 시간을 부르는 말인데, 보통 그 다음에는 아주 정서적이고 친밀하며, 찬양으로 가득한 경배와 찬양의 시간으로 이어진다. 이러한 예배의 습관은 예배에 대한 나의 생각이 혁명적으로 변하고 있던 10여 년 전에 형성되었다. 세 명에서 여섯 명 정도의 교인들이 개인적인 문제나 관심사를 4~5분 정도 나누고 서로를 위해서 기도하는 시간을 가지는 것은 한 교회로서의 효율성을 이루는 데 있어서 평가가 불가능할 정도로 중요한 열쇠가 되기도 한다.

그렇게 하는 것이 구도자 중심의 예배(seeker sensitive style) 원리를 깨뜨리는 것은 아닌가 하는 의구심을 가지는 사람들이 있기는 하지만, 우리

는 '섬김의 시간'이 다음과 같은 역할을 한다는 사실을 알게 되었다.

- 섬김의 시간은 하나님의 임재하심을 친밀하게 누리는 예배를 통해서 일깨워진 하나님의 사랑에 대한 느낌을 구체적이고 실제로 적용하는 시간이다.
- 섬김의 시간은 회중 가운데 서로 섬기며 봉사하게 하시는 성령님의 은사가 임하여 나타나게 한다.
- 그러한 시간은 개인의 문제를 표현하고, 서로에 대한 관심을 보여 주며, 분명한 제목에 초점을 맞추고 온 마음으로 드리는 기도와 그러한 기도들에 대한 응답의 문을 열어 준다.
- 선포하는 메시지의 끝부분에서 결단으로 초청할 수 있는 토대를 놓아 준다(사람들이 자기들에게 하나님의 사랑을 보여 준 사람들과 인격적으로 만난 후에는 예수 그리스도 안에 있는 하나님의 사랑을 받아들이라고 초청하며 권하는 것이 무한히 더 쉬워질 수밖에 없다!).

우리 교회는 지난 여러 해 동안 내가 지금까지 말한 신학적인 관점을 근거로 위와 같이 중요한 일들을 추구하면서, 지금까지도 그러한 것들을 예배의 기준선으로 삼고 있다. 우리는 예배에서 첫 번째로 가장 중요한 분이신 하나님을 바라보는 시선을 결코 놓치지 않았으며, 우리가 하나님께로 나아가 드리는 예배의 근거를 예수님 안에서 우리에게 나타난 하나님의 사랑 외의 그 어떤 것에 두지도 않았다. 하나님과 그분의 임재하심을 소중하게 여기는 것에서부터 시작된 예배는 우리의 마음을 겸손하게 만드는 것으로 이어지며, 우리의 희생적인 예배를 일깨워 주고, 서로를 섬기며 봉사하도록 해 준다. 마음에서 일어난 일이 겸손하게 경배와 찬양을 드리기 위해서 치켜 올리는 손과, 그저 기대하는 마음으로 하나님께 열어 드리는 손, 온유한 은혜로 섬기는 손으로 표현되는 것이다.

하나님께서는 그러한 제사를 크게 기뻐하시는 것 같다.

위의 네 가지 사항들이 많은 것은 아니지만 내 마음에 '하나님께서 우리의 예배 가운데서 찾으시는 것' 으로 요약되며, 우리가 그러한 사항들을 여러 해 동안 적용하면서, 그러한 예배에는 언제나 그리고 항상 다음과 같은 세 가지 결과가 일어난다는 사실을 발견했다.

1. 전체 회중은 하나님께서 우리가 예배드릴 때마다 항상 우리 가운데 임재해 계신다는 사실을 깊이 의식하며 느끼게 되었다. 하나님의 임재하심은 아주 기쁨이 가득하면서도 두려움이 느껴지는 경외감 가득한 분위기 가운데 나타났다. 하나님의 임재하심은 거룩하신 하나님께 관한 것뿐 아니라, 찬양 가운데서 우리를 자유롭게 풀어 주시는 해방을 경험하는 것으로, 우리가 하나님께 예배드릴 때 우리를 찾아오셔서, 우리 가운데서 운행하시는 하나님의 은혜 안에서 기뻐하게 되는 것으로도 나타났다.

2. 우리는 우선순위와 목적에서 혼란이 일어나지 않도록 했다. "중요한 것은 중요한 것을 중요한 것으로 여기는 것이다"라는 고전적인 인용구는 목회자와 장로들과 찬양 팀과 악기 연주 팀이 예배를 최고의 우선순위로 삼는 교회에서 훨씬 더 잘 이루어진다. 또한 그러한 경구(警句)는 모든 그러한 그룹들에서 다 지켜져야 한다. 전체 교회의 예배 사역을 소홀하게 취급해서 '음악 분과위원회의 일'로 만들어서는 안 된다. 온 교회가 예배에 대해서 그렇게 일치

된 마음으로 헌신해야만 교회 안에 권력 다툼이나 경쟁이 없이, 모든 당사자들의 은사들이 지혜와 기름부으심을 받아 살아나서 전체 교회로 흐르게 되면서, 모든 것이 다 제자리를 찾게 된다. 이런 곳에서는 교회의 프로그램뿐 아니라 행정과 비즈니스가, 그리고 청지기 사역뿐 아니라 교제가 모두 물처럼 자연스럽게 흘러나가게 된다.

3. 우리 교회는 믿는 사람들의 개인적인 삶들이 넘치도록 성장했으며, 교회의 단체적인 사역을 통해서 교회 밖으로 전도가 이루어짐으로써 외적으로도 성장하는 것을 경험했다. 교인들이 하나님의 말씀 안에서 성장해 나가고, 섬기는 사람들이 세상으로 뚫고 들어가서 교회의 소금과 빛 같은 영향력들을 자연스럽게 발산하게 되면서 온 교회가 발전되어 나갔다. 예배에는 역사(役事)가 나타난다! 하나님께서 자신과 손을 맞잡고 있는 듯이 친밀한 관계를 유지하고 있는 사람들을 통해서 세상을 만져 주심에 따라서 예배의 역동적인 능력이 하늘로부터 흘러나오게 되는 것이다.

우리가 예배라는 분야에서 성장하려고 하면서 아버지 하나님의 가장 충만하신 나타나심과 우리를 하나님께로 이끌어 나오게 하시려는 목적을 우리 가운데서 받아들이며 실현하려고 할 때 알게 된 것이 바로 이러한 것들이다. 우리가 예배의 핵심으로 나아가려고 노력하자, 하나님께서 자신의 백성들을 예배하도록 부르시는 목적의 중심에는 우리가 어떤 원칙들을 준수해야 할 뿐 아니라, 하나님을 경외하고, 그분에 대해서 배우며 순종해야 한다는 사실이 있다는 것을 알게 되었다. 이렇게 온전하게 하나님의 마음을 따르며 추구하는 예배는 그러한 원칙들을 준수하는 것이 될 뿐 아니라, 하나님의 능력이 하나님의 백성들에게, 그리고 그들을 통해서 나타남으로써 하나님의 목적들도 이루어지는 예배가 될 것이다. 이와 같이 하나님을 소중히 여기는 것으로 시작된 예배는 우리의 마음을 겸손하게 하고, 제사에 대한 우리의 의식을 일깨워 주며, 우리로 하여금 다른 사람들을 섬기도록 해 준다. 또한 우리의 마음에서부터 시작되는 일은 우리가 **손으로** 하는 행위로 표현된다. 우리는 그렇게 손을 들어 올렸을 때-겸손하게 드리는 찬양으로 고양된 마음을 표현하기 위해서 들어 올리는 손-하나님의 임재하심 안에서 그저 순종하는 마음으로 드리며, 온유하고 은혜로운 마음으로 다른 사람들을 섬기기를 배우게 된다.

우리는 지금까지 우리의 예배에 대한 하나님의 목적의 여러 가지 단면들에 초점을 맞추어 살펴보았다. 이제는 하나님을 예배하는 문제에 대해서 좀 더 근본적인 이해와 실제적인 부분을 다루어 보려 한다. 이제 나와 함께 예배의 '중심점'(center point)으로 나아가 보기로 하자.

6장

우리의 예배를 받으시기에
합당하신 분께 드리는 예배

― 우리가 예배를 드리는 분은 어떤 분이신가? ―

"옛적에 선지자들을 통하여 여러 부분과 여러 모양으로 우리 조상들에게 말씀하신 하나님이 이 모든 날 마지막에는 아들을 통하여 우리에게 말씀하셨으니 이 아들을 만유의 상속자로 세우시고 또 그로 말미암아 모든 세계를 지으셨느니라 이는 하나님의 영광의 광채시요 그 본체의 형상이시라 그의 능력의 말씀으로 만물을 붙드시며 죄를 정결하게 하는 일을 하시고 높은 곳에 계신 지극히 크신 이의 우편에 앉으셨느니라"(히 1:1~3).

21세기에 예수님을 따르는 대부분의 사람들에게 교회 역사의 4분의 3에 해당되는 기간 동안 성경이 전혀 없었다는 사실은 거의 상상하기조차 어려울 것이다. 사실 구텐베르크가 활자를 발명한 이후에도 2세기가 지나서야 그래도 많은 사람들이 성경을 소유할 수 있었다. 그러나 그렇게 성경이 없던 시대에도 교회는 예배를 드렸고, 그리스도를 높여 드렸으며, 주님의 십자가를 통한 구원의 간증이 유지되었다. 이런 일이 가능했던 것은 신약의 예배에는 중심점이 있었기 때문이다. 그 중심점은 바로 성만찬이었다.

언제 어디서나 구할 수 있고 어디라도 가지고 다닐 수 있는 포도주와 빵은―교회의 주님께서 친히 자신의 백성들이 반드시 지켜야 할 근본적인 의식으로 세우신 제도―아주 간단하면서도 예배에 꼭 있어야 할 중요한 세 가지 요소를 가지고 있기 때문에, 주님께서 제정하신 이 성만찬 상은 전 세계의 그리스도인들이 다 같이 모이는 장소와 다양한 예배 형식들 가운데서도 통일된 예배의 모형이 되고 있다.

그리스도의 성만찬 상에서 어떤 일이 일어나는지에 대해서는 견해가 다양하다. 성만찬에 참여하기 위해서 필요한 자격이나 조건들도 서로 다르다. 성찬식에 대해서 부르는 이름들도 다양하다. 교제(Communion), 감사의 제사(Eucharist), 미사(Mass) 등이다. 그러나 그 어떠한 차이나 교리 및 신학들이 서로 다르고 나뉘어 있을지라도, 성만찬 상은 지금까지 여러 세기를 지나는 동안에도 여전히 예배의 중심점으로 이어져 내려오고 있다. 그것은 바로 한 가지 이유 때문이다. 즉 성찬식은 예배에 있어서 중심이 되시는 분의 모습을 보여 주는 곳이며, 그분의 복음이 중점적으로 선포되는 곳이기 때문이다.

개신교 가운데 어떤 교회들은 목사가 설교하는 강대상을 교회 강단의 중심에 설치해 놓고 있다. 그러나 그러한 교회들에도 강단에는 반드시 성찬 상이 있는데(청중을 바라보는 정면이나 강대상 뒤라도 말이다), 그것도 언제나 강단의 정중앙 부분에 놓여 있다! 우리는 그리스도께 예배를 드린다. 그러나 그분은 십자가의 그리스도이시다. 우리 또한 바울처럼 "그러나 내게는 우리 주 예수 그리스도의 십자가 외에 결코 자랑할 것이 없으니 그리스도로 말미암아 세상이 나를 대하여 십자가에 못 박히고 내가 또한 세상을 대하여 그러하니라"(저자가 특별히 이곳에서만 인용하는 NKJV는 "하나님께서 … 자랑하는 것을 금하시느니라"로 되어 있음―옮긴이)라고 고백해야 한다.

신약의 예배의 핵심을 설명하기 위해서는 다음과 같은 표를 그려 볼 수 있다.

예배의 중심이 되시는 분 (Center Person)	예배의 중심점 (Center Point)	예배의 중심물 (center piece)
하나님의 아들 예수 그리스도 교회의 주님	하나님의 복음 성만찬 십자가의 증거	하나님의 말씀 성경 성령의 검

내가 그려 본 도표는 '중심점들'의 삼위일체를 정확하게 보여 주고 있기는 하지만, 초점은 하나로 통일되어 있다. 우리가 가지고 있는 모든 간증의 내용은 우리가 경배하는 분이신 예수님 안에 다 들어 있다!

- 예수님은 중심이 되시는 분이시다. 아버지께서는 단호하게 "모든 충만으로 예수 안에 거하게 하시고 … 기뻐하심이라"고 말씀하셨다. 왜냐하면 '그 안에는 신성의 모든 충만이 육체로 거하시기' 때문이다. 예수님께 대한 아버지의 말씀은 변화산에서 하신 말씀이 지금도 여전히 들리고 있다: "너희는 그의 말을 들으라"(마 17:5, 막 9:7, 눅 9:35).

- 예수님은 증인 사역의 중심점이 되시는 분이시다. 예수님께서는 성만찬을 예수님 자신의 것이라고 정의하셨다. 그것은 성찬식에 등장하는 모든 요소들이 다 전적으로 예수님 자신의 상하신 몸과 흘리신 보혈에 대하여 지속적으로 증거해 주는 것들이기 때문이다. 그분의 상하신 몸과 흘리신 보혈이야말로 예수님께로 나올 모든 사람들을 사 내시고(구속), 영원한 구원을 보장해 주시는 도구이다: "내 살을 먹고 내 피를 마시는 자는 내 안에 거하고 나도 그의 안에 거하나니"(요 6:56).

- 예수님은 **중심물**이시다. 성경은 하나의 아주 본질적인 목적을 위해서 존재한다: "이 성경이 곧 내게 대하여 증언하는 것이니라"(요 5:39). 모형적으로 미리 알려 주는 방식으로든지, 혹은 직접 언급을 통해서든지 간에 메시아는 성경의 모든 책이라는 직조물 안에 다 섞여 짜여 들어가 있는 주제이다. 그리고 예수님이 성경의 궁극적인 메시지라는 의미에서 볼 때, 그분은 육신을 입으신 말씀이시다.

그리스도의 위치는 어디인가?

모든 세대들마다 교회가 언제나 지켜 오던 헌신을 지켜 나갈 것인지, 아니면 타협할 것인지에 대해서 선택하도록 압력을 넣는 어떤 원동력이 있었다. 21세기로 접어 들어가면서 우리에게 다가오는 그러한 압박의 강도는 전혀 줄어들지 않았으며, 따라서 하나님의 백성들이 현재는 그러한 문제들이 나타나고 있는 곳이 어디인지를 정확하게 구분하는 것은 최고로 중요한 문제이다.

그러한 선택의 압력이 찾아오는 강도는 분야마다 모두 다르다. 예를 들면, 영적인 지도자들은 그러한 압박에 맞서든지, 아니면 도덕적이고 윤리적인 표류현상을 용인하든지 하라는 압력을 온 사방에서 다 받고 있다. 이러한 압박은 크게는 사회에서뿐 아니라 교회에서조차 지도자들을 향해 압박하며 조여 들어오고 있다.

가장 충실하게 성경을 따라 살아가고자 하는 그리스도인들도 지금 이루어지고 있는 결혼 제도에 대한 현대의 새로운 정의와, 그렇게 다시 정의된 성도덕을 사회가 급진적으로 받아들여 나가는 급진적인 진행 절차 등과 같은 문제들로 인해서 자신들의 입장을 결정하고, 자기들의 인생과, 또한 그에 따라서 영향력을 미칠 수 있는 영역들에 분명한 영향을 미쳐 나갈 것을 요구받고 있다.

또 다른 문제는 전 세계적인 교회가 점점 흐릿해져 가고 있는 분야에 관한 것이다. 그러한 분야에 대해서 교회의 확신이 부족하다는 것이 아니라, 그 문제가 정말로 중요한 문제라는 사실을 이해하지 못하고 있는 문제이다. 교회는 지금 성령님께서 하나님의 옛 백성인 유대인들에 대해서 점점 구체적으로 역사해 나가신다는 사실을 보고 있다. 또한 특별히 이스라엘에 대한 하나님의 절대주권적인 목적은 이스라엘이라는 국가를 놓고 치열하게 벌이는 정치적인 전쟁들 속에서도 전개되어 나가고 있다. 이 시점에서 교회는 역사적으로 그리스도인들로 하여금 전 세계적인 반 유대주의적인(즉 유대인 대학살사건?) 세력들에 굴복하게 했던 수동적인 태도를 답습할 것인가, 아니면 세속화된 여론매체에 세뇌당하기보다 역사적인 실체를 직시하고 그에 따라서 우리의 집합적인 목소리를 내며 영향력을 행사할 것인가에 직면해 있다.

이러한 문제들은 그 하나하나가 중요하다고 해도, 교회가 지금 바로 직면하고 있는 영적이고 도덕적인 문제들과는 직접적인 관계가 없다. 그리고 그러한 문제들보다 훨씬 더 시급하며 그 어떤 문제라도 다 넘어설 정도로 중요한 문제가 있는데, 모든 세대들마다 다 그 문제에 대해서 하나님 앞에서 결산을 요구받게 될 것이다. 따라서 우리 앞의 세대와 마찬가지로 우리 세대도 다음과 같은 질문에 대답해 보아야만 한다. 즉 교회는 교회의 주님이신 그리스도께 어떤 자리를 내어 드리고 있는가 하는 것이다.

이 문제는 교회 회의들에 의해서 결정되는 것이 아니다. 물론 교회 회의들은(교리를 확정하기 위해서 모였던 교회 회의들. 예를 들면, 칼세돈, 에베소, 바티칸 회의 등이 있다-옮긴이) 신조(즉 믿음의 내용)를 확인해 줄 수는 있을 것이다. 또한 교리적인 선언들도 성경적으로 정확하고 건전한 정통 교리를 확정하여 선언할 수도 있겠지만, 이 문제는 교리적인 선언으로 결정되는 것도 아니다. "예수님은 누구시며, 내가(혹은 우리가) 그분과 어떠한 관계를 맺을 것인가?" 하는 질문에 대한 대답은 목회자와 교회 지도자들이 매주 살아가는 삶과 지역 교회를 구성하는 사람들의 예배 생활 속에서 결정된다. 또한 예배 장소에서 그렇게 결정된 내용들이 그리스도의 백성들이 가정과 일터에서 어떤 사람으로 살아갈 것인가 하는 문제를 결정하게 된다.

예배의 분수령이 되는 문제들

우리는 지금 예배의 부흥에 관해서 널리 알려지고, 또 폭넓게 받아들여지고 있는 시대에 살고 있다. 그러한 현상은 대 각성 운동처럼 일어나서 민족과 나라들을 넘어서, 우주적인 그리스도의 몸의 더 넓은 부분으로 점점 번져 나가고 있다. 또한 예배의 갱신(부흥)은 예배 형식과 의전에 변화를 일으키며, 예배로 나아가는 새로운 틀을 만들어 내고 있으며, 교회의 음악적인 분위기에 변화를 일으키면서 교회의 창문을 활짝 열어서, 우리 가운데 천국으로부터 불어오는 새로운 바람과 햇빛이 들어오도록 해 주고 있다.

그러나 예배의 형식과 스타일이 새로워지고 있는 가운데 이 문제에 대해서 깊이 생각해 보려는 사람들은 다음과 같은 문제를 생각해 보는 것이 좋을 것이다. 즉 예배를 이해하는 문제에서도 새로운 부흥이 동반하여 일어나고 있는가 하는 것이다. 즉 도대체 부흥이라는 것이 정말로 필요한가 하는 문제일 것이다. 이 문제에 대하여 대답하기 위해서 제삼자의 비판적인 시각이나 단지 구경꾼의 시각이 필요한 것은 아니다. 그러한 문제에 대한 대답은 '그렇다!' (YES!)는 것이다. 이 대답을 특별히 고딕체로, 진하게, 느낌표를 붙여 가며 강조한 것은, 진지하게 연구해 본 결과 꼭 그렇게 강조해야 할 필요가 있기 때문이다.

자세하게 설명해 보기로 하겠다.

나는 우리가 가까운 장래에 예배의 부흥(갱신)의 역사가 영적인 능력으로 넓게 퍼져 나가거나, 아니면 분별력이 없이 혼란에 빠져서 개념까지도 오염되는 결과를 가져오게 될 것이라고 생각한다. 후자와 같은 일들은 이미 우후죽순처럼 일어나고 있다. 그러나 지금도 우리에게는 잘못 흘러가고 있는 물결의 방향을 바꿔서, 예배라는 이름으로 잘못된 오해와 습관이 분별력이 없는 더 많은 교회들의 예배와 삶을 홍수처럼 덮어 버리는 사태를 막을 수 있는 여유가 남아 있다.

가장 시급한 문제는 우리가 다시 우리의 예배의 대상이신 분께 분명한 초점을 맞추고, 그 초점이 전혀 흔들리지 않도록 하는 일이다. 교회의 주님이신 예수님, 전 우주의 절대주권자이신 전능하신 아버지, 하나님의 백성들의 모든 능력의 원천이시며 정결케 하시는 분이신 성령님, 삼위일체의 하나님이 바로 우리가 예배하는 분이다. 그러나 여기에 상황의 흐름을 가르는 분수령이 있다. 우리가 날마다 살아가는 삶 가운데서 우리의 영혼이 그렇게 이해된 예배의 흐름 안에 적셔지는 정도가 어느 정도인지에 대해서는 심각하게 의심이 들며, 믿을 수도 없는 상황이기 때문이다.

내가 그러한 의문을 제기하는 것에는 최소한 네 가지 이유가 있다.

1. 예배(worship)라는 단어 자체가 '모든 존귀를 돌리기에 합당하신 분 앞에 우리의 심령으로 꿇어 엎드리는 것'이라는 의미 대신에 음악이라는 단어와 혼동될 정도로 아주 폭넓은 정의로 변해 가고 있다.
2. 강단의 모습도 딱딱하던 옛날의 모습에서 청중과 의사소통이 좀 더 잘 이루어지도록 현대적으로 바뀌어 가고 있는 것은 감사한 일이지만, 그것을 통해서 예배자들이 하나님께 대하여 놀라면서 자신을 낮추는 겸손으로 나아가게 되거나 주님께 대한 헌신이 다시 새롭게 되기보다는, 그 위에 서는 사람들이 쉽게 청중들의 관심의 초점이 되는 경우가 너무나 많아지는 결과가 생기고 있다.
3. 경배와 찬양 앨범이 성공적으로 판매되면서 작곡자들, 음악인들 그리고 매니저들은 점점 더 미묘하게 내용보다는 음악의 형식에 집착하고자 하는 유혹을 받게 되었다. 많은 사람들이 자신의 은사들에 대해서 아주 민감한 청지기 의식을 가지고 사용하며 발휘하는 반면에, 다른 사람들은—대개는 분별력이 부족해서 자기도 잘 모르는 사이에 잘못하기도 할 뿐 아니라, 나이가 어려서 유혹에 더 잘 넘어가는 사람들이—정로를 벗어나 있기도 하다.
4. 좋은 가사에 곡을 붙인 곡들도 너무나 '나 자신'에 광적으로 집착하여, 하나님의 말씀을 찬양으로 편집하는 데는 별로 관심을 두지 않거나—성경 구절을 따서 곡을 붙여서 부르는 것은 교회가 "그리스도의 말씀이 너희 속에 풍성히 거하여"(골 3:16)라는 말씀을 순종해 온 역사적으로 중요한 방법이었다—말씀에 대한 이해가 부

족하게 되었다.

이 문제에 대해서 데이비드 브라이언(기도합주회 사역의 창설자-옮긴이)은 「예수 그리스도의 뛰어나심」(The Supremacy of Christ)이라는 책에서 '예수 그리스도는 가장 뛰어나신 분' 이심을 증명하는 일이 교회 안에서조차 점점 줄어들어 가고 있다는 사실에 대해서 탄식하고 있다. 데이비드의 우려는 정말로 적절하다. 나도 오늘날 교회 안에서 많이 부르는 찬양들 가운데는 기독교의 중추적인 신앙의 개념이나 결정적인 구속적인 진리를 내용으로 하는 경우가 점점 줄어들고 있다는 사실을 발견하고 있다. 지금은 예수님(또는 그리스도)의 이름이나 그리스도의 보혈(혹은 십자가), 지나가는 내용으로나 부분적으로라도 가사에 성경 구절을 인용하여 포함시키는 것[그것이 바로 시편(psalms)이라는 단어의 의미이다] 등이 찬양의 내용으로서는 점점 사라져 가고 있지만, 바로 이런 것들이 이 세대의 찬양의 내용으로 다시 회복되어, 신령과 진정으로 예배하는 교회의 생각과 영혼과 가슴으로 녹아 들어가서 전 인격을 장식하는 내용이 되어야 하는 것이다.

내가 이렇게 말하는 것은 지금 활발하게 일어나는 창의적인 기독교 음악 활동들이나 청소년들에게 호소하는 음악 형식, 현대적인 가사의 경향 등에 대해서 일괄적으로 비판하기 위해서 하는 말이 아니다. 나는 모든 세대가 당시대적인 것이라면 무엇에 대해서든지 간에 좋은 소리라고는 한 번도 하지 않는 노인네들이 하는 것 같은 비판을 하려는 마음은 조금도 없다. 나는 지금까지 그 어떤 시절보다도 지난 5년 동안의 목회 기간에 십 대 청소년들과 대학생들 집회에서 더 많은 설교를 했다. 나는 지금 현대 음악적인 분야에 은사와 재능이 많아서 일반적인 음반 시장에서 탁월한 기량을 성공적으로 발휘하며 활동하고 있는 많은 음악인들과 예술인들이 여러 교회를 섬기고 있다는 사실을 알고 있다. 나는 교회에서 예배를 드릴 때마다 대부분은 가장 현대적인 음악이 고전적이고 역사적인 선율과 같이 섞여서 흐르는 회중 가운데서 예배를 드린다. 우리 교회에서는 최근에 작곡되어 전 세계에서 받아들여져 널리 불리는 찬양이 신디사이저들과 어쿠스틱 기타들의 반주에 맞추어 찬양의 불을 지피는 동시에, 동일한 예배에서 3단 건반을 갖춘 오르간이 회중이 천둥과 같이 울려 퍼지는 목소리로 올려 드리는 "주 예수 이름 높이어 다 찬양하여라", "영광의 왕께 다 경배하며" 등의 찬송들에 힘을 더해 주기도 한다. 간단히 말해서, 나는 불만으로 가득한 신학자나, 사소한 흠이나 잡거나 나에게 편한 지역을 조금만 벗어나게 만드는 것이라면 그 어떤 것에 대해서라도 불평을 쏟아 내는 비평가가 아니다. 나는 모든 형식과 크기의 경배와 찬양의 음악을 다 받아들이는 사람이다.

그럼에도 불구하고 나는 이런 나팔을 불고 있다. 이것은 나만의 독주가 아니다. 돈 모앤, 달린 첵, 마코스 위트, 매트 레드맨, 마티 나이스트롬, 스티브 그린, 레이머 보쉬만, 토미 워커, 웨인, 리비 휘루아 등과 같은 지도자들이나 다른 지인들도 나의 그러한 우려에 동감을 표하며 확인해 주고 있다. 물론 그러한 사람들 중에 나이가 20대나 그 이하인 사람은 하나도 없지만, 그들이 관여하고 있는 사역 분야나 그들이 직접 만나며 교류하는 사람들을 보면 그러한 사람들이 시대에 뒤떨어진 사람들이거나 전혀 상종하기 어려운 사람들은 아니라는 사실을 알 수 있을 것이다.

그뿐 아니라 우리는(나 자신도 여기에 포함된다는 사실을 이해해 주기 바란다) 아주 재능과 은사의 수준이 대단히 높은 다른 많은 음악인, 예술인, 예배 인도자들과 함께 예배라는 기치를 내걸고, 선구자처럼 처음에는 '현대적'(contemporary)이라는 단어조차도 단호하게 배척하던 시대로 들어갔던 그룹에 속해 있다. 지금 우리가 우려하는 것은 '현대적'이라는 단어가 '뭔가 혼동하고 있는', '세속화되고 타락한', '신학적으로 무지한', '순수한 동기를 잃고 타협한' 이라는 의미와 동일시되고, 결국에는 우리의 예배의 대상이시며 우리의 찬양과 경배를 받으셔야 마땅한 분이, 막상 우리가 그분에 관하여 유행시켜서 이루어 낸 성공과 현대인들의 귀에 호소하는 찬양 형식, 그리고 찬양의 의미를 단지 '음악'으로 대신하려는 것 등에 집착하다가 생겨난 그늘에 가려서 아예 보이지 않게 되는 것이다.

장애물을 들어올리고 – 깃발을 높이 올리자!

나는 최근에 여행을 하면서, 예배 가운데서 깃발을 사용하는 것을 두 번이나 보았다. 그 두 번의 경우는 내가 본 중에서는 예배 중에 깃발을 가장 효율적으로 사용하는 경우였다. 그 두 번의 경우 모두 질서가 잘 잡혀 있지만 영적으로는 아주 자유로운 분위기의 주일 오전 예배였다. 물론 내가 그 두 곳에서 말씀을 전했다. 한 곳은 감리교회였고, 다른 곳은 하나님의성회에 속한 교회였다. 내가 놀랐던 것은—너무나 우아하면서도 역동적으로—깃발을 흔들거나 올린다는 성경의 개념이 정말로 효과적으로 적용되고 있다는 점이었: "우리가 너의 승리(즉 구원)로 말미암아 개가를 부르며 우리 하나님의 이름으로 우리의 깃발을 세우리니"(시 20:5, 아 6:4, 10).

내가 특별히 감동했던 것은 그 두 교회들에서는 깃발을 사용해서 모든 사람들의 관심을 영광스럽게 예수 그리스도께로 모으고, 회중들에게 감동을 주어 예수님을 찬양하며 높여 드리는 자리로 인도해 나갔다는 점이었다.

이것은 내가 여러 번이나 했던 경험들과는 아주 날카롭게 대조되는 일이었다. 내가 그때까지 본 경우들은 의도는 너무나 좋았고, 진지한 마음으로 그렇게 했다는 사실에 대해서는 의문의 여지가 없지만, 지혜롭지 못했거나 잘 조직되지 않아서, 사람들은 예배당 앞에서 깃발을 흔들고 춤을 추면서, 어떤 때는 전혀 우아하지도 않고, 처음부터 끝까지 회중의 시선을 전적으로 혼란스럽게 만들면서 여기저기로 마구 돌아다니고 있었다(나는 훈련이 잘되어 있고, 질서가 잡혀 있으며, 안무도 잘되어 있는 워십 댄싱 팀을 본 적이 있는데, 이와는 너무나도 대조되는 모습이었다. 그 팀은 회중이 우리 주님을 합당하게 높여 드리는 일을 돕고 있는 다른 예술인들과—보컬 찬양 팀, 악기 연주 팀—마찬가지로 예배에 아주 많은 기여를 하고 있었다).

그곳은 감리교회였는데, 회중들이 서 있고 오케스트라가 "주 예수 이름 높이어"(통일찬송가 36장)를 연주하는 예배실에는 구세주 되신 분의 이름으로 장식되어 있는 찬란한 깃발들이 건물의 길이만큼 길게 설치되어 있었다. 사람들은 예배 의식에 따라서가 아니라, 그 순간에 느껴지는 어떤 생생한 능력 때문에 마음이 움직여서 앉은 자리를 박차고 일어나 손을 들고 높은 목소리로 찬양의 노래를 올려 드리고 있었다.

플로리다에 있는 그 교회에서는 예배를 드리러 온 사람들이 모이는 동안에는 성가대가 놀라울 정도로 엄청난 합창으로 전주곡을 부르다가, 예배가 시작되는 순간으로 이어지는 전환점에서는 트럼펫 주자들의 팡파르가 울리면서 인도자가 회중에게 일어서자고 말하는 것으로 예배가 시작되었다. 그때 성가대는 터질 듯이 높은 음성으로 "주 예수의 이름 높이세 온 땅을 덮는 깃발처럼"이라는 찬양을 시작했다. 그러는 동안에 깃발을 든 한 무리의 사람들이 일렬로 서서 기쁜 표정으로 금빛 실크 깃발을 휘날리며 예배당으로 들어와서, 말로 표현하지는 않았지만 분명한 사실인 "예수 그리스도께서 이 자리의 주인이시다!"라는 진리를 선포하는 자리로 회중을 인도해 나갔다.

나의 심장도 거기에 맞추어 강하게 고동쳤다. 사실 내가 지난 30여 년 동안 담임으로 목회하며 섬겨 온 Church On The Way 교회에서도 예배 시간의 어느 순간에서든지 회중들과 함께 "주 예수 이름 높이어"라는 찬양을 부르지 않은 주일은 한 번도 없었기 때문에 나에게 그런 반응이 일어났다는 것이 별로 놀라운 일은 아니었다. 우리 교회는 그 찬송의 내용을 가지고 함께 자세하게 공부했으며, 우리 교회의 예배 가운데서 없어서는 안 되는 중요한 부분으로서, 대개는 예배를 시작할 때쯤에 부르며, 이 찬송 후에는 몇 곡의 현대적인 경배와 찬양 곡으로 예배를 열어 나간다. 교인들은 우리가 주일 오전 예배 때마다 꼭 한 곡의 전통적인 찬송가를 포함시키는 것에 대해서 전혀 피곤해하지 않는 것과 마찬가지로, 이 찬송을 부르는 것에 대해서도 전혀 피곤해하지 않는다.

내가 이렇게 하는 것에는 전략적인 목적이 있다. 첫 번째는 "주 예수 이름 높이어"라는 찬양을 부름으로써 예배가 시작되는 지점에서 우리의 구세주가 되시는 주 예수님의 초청 카드를 내놓는 것이다. 두 번째는 찬송을 통해서 여러 절로 되어 있으며 내용이 본질적으로 성경적인 찬양만이 할 수 있는 방식으로 교인들을 가르칠 수 있기 때문이다. 또한 나는 성령님께서 어린 시절에 그러한 찬송들을 부르며 자랐던 사람들의 기억의 심금을 울리기 위해서는 좀 더 오래된 고전적인 찬송들을 극적으로 사용하기도 하신다는 사실을 발견했다. 많은 사람들은 안드레 크로우치의 다음과 같은 찬양곡이 그들에게 어떤 영향을 미쳤는지를 간증하기도 한다: "주님, 저를 다시 제가 주님을 처음 믿었던 곳으로 데려가 주세요. 다시 그 순간으로 돌려보내 주세요."

'예술' 과 '예배 공연' 에 관하여 하고 싶은 한마디

점점 더 많은 교회들에서 청중들과 현대적인 의사소통을 하자는 것이 교회의 공개적인 정책이 되어 감에 따라서(감사한 일이기도 하다), 그리스도인들은 당시의 시대적인 것과 시대와 관계없이 모든 시대에 다 통하는 공통적인 것 사이에서 균형을 맞추어야 한다는 어려운 문제에 직면해 있다. 우리가 교회 안에서 지도자로 섬기고 있든지, 혹은 집에 있거나 다른 일터를 가지고 있는 그리스도인이든지 간에, 우리는 모두— '새로운' 경배와 찬양의 음악과 전통적인 교회 예배에 관하여—그리스도 중심적인 것이 무엇이고, 그렇지 않은 것이 무엇인지를 구분하는 문제에 대해서 이해와 지혜와 분별력이 필요하다.

먼저 내가 이 부분에 대해서 가지고 있는 확신을 여러분과 나누는 것으로부터 시작하기로 하겠다. 나는 결코 음악이나 연극, 그 어떤 종류의 예술 활동이라 해도 그것이 '기독교적' 이기만 하다면 가치 있는 것이라고 믿지는 않는다. 그러한 주장은 옳지 않을 뿐 아니라, 하나님께서는 사람들을 통해서 놀라울 정도로 창의적인 일을 행하시며, 때로는 하나님을 모르거나 그분의 아들을 높이지 않는 사람들을 통해서도 그렇게 하신다고 하는 근본적인 사실과도 전혀 맞지 않는 일이기 때문이다.

그러나.

내가 여기서 '그러나' 라고 말하는 이유는 하나님께서 한 사람을 통해

서 하신 가치 있는 창조적인 일에 대해서, 단순히 그 사람이 믿지 않는 사람이라고 해서 그 일을 모욕하는 것은 위아래로 만들어진 두 쪽 문을 모두 막는 일이라고 믿기 때문이다. 아래쪽 문은 하나님께서 이 세상에서 어떤 사람에게 주신 은사를 거부하는 것이고, 위쪽 문은 그 사람을 통해서 나타난 천국의 은사를 주신 분을 높여 드리기를 거부하는 일이다.

나는 '그것'을 알지 못한 채로 거의 10년을 목회했던 적이 있다. 그것이란 하나님께서는 세상을 거룩한 것과 세속적인 것으로 나누시지 않으신다는 것이다. 하나님께서는 세상을 종교적인 부분과 비종교적인 부분으로 나누지 않으셨다. 오히려 천국의 관점으로 볼 때 세상을 나누는 기준점은 빛과 어둠, 선과 악, 경건한 것과 사단적인 것, 위대하신 창조주 하나님과 미혹하며 속이는 자인 사단 사이의 이분법적인 구분이 있을 뿐이다.

결론적으로, 점점 더 많은 복음주의적인 교회들과 그러한 교회들의 예배 가운데서 음악뿐 아니라 예술 활동이 점점 더 많이 포함되고 있는 것에 대해서는 축하할 이유가 아주 많다. 이러한 현상은 그 자체만으로도 하나님께 영광을 돌리는 일이 될 수도 있다. 그러나 여기에도 우리가 이미 살펴본 다른 경우들과 마찬가지로 왜곡과 혼란이 생겨서, 교회로 하여금 초점을 잃고 진정으로 해야 할 사명으로부터 멀어지도록 만들어 버리게 될 가능성도 많다. 이것은 또 다른 문제로서, 우리에게 더 많은 분별력을 요구하는 일이다. 우리는 예술적인 **창조성**을 인정하는 범위를 넓혀 나가다가 거기에 지나치게 매료되어, 막상 우리의 초점을 **창조주**께 고정시켜 두는 일은 소홀히 하게 되는 일이 생기는 것을 거부해야 한다. 로마서 1장 21~25절은 인간이 결국 창조주 하나님보다 피조물이나 창조성을 더욱 높이는 것으로 끝나게 될 때마다 반드시 찾아오게 되는 타락의 모습을 보여 주고 있다. 그런데 믿는 사람들에게는 그런 일이 일어나지 않도록 분리시켜 주는 장벽도 없다.

예배 자체뿐 아니라 예배 시간에도 초점을 분명하게 해야 할 필요가 있다. 나는 믿을 수 없을 정도로 엄청난 재능을 받은 예술가들로 가득한 교회를 섬기고 있을 뿐 아니라, 또한 그들이 은사를 십분 발휘하여 다른 사람들에게 영감을 주고 격려하게 되기를 바라기 때문에 이 부분에 있어서 분별력을 유지한다는 것이 얼마나 어려운 일인지를 피부로 절감하고 있다. 그러한 상황에서 내가 해야 할 중요한 일은 예배와 가르침을 구분하는 것이었다. 예배는 하나님께 드리는 것이고, 가르치는 일은 사람을 대상으로 하는 것이다. 우리는 그러한 상황 자체를 이해하는 것뿐 아니라 예술적인 은사를 공개적으로 받아들이는 데 있어서, 그리고 교회 앞에서 예술을 배치하여 활용하는 문제, 또는 그렇게 은사가 나타나는 예술 활동들을 개인적으로 즐기는 문제에 있어서도 그 두 가지를 구분해서 이해해야 할 필요가 있다.

교회 안에서 공연되는 많은 예술 활동들은(혹은 그리스도인이 개인적으로 그러한 활동들을 즐길 때) 우리에게 통찰력과 영감을 줄 뿐 아니라 우리에게 무엇인가를 가르쳐 주는 내용을 담고 있다. 또한 나는 그러한 예술이 하나님 앞에 공연으로 드려지거나 사람들 앞에서 공연할 때도 그 예술가 자신에게는 자신의 은사가 하나님께 영광을 돌리기 위해서 하나님을 섬기는 사역으로서 그분을 향한 예배의 행위가 될 수 있다는 사실에는 전적으로 동의한다. "북치는 소년"(The Little Drummer Boy)의 메시지가 바로 그러한 예인데, 하나님께서 그러한 은사를 아주 기뻐하신다는 사실을 의심해야 할 이유는 전혀 없다. 그러나 많은 사람들은 어떤 예술가가 공연하는 것을 감상하며 바라보면서도 진정으로 하나님께 예배하며 나아오는 반응을 보이지 않기도 한다는 것도 피할 수 없는 사실이다. 감탄하고, 놀라고, 환호성을 지르며 동감을 표현하기도 하고, 심지어는 하나님께 올려 드리는 박수갈채도 있지만, 그렇다고 해서 그러한 행위가 주님께 예배하며 경배를 드리는 행위는 아니다.

사람들이 어떤 방향으로 나아가게 되는가?
나는 이러한 상황 가운데서 교회 안에서 받아들여지는 현대음악과 일반적으로 교회의 예배에서는 받아들여지기가 힘든 현상들 사이를 구분하는 민감한 기준점을 가지게 되었다. 그것은 '예배 공연'이 놀랍게도 전도의 방법으로 진화하면서 나오게 된 문제이다. 그것은—감사하게도—지금 전 세계적으로 퍼져 나가는 현상으로서, 집회 가운데서 하나님께서 현대음악의 아름다운 선율과 예술인들의 공연을 통해서 높임을 받으시는 가운데서 사람들을 복음의 내용에 노출되도록 이끌어 나가는 것을 말한다. 나는 성가대나 악기 팀이나 그룹이나 개인적인 예술가들이 그렇게 하는 것에 모두 찬사를 보내지만, 특별히 공연을 하는 사람들이 생각의 방향을 예수님께 향하여 맞추고 있는 사람들이며, 또한 그들이 예수님의 제자들에게 어울리는 삶을 사는 사람들인 경우에 더욱 그러하다.

우리는 이렇게 전도 방법으로서의 예배 공연이 가지는 가치를 인정한다. 그러나 그것이 바로 예배와 덕을 세우는 일이 서로 다르다는 사실에 대한 직접적인 예이다. 그것은 보통 이루어지는 예배 공연이 사람들의 마음을 움직이기는 하지만, 사람들을 하나님께로 나아가도록 이끄는 것이 아니라—최소한 처음 공연을 시작할 때는 그렇다—(좀 더 구체적으로 말한다면) 음악 자체에로 이끄는 것이기 때문이다. 내가 이렇게 말한다고 해서 전략적인 방법으로서 음악으로 전도 사역을 시작해 나가는 전도 전략에 대해서 반대하는 것은 아니다. 그러나 이 문제는 내가 요즘에 일반적으로 많은 교회들에서 점점 더 많이 습관처럼 번져 나가는 어떤 현상을 지켜보면서 분별이 필요한 사안이라고 생각하게 된 문제이다.

공연으로 기획하고 연주하는 음악 행사의 음악들에서도 점점 더 예배에 사용되는 찬양 곡들이 사용되고 있다. 많은 경우에는 그렇게 해도 된다. 그러나 '공연'이라는 전통을 따라서 악보 안에 아주 길게 악기 독주 부분을 집어넣는 것—즉, 드럼주자나 기타 연주자, 관악기 연주자에게 8마디의 장식악절을 주어 애드리브로 기량을 뽐내며 열정적으로 연주하게 하는 것 등은 청중들에게는 큰 기쁨이 되고, 각각의 연주자들을 향해서는 박수갈채가 나오기도 한다—은 내가 보기에는 예배 시간이라는 개념과는 맞지 않는다. 그렇게 하는 것이 죄라고 말하는 것이 아니라, 단지 예배의 본질적인 의도와는 맞지 않는다는 것일 뿐이다.

간단히 말하면, 진정으로 예배를 드리기 위해서 모이는 집회에서는 공연 형식을 도입해서는 안 된다는 것이다.

궁극적인 분이신 그리스도

나는 목회 사역 초창기에 로버트 스피어라는 장로교 선교사가 쓴 책을 읽고 많은 감동을 받았다. 그는 「최종적인 분이신 예수 그리스도」(The Finality of Jesus Christ)라는 책에서 아주 놀라운 간증을 하고 있다. 그것은 히브리서의 제목이 될 수도 있는 주제이기도 하다. 나는 이 장의 결론을 히브리서의 내용을 살펴보는 것으로 마치려고 한다.

아마 하나님의 말씀 전체 가운데 우리가 예배를 드릴 때 생각하고 계획하며 준비하고, 순서들을 조정하며, 연출하고, 프로그램을 만들며 실행하는 모든 것의 초점과 본질이 되셔야 마땅한 분은 바로 예수님이 시라는 사실—예수님을 경배하고, 그분을 찬양하며, 그분의 영광을 높여 드리는 것—을 그렇게 간결하고 깊이 있게 요약해 주는 책은 없을 것이다. 예수님의 영광과 존귀는 우리가 예배를 인도하는 사람들이든지, 그들의 예배 인도를 따르는 사람들이든지 간에 우리 모두가 예배자로서 추구해야 하는 궁극적인 대상이요, 목표가 되어야 한다. 예수님이 궁극적인 분이시라는 사실은 하나님의 말씀에 분명하게 나와 있다. 예배 가운데 온전하고 합당하게 예수님께만 영광을 돌리고자 하는 시각을 놓치지 않기 위해서는 모든 예배가 다 계시라는 원천으로부터 흘러나오는 것이 되어야만 한다.

성령님께서 우리를 말씀으로 그리고 구세주께로 인도해 나가시면—그리고 우리가 예배라는 수단을 통해서 함께 모여서 주님의 이름을 높여 드리고, 우리가 주님을 높여 드릴 때 다른 사람들이 주님께로 이끌림을 받게 되면—예배의 찬란한 목적이 이루어질 수 있다. 그것이 바로 내가 예배를 드리고자 하는 모든 사람들에게, 또한 좀 더 특별하게는 예배를 인도하고자 하는 모든 사람들에게 언제나 말씀으로 충만한 상태에 있으라고 촉구하는 이유이다. 성령님께서는 바로 그렇게 예배의 근원이 되는 말씀으로부터 시작해서 우리의 영을 그리스도로 흘러넘치게 하며, 진리로 말미암아 우리의 마음을 새롭게 해 주시고, 그분의 사랑으로 우리의 생각에 감동을 일으켜 주시며, 하나님 나라의 다스리심과 임재하심으로 우리의 삶을 주관하신다. 이 모든 것은 다 우리의 예배를 준비시키셔서, 우리의 예배로 하여금 온전히 살아 있는 예배가 되게 하기 위한 일이다.

우리는 우리의 예배 모습을 히브리서 전체의 특징을 이루고 있는 주제를 따라서 바꿔 나가야 한다. 히브리서는 우리의 놀라운 구세주이신 분이 누구보다도 뛰어나시고, 최종적인 분이시며, 궁극적인 분이시라는 것을 자세하게 설명하고 있다. 히브리서를 여는 말은 예수님께서 바로 메시지라는 사실을 선언하는 것으로 시작하고 있다: "옛적에 선지자들을 통하여 여러 부분과 여러 모양으로 우리 조상들에게 말씀하신 하나님이 이 모든 날 마지막에는 아들을 통하여 우리에게 말씀하셨으니…"(히 1:1~2).

히브리서 1장의 처음 세 절은 우리 주님이신 예수 그리스도께 대하여 일곱 가지를 말하고 있다. 그 일곱 가지 명제들은 성경의 다른 부분들에 나와 있는 대로 별도로 탐구되어야 한다. 일곱 가지 명제의 내용들에 각각 끝도 없는 진리의 광산이 발굴되기를 기다리고 있기 때문이다. 이러한 본문을 연구하며 시간을 보낸다면, 우리가 예배하는 가운데 시각의 방향을 바꿔서 예수님께로 고정하지 않는다는 것은 불가능한 일일 것이다!

우리가 경배하는 예수님은 다음과 같은 분이시다.

- 우주 만물을 유산으로 상속받을 자로 예정된 분이시다(2절).
- 하나님의 능력의 통로로서, 그분으로 말미암아 모든 세계가 지음을 받았다(2절).
- 인간에게 나타난 하나님의 영광을 상징으로 대표하여 보여 주시는 분이시다(3절).
- 궁극적인 실제가 궁극적으로 표현되어 나타나신 분이시다(3절).

- 우주 안에 존재하는 모든 것을 붙들어서 유지시켜 주시는 분이시다(3절).
- 죄로부터 구원해 주시는 구세주이시며, 죄인인 인류를 위한 구속자이시다(3절).
- 승천하사 높임을 받으신 주님이시다. 하늘의 보좌에 앉으신 왕이시다(3절).

우리가 찬양과 감사를 드리기 위해서 나아가는 분은 바로 이런 분이시다. 그분의 사랑과 은혜로 말미암아 우리에게는 기쁨과 찬양의 마음이 일어나게 된다. 그분의 아버지, 즉 우리를 지으신 창조주이신 분께서는 바로 이러한 예수님을 우리에게 내어 주신 극도로 영화로우신 분이시다. 예수님의 보내심을 받고 우리에게 오신 위로자이신 성령님은 우리에게 모든 것을 할 수 있는 권능을 넘치도록 부어 주시기 위해 오셔서, 우리에게 우리의 주님이신 예수님을 영화롭게 할 수 있는 능력을 주신다.

> 가장 아름다운 화음으로
> 그 이름을 나에게 노래로 들려주려무나.
> 부드럽게 예수님의 이름을 속삭이거라.
> 예수, 예수!
> 주님이신 예수 그리스도의 이름을 노래하라,
> 그분의 이름을 찬양하라.
> 그대가 예수님, 예수님, 예수님의 이름을 노래할 때
> 잡힌 자들은 놓임을 받고,
> 영혼들은 자유케 되고,

어둠이 물러가리니,
그 이름을 노래하라.
주 예수 그리스도의 이름을 찬양하라.

우리의 마음과 손과 목소리를 높여 드릴 때 주님께 드리는 찬양도 높여 드리기 바란다. 사람들을 예배 가운데로 인도해 들어가기 위해서 우리가 할 수 있는 가장 현명하고 강력한 일은 그들에게 예수님에 대해서 가르치는 것이다. 교인들이 예수님이 **누구신지**에 대해서 점점 더 많이 알아 간다면, 그들로부터 진정한 예배가 끊이지 않고 일어나서 예배하는 사람들의 마음이 치유되고 변화될 것이며, 영적인 생명력의 충격파가 일어나서 우리가 살고 있는 이 세상에 존재하는 어둠의 세력을 산산 조각나 버리게 만들고야 말 것이다.

하나님의 임재를 경험하는 예배

JACK HAYFORD

제2부

예배의 능력

기쁨으로 우리의 목소리를 높여 드리리

우리는 기쁨으로 목소리를 높여 드리리.
위에 계신 주께서 우리를 구하시고,
자신의 사랑을 보여 주려 하사 자기의 아들을 보내셨도다.
모든 산들은 우리가 높여 드리는 찬송 소리로 메아리를 울리리라.
"우리를 피로 사신 분께 영광과 능력과 찬양을 돌리라!"

우리는 믿음으로 눈을 들어 그분이 죽으신 십자가를 바라보네.
비할 수 없는 높은 가격으로 속하심을 받고,
지금은 그리스도 안에서 의롭다 하심을 받았도다.
그분의 보혈이 우리의 옷을 깨끗이 씻으시니,
그분의 평화가 우리의 영혼을 가득 채우는도다.
주님의 은혜가 우리를 온전하게 했으니 이제는 십자가가 우리의 영광이라.

승리하시는 구세주의 이름에 경배를 드리기 위하여
우리의 마음을 높여 드리리.
우리의 혀는 영원히 동일하신 분께 드리는 찬양을 말하리라.
그리스도 예수께서 영원히 권능으로 다스리시리니,
어제나 오늘이나 영원토록 동일한 분이시리라.

(후렴)
오, 우리 아버지여, 말할 수 없는 기쁨이 되시는 주를 찬양하나이다.
우리의 마음은 그리스도 안에서
죄의 권능이 도저히 앗아갈 수 없는 영광을 발견하게 되리라.

잭 W. 헤이포드

7장

거룩한 성품의 아름다움

– 예배에는 정결하게 하는 능력이 있다 –

"나라와 권세와 영광이 아버지께 영원히 있사옵나이다"(마 6:13).

예배는 모든 능력이 흘러나오는 원천이다. 우리의 인생 가운데 하나님의 목적이 이루어지고, 이 땅에 하나님의 통치권이 회복되는 일은 예배의 능력을 통해서 일어난다. 부활하신 그리스도께서 친히 제자들을 갈릴리로 오라고 하시고 그들에게 지상 명령을 주신 것은 그들이 거기서 주님께 예배를 드리고 난 후에 있었던 일이다. 진정으로 교회는 예배하는 가운데 **지상 명령**을 받았다.

"열한 제자가 갈릴리에 가서 예수께서 지시하신 산에 이르러 예수를 뵈옵고 경배하나 아직도 의심하는 사람들이 있더라 예수께서 나아와 말씀하여 이르시되 하늘과 땅의 모든 권세를 내게 주셨으니 그러므로 너희는 가서 모든 민족을 제자로 삼아 아버지와 아들과 성령의 이름으로 세례를 베풀고 내가 너희에게 분부한 모든 것을 가르쳐 지키게 하라 볼지어다 내가 세상 끝날까지 너희와 항상 함께 있으리라 하시니라"(마 28:16~20).

또한 교회는 예배 가운데 **탄생했다**. 오순절에 사람들이 모이게 하고, 하나님 나라의 능력이 그 자리에 임하도록 한 것은 복음의 선포가 아니라 놀라운 차원으로 주님을 예배하고 있을 때 일어난 사건이었다(행 2:1~13). 우리는 이 오순절 사건에서 주님께서 그보다 앞서서 해 주셨던 약속이 이루어지는 것을 본다.

"오직 성령이 너희에게 임하시면 너희가 권능을 받고 예루살렘과
온 유대와 사마리아와 땅 끝까지 이르러 내 증인이 되리라 하시
니라"(행 1:8).

그러나 사람들은 갈릴리에서 주님을 만났을 때뿐 아니라 오순절 사건에서도 예수님을 거부한다. 예수님과 가장 가까이 지냈던 사람들 가운데서도 "아직도 의심하는 사람들이"(마 28:17) 있었다. 또한 오순절에도 어떤 사람들은 제자들이 드리는 넘쳐 나오는 듯한 예배를 보고도 화를 내면서, 그렇게 예배하는 사람들을 "새 술에 취하였다"고 조롱하기도 했다(행 2:13).

오늘날에도 똑같은 일들이 일어나고 있다. 오순절 사건에서처럼 성령님께서 임하시고 하나님의 목적이 이루어질 때도 의심하거나, 조롱하거나, 불쾌하게 생각하며 화를 내는 사람들이 있다.

의심한다고 해서 반드시 하나님께서 택하신 종의 자격을 박탈당하는 것은 아니다. 그러나 의심은 우리의 믿음과 예배를 방해하는 장애물이다. 제자들은 성령님께서 오순절에 능력으로 흘러나가시는 통로로 사용하셨던 120명에 속해 있던 사람들이기 때문에 모든 제자들이 다 의심의 문제를 해결했다고 보는 것이 좋을 것이다. 예배에 나타나는 능력

은 의심을 몰아내고 생명력 있는 믿음이 일어나게 한다.

성경 전체를 살펴볼 때 교회가 기도하거나 예배하고 있는 곳마다 하나님의 능력이 크게 나타나는 것을 보게 된다. 그러한 사례들 가운데 가장 주목할 만한 경우는 사도행전 13장에 나온다. 성령님께서는 예배 후에 믿는 사람들이 "주를 섬겨(NIV는 "예배하며"로 되어 있음) 금식할 때에"(2절) 그들에게 바울과 바나바를 따로 세워서 주님께서 그들을 부르신 일을 하게 하라고 말씀하셨다. 이렇게 20세기 전에 안디옥교회의 예배 가운데 성령님의 인도하심에 따라서 일어난 사건이 서구 문명의 역사의 과정을 결정했던 것이다.

예배는 육신적인 교만을 무너뜨린다

진정으로 성경적인 예배를 위해서는 열려 있는 정직한 마음과, 자신의 필요를 인정하고, 자신을 그분께 내어 드리는 것이 필요하다. 예배는 인간의 육신에 본질적으로 내재해 있는 두려움과 교만을 무너뜨린다. 우리 모두에게는 다 육신적인 생각이 있어서 다른 사람들이 우리에 대해서 어떻게 생각할까 하는 것에 대하여 두려워하는 마음을 가지고 있다. 내가 목회자로서 다른 사람들의 마음을 불쾌하게 만들까 봐 두려워하는 마음 때문에 하나님께서 지시해 주시는 방식대로 교회를 인도해 나가기를 주저할 때는 그러한 육신적인 마음이 나를 지배할 수도 있다. 그러나 우리가 하나님께서 의도하시는 방식대로 하나님을 섬기기로 결단한다면 하나님의 거룩하신 능력과 목적이 우리의 삶 가운데서 나타나는 것을 경험하게 될 것이다.

내가 Church On The Way 교회로 부임하자마자 나의 목회 사역과 우리 교회의 영적인 생활에 아주 중요한 순간이 찾아왔다. 1970년 10월, 60여 명이 모였던 어느 예배 시간에 한 여성이 예언을 했다. 나는 그때 교인 중에서 오르간을 연주할 수 있는 유일한 사람이었기 때문에 오르간 앞에 앉아 있었다. 그날 예배를 인도하던 젊은이는 예언이라는 문제를 어떻게 다루어야 하는지를 잘 모르고 있었다. 그래서 나는 교인들이 예언의 말씀에 반응하지 않고 있다는 사실에 대해서 속이 상하는 느낌이 들었던 것이 기억난다. 나는 그날 교회 뒷좌석에 다섯 명의 식구로 구성된 새로운 가정이 처음 나와서 앉아 있다는 사실을 알고 앉아 있던 오르간 의자에서 일어나서 교인들 앞으로 걸어 나가서 말했다.

전체 교인이 60여 명밖에 되지 않는 상황에서 다섯 명이나 새로 나왔다는 것은 상당히 큰 부흥이었다. 나는 그들이 우리 교회에 등록하게 되기를 바랐기 때문에 어떤 식으로든지 간에 그들의 마음을 불편하게 만들고 싶지는 않았다. 그래서 나는 그때 교회 앞으로 나가면서 어떤 결정을 해야만 했던 상황이 기억난다. 내가 그 다섯 사람의 마음을 편하게 만들어 주는 것에 신경을 쓸 것인가, 아니면 하나님께서 말씀하시는 것으로 알고 있는 것에 순종해야만 할 것인가?

나는 어떤 식으로든지 간에 교회에 찾아온 방문 손님들을 당혹스럽게 만들고 싶지는 않다는 마음을 표현하면서 교인들에게 우리가 예언의 말씀에 대해서 어떻게 반응해야 하는지에 대해서 도전해 주었다. 나는 교인들에게 하나님께서 하나의 교회로서의 우리에게 말씀하신다면 우리는 바로 그 자리에서 사람들이 어떻게 생각할까에 대해서는 신경쓰지 말고 하나님께서 말씀하신 것을 하기로 결심해야 할 필요가 있다고 믿는다고 말했다. 나는 마음에 결심하고, 그날부터는 언제든지 내가 교회의 예배를 인도할 것이라고 선포했다. 나는 가능한 대로 은혜롭고 멋있게 예배를 인도하겠지만, 하나님께서 원하시는 것만을 따르려고 노력하겠다고 했다. 교인들은 내가 한 말에 분명하게 동의했다. 그 후에 우리는 찬양을 드렸는데, 아름다운 찬양의 영이 교인들 가운데 일어나기 시작했다.

그날부터 우리 교회는 기념비적인 전환을 했다. 교회를 억누르고 있던 마귀의 영적인 세력이 무너졌고, 우리의 예배 가운데는 아주 영광스러운 자유가 임했다. 그로부터 두 달 후에 주님께서는 우리 교회의 예배당 안에 자신의 영광을 나타내 보여 주셨다.

예배의 능력은 다음과 같은 진리 안에 담겨 있다. 그것은 사람들이 예배하기로 결심하면 주님께서 그들 가운데 권능으로 거하실 것이라는 사실이다. 또한 사람들이 지속적으로 예배를 드릴 때 주님께서는 단지 그들 가운데만 계시는 것이 아니라, 그들 가운데서 사신의 생명으로 더 충만하게 거하시며, 그들 가운데 예수님의 나라를 확장해 나가신다는 것이다.

예배는 하나님께서 자신의 교회 안에서 이루시기를 원하시는 목적과 나타내 보여 주시기를 원하시는 능력과 방법이 나타나고 열리도록 한다. 또한 예배는 사람들이 진정으로 하나님과 서로에 대해서, 또한 교회의 지도자들에게 복종하는 법을 배울 수 있는 분위기를 만들어 준다.

예배는 하나님의 다스리심이 회복되는 자리를 만든다

인간은 타락함으로써 하늘에 계신 우리 아버지와의 관계뿐 아니라,

지구를 다스리기 위해서 위임받은 통치권을 잃어버리게 되었다. 아담의 죄로 인해서 인류가 누리던 하나님과의 교제 관계가 끊어지게 되었을 뿐 아니라, 하나님께서 우리에게 원래 의도하셨던 바인 지구와의 동반자 관계와 통치권이 어둠의 왕에게 넘어가게 되었다.

예배는 하나님의 구속 계획을 위해서 반드시 필요한 일이며, 또한 하나님께 자신과의 관계가 끊어진 세상으로 들어오시는 전략적인 통로를 마련해 드리기도 한다. 예배야말로 하나님께서 자신의 통치권을 확장시키시기 위하여 필요한 능력을 만들어 내시는 방법이 되기도 한다. 즉 예배는 전도와 희생적인 헌금, 중보기도와 지옥의 요새를 무너뜨리기 위한 능력이 나오는 곳이다. 예배의 영이 흐르는 곳에는 하나님의 임재하심이 임하여 머물게 되며, 하나님의 임재하심이 머무는 곳에는 능력이 있게 된다. 그 결과로 어둠의 일은 꺾이게 되고, 지옥의 세력의 작전 활동들도 하나님께서 친히 자신과의 관계를 회복시키시고, 또한 하나님께서 친히 그 가운데로 들어가셔서 자신의 임재하심과 능력으로 자신을 나타내서 보여 주실 수 있게 된 사람들로부터 반격을 당하게 된다.

인간이 드리는 예배는 인간이 시작하는 예배이다. 예배에 나타나는 거룩함은 인간을 거룩하게 만든다. 우리는 예배를 통해서 하나님의 아들과 딸이라는 신분으로부터 하나님의 왕이요, 제사장으로 신분이 바뀌게 된다(요 1:6). 이제 우리는 이 세상에 하나님 나라를 확장시키라는 임무를 받고 활동하는 하나님 나라의 요원들이 된다.

이러한 진리가 가장 분명하게 나오는 곳은 마태복음 6장이다. 예수님께서는 자신의 제자들에게 응답받는 기도를 여는 열쇠를 가르쳐 주신다. 열쇠가 없으면 아무 일도 일어나지 않는다. 자동차에 아주 오랫동안 앉아서 차가 움직이지 않는다고 불평할 수는 있을 것이다. 그러나 열쇠를 사용하지 않고는 자동차를 운전할 수 없다. 주님께서는 우리에게 "천국 열쇠"를 주셨다고 말씀하신다(마 16:19).

예수님께서는 우리에게 먼저 회복된 하나님과의 관계라는 열쇠를 사용하여 기도하라고 가르쳐 주신다: "하늘에 계신 우리 아버지여"(마 6:9). 그 다음에는 우리가 하나님께 예배를 드려야 한다: "이름이 거룩히 여김을 받으시오며"(9절). 예수님께서 가르쳐 주시는 기도는 그 다음에는 하나님의 임재하심과 다스리심을 초청하는 것으로 확장되어 나간다: "나라가 임하시오며 뜻이 하늘에서 이루어진 것 같이 땅에서도 이루어지이다"(10절). 우리가 예수님께서 제자들에게 가르쳐 주신 대로 기도한다면, 먼저 우리는 예배하는 가운데서 보이지 않는 영역으로 들어가게 되며, 그 다음에는 그러한 예배를 토대로 하나님의 거룩하신 권세와 통치와 능력이 세상 안으로 들어오는 것을 환영하며 맞아들이게 되는 것이다.

예배에는 회복시키는 능력이 있다

많은 사람들은 하나님의 완전하신 사랑을 받지만, 예배의 능력을 행사하는 법은 배우지도 못한 채로 천국에 들어가게 될 것이다. 하나님의 구원의 은혜가 우리의 예배의 여하에 따라서 나타나는 것은 아니다. 구원의 은혜는 갈보리에서 완성되었기 때문이다. 그러나 하나님의 능력과 영광은 우리의 예배에 정비례하게 나타나서 우리에게 이 땅에 하나님의 나라를 세워 나갈 수 있는 능력을 주신다.

우리의 죄는 십자가에서 드리신 제사로 속(贖, 즉 용서하심)함을 받게 되지만, 우리의 인간성은 우리가 하나님을 예배할 때에만, 또한 다른 사람들과 교제의 관계로 들어가서 우리의 두려움과 교만을 대적하며 나갈 때에만 진정으로 회복된다. 그 다음에는 우리가 예배를 통하여 하나님의 거룩하신 능력과 목적이 우리의 인생 가운데 나타나는 것을 보게 된다. 우리가 드리는 예배의 능력은 이 땅에 하나님 나라의 통치권이 회복되는 길을 열 뿐 아니라, 이사야 6장 1~8절이 말해 주는 대로, 우리의 인생 가운데 왕이신 하나님의 온전하심을 회복시켜 준다.

이사야는 유다의 왕이었던 웃시야 왕이 죽은 후에 찾아왔던 국가적인 위기의 기간 동안에 하나님을 구하고 있었다. 그러던 중 한 환상 가운데서 하나님의 임재하심 안으로 들려 올라가서 세키나 영광(여기서는 "연기"로 표현하고 있음)과 하나님의 보좌 주위를 둘러싸고 있는 천사들을 보았다.

> "웃시야 왕이 죽던 해에 내가 본즉 주께서 높이 들린 보좌에 앉으셨는데 그의 옷자락은 성전에 가득하였고 스랍들이 모시고 섰는데 각기 여섯 날개가 있어 그 둘로는 자기의 얼굴을 가리었고 그 둘로는 자기의 발을 가리었고 그 둘로는 날며 서로 불러 이르되 거룩하다 거룩하다 거룩하다 만군의 여호와여 그의 영광이 온 땅에 충만하도다 하더라 이같이 화답하는 자의 소리로 말미암아 문지방의 터가 요동하며 성전에 연기가 충만한지라"(사 6:1~4).

이사야는 하나님을 사랑했으며, 우리가 말하는 대로 경건한 사람이었지만, 말로는 표현할 수 없는 하나님의 거룩하신 성품과 하나님의 보좌의 영광 앞에서 자신이 정말로 가치가 없는 사람이며, 실패한 사람이라는 사실을 깨닫게 되었다.

"그 때에 내가 말하되 화로다 나여 망하게 되었도다 나는 입술이 부정한 사람이요 나는 입술이 부정한 백성 중에 거주하면서 만군의 여호와이신 왕을 뵈었음이로다"(5절).

헬라어에서 '합당한, 존귀한' 을 의미하는 'worthy' 라는 단어는 악시오스(axios)로서, 원래는 그 무게만큼의 가치가 나가는 귀금속으로 만든 동전을 가리키는 단어였다. 몇 년 전만 해도 미국에서도 그랬었다. 20달러짜리 금 동전에는 20달러어치의 금이 포함되어 있었다. 과거에 동전을 만드는 과정이 아직 발달되지 않았던 시절에는 오래 사용해서 동전이 닳고 얇아지면 실제 가치의 일부를 잃게 되었다. 그러한 동전을 저울에 달아 보면 무게가 적게 나감으로써 가치가 떨어지는 것이었다. 우리가 'worthless'(가치가 없는)라는 단어를 사용할 때 '가치가 전혀 없는' 이라는 의미로 사용하기는 하지만, 실제로는 '가치가 덜 나가는' (worth less)이라는 의미이다.

이사야가 자기 자신에 대해서 느끼는 바를 말하는 것이 정확하게 바로 그런 의미이다. 우리는 이미 모든 사람들에게는 자기들의 인생 가운데 하나님의 영광의 무게[하나님의 카보드(chabod)]가 나타나기를 간절하게 사모하는 마음이 있다는 사실을 살펴보았다. 이사야는 자기의 인생이 원래의 가치를 조금 잃어버렸다는 사실을 느끼고 있었던 것이다. 이사야는 그 문제를 바로잡고 싶었다. 그러나 하나님의 놀라우신 거룩하심 앞에서 그는 자신이 전혀 가치 없는 사람임을 깨닫고 있다.

우리도 종종 이사야처럼 '망하게 되었다' 고 느끼는 경우가 있다. 우리의 조각난 인생을 다시 추슬러 본다는 것은 생각도 할 수 없는 일처럼 보이기도 한다. 마치 우리가 여러 해 동안 동전을 사용하고 손으로 만진 후에는 그 동전의 한 면이 닳아 없어지는 것과 마찬가지로, 우리의 인생에 있는 살아 계신 하나님의 형상과 우리의 성품의 온전함도 그러한 동전처럼 얇게 닳아 버린 듯한 느낌을 받기도 한다. 하나님의 뜻에 대한 예민함도 사라져 버리고, 우리도 거스름돈으로나 주고받는 '소액 동전'과 마찬가지 신세가 되어 버렸다는 생각이 들기도 한다. 이러한 상황에서 우리를 사랑하시는 아버지 하나님께서는 우리를 자신의 임재하심 안으로 불러들이셔서, 그분의 존재와 성품이 다시 우리 안으로 들어오는 엄청난 일이 일어날 수 있도록 하신다. 하나님께서는 자신의 가치를 우리 안에 쏟아 부어 주심으로써, 우리 인생의 가치를 새롭게 조성하시고 회복시켜 주시기를 원하신다.

우리의 인생에서 닳아서 떨어져 나갔던 가치는 예배를 통해서 회복될 수 있다.

예배에는 정결케 하는 능력이 있다

우리가 하나님 앞에서 우리의 죄와 허물을 깨닫게 되는 것은 우리에게 정죄 의식이 생기게 하기 위한 것이 아니라 우리를 회복시켜 주시기 위한 일이다. 하나님을 사랑하며 충성스럽게 섬겼던 이사야도 환상 가운데서 하나님의 영광 앞에서 완전히 압도당했다. 우리 모두도 다 어떤 식으로든지 간에 이사야와 같은 느낌을 받기도 한다. 나중에 이사야는 더 나아가 우리의 의를 "더러운 옷"(filthy rags)이라고 부르기까지 한다 (64:6). 그러한 진리는 당연히 우리로 하여금 하나님 앞에 나아가 예배드리는 일을 주저하게 만들기도 한다. 그러나 우리를 향하신 하나님의 마음은 이사야에 대해서와 마찬가지로 너무나 은혜로우셔서 우리가 가장 주님을 필요로 하는 시기에 당신과 나를 만나 주셔서 우리를 정결케 하시고 회복시켜 주신다.

이사야가 보고 있는 환상 가운데서 여호와께서 보내신 천사가 그에게로 왔다.

> "그 때에 그 스랍 중의 하나가 부젓가락으로 제단에서 집은 바 핀 숯을 손에 가지고 내게로 날아와서 그것을 내 입술에 대며 이르되 보라 이것이 네 입에 닿았으니 네 악이 제하여졌고 네 죄가 사하여졌느니라 하더라" (사 6:6~7).

그에게 온 천사는 하나님의 거룩한 불을 이사야 자신이 부정하다고 느꼈던 신체의 부분인 그의 입술에 갖다 대었다. 물론 이사야를 태워서 소멸시켜 버리기 위한 것이 아니라 그를 회복시켜 주기 위한 것이었다. 나는 만일 이사야가 "나는 더러운 손을 가진 사람이라"고 말했더라면 그 천사는 숯불을 그의 손에 갖다 댔을 것이라고 믿는다. 만일 이사야가 "나는 생각이 부정한 자라"고 말했다면 그 천사는 이사야의 생각에 숯불을 갖다 댔을 것이다. 천사가 가져온 숯불은 이사야가 가장 민감하게 생각하던 부정한 곳을 완전히 다시 새롭게 만들어 주었다.

이사야가 환상 가운데서 본 예배에 임한 불은 우리에게 하나님의 회복시켜 주심이 우리의 인생 가운데 어떻게 일어나는지에 대한 그림을 보여 주고 있다.

- 예배의 불은 우리를 깨끗하게 정련(精鍊)한다. 아무런 가치가 없는

찌꺼기를 태워 버린다.
- 예배의 불은 우리의 어떤 부분을 소멸시킨다. 우리의 삶을 속박하고 있는 모든 결박을 완전히 태워서 없애 버린다.
- 예배의 불은 우리를 녹이고 **따뜻하게** 한다. 우리의 완악한 마음을 부드럽게 변화시키고, 차갑고 냉랭한 마음을 얼음 녹이듯이 녹여 준다.
- 예배의 불은 우리의 마음에 불을 붙여 준다. 우리가 마음의 불을 꺼 버렸을 때, 하나님께서는 다시 그 불을 붙여 주신다.

우리에게 있는 가장 큰 약점이 무엇이든지 간에, 주님께서는 우리에게 예배 가운데서 주님께로 나와서, 그분의 거룩하심 안에서 그분의 거룩하고 정결케 하시는 불로 만져 주심을 입고 회복을 받으라고 초청하신다.

거룩한 성품이란 예배를 통해 얻게 되는 온전함이다

이사야의 환상 가운데 천사들은 보좌 주위에 모여서 " 거룩하다 거룩하다 거룩하다 만군의 여호와여 그의 영광이 온 땅에 충만하도다"라는 말로 하나님께 경배를 드리고 있다(3절).

우리는 언제든지 하나님의 보좌가 있는 곳을 들어다볼 때마다 예배의 광경을 보게 되고, 예배자들이 거룩하다, 거룩하다, 거룩하다라는 단어를 말하는 것을 듣게 된다. 예배의 초점은 하나님의 거룩하심이다. 온**전함**(whole), **건강함**(health), **완전함**(wholeness)과 **거룩하다**(holy)라는 단어 사이에는 근원적인 관계가 있다. **거룩함**이란 영적인 차원에서 건강하다는 것을 말한다. 내가 거듭났을 때 하나님께서는 나를 거룩한 사람, 곧 성도라고 부르신다. 내가 하나님 앞에서 온전하게 된 것이다. 본질적인 의미에서 거룩이란 하나님의 완전하신 모든 것이 나의 완전하지 못한 것에로 들어오는 것을 의미한다. 그러한 일은 우리가 예배를 통해서 하나님의 임재하심 안으로 들어갈 때 일어난다. 시편 16편 11절은 우리가 주님의 임재하심 안에서는 "충만한 기쁨"을 발견하게 된다고 말한다. 우리가 거룩하신 분께로 나아가면 우리의 온전하지 못함과 허물은 정결함을 얻게 되며, 그분의 온전하심으로 대체된다.

하나님께서는 그 백성들에게 하나님을 예배하며 "거룩하라"고 말씀하신다: "오직 너희를 부르신 거룩한 이처럼 너희도 모든 행실에 거룩한 자가 되라"(벧전 1:15~16, 레 11:45, 마 5:48).

나는 여러 해 동안 거룩을 하나님의 명령이라고 생각하고 대부분의 사람들처럼 두려움에 빠져 있었다. 마치 하나님께서는 "내가 그것을 하니까 너도 이것을 해야만 한다" 하고 말씀하시는 것 같았다. 그러나 나는 그 말씀에 나타나 있는 하나님의 마음이 전혀 그렇지 않으시다는 사실을 알게 되었다. 우리가 생물학적인 부모로부터 어떤 기질을 물려받는 것과 마찬가지로, 우리도 하나님을 예배할 때 하늘에 계신 우리 아버지의 형상과 성격이 우리의 삶 가운데 나타나기 시작한다.

나는 나의 아버지와 할아버지로부터 대머리와 보통 사람들보다 큰 코라는 유전 인자를 물려받았다. 그러나 나의 아버지가 한 번이라도 나에게 오셔서 "아들아, 네가 한 스물다섯 살이 될 때부터는 머리카락이 빠지기 시작했으면 좋겠다" 하고 말씀하셨던 적은 한 번도 없다. 또한 "잠을 자러 가기 전에 정말로 열심히 노력하고 애써서 네 코가 좀 더 커지게 해라!" 하고 말씀하셨던 적도 없다. 그저 아버지의 특성이 내 안에 있기 때문에 내 모습이 그렇게 된 것일 뿐이다.

이와 마찬가지로 하늘에 계신 나의 아버지께서도 이렇게 말씀하신다: "나의 생명과 형상과 모양이 네 안에 있단다. 내가 거룩하니까 너도 거룩하게 될 것이다." 나는 "내가 거룩하니 너희도 거룩할지어다"라는 말씀이 명령이나 요구 사항이 아니라는 사실을 깨닫게 되었다. 그것은 하나님의 약속인 것이다.

하나님께서 거룩하신 분이라는 사실은 우리에게 부끄러움과 정죄의식을 가져다주는 진리가 아니라, 우리의 치료와 회복과 관계 있는 진리이다. 우리가 하나님께 예배를 드릴 때 하나님의 형상과 본성이 우리의 삶 가운데 나타나기 시작하는 것이다. 우리는 거룩하게 될 것이다(We will be holy). 그것은 우리 아버지께서 거룩하신 분이시기 때문이다. 그것은 약속이다.

하나님의 권능으로 "가라"는 명령을 받음

하나님께서 이사야에게 사명을 주신 것은 그가 예배의 자리에서 정결함과 회복을 받은 후에 있은 일이다: "내가 누구를 보내며 누가 우리를 위하여 갈꼬 하시니 그 때에 내가 이르되 내가 여기 있나이다 나를 보내소서 하였더니 여호와께서 이르시되 '가서'"(사 6:8~9). 구속함을 입고 회복을 경험한 하나님의 종이 여기서 한 번 더 하나님의 권능 가운데서 명령을 받고 있다. "가라!" 우리도 예수님의 제자들로서 예배와 또한 하나님께서 우리의 예배 가운데서 권능과 능력으로 우리 안에 온전한 회복과 통치권을 회복시키셔서, 우리로 하여금 하나님께서 친히 의도하시는 모든 것을 성취하실 수 있게 해 주시는 역사 가운데서 우리의 인생에 대한 사명과 목적과 운명을 발견하게 된다.

8장

왕이 임하실 자리

- 성경이 말하는 예배의 근거 -

"사람에게는 버린 바가 되었으나 하나님께는 택하심을 입은 보배로운 산 돌이신 예수께 나아가 너희도 산 돌 같이 신령한 집으로 세워지고 예수 그리스도로 말미암아 하나님이 기쁘게 받으실 신령한 제사를 드릴 거룩한 제사장이 될지니라"(벧전 2:4~5).

살아 계신 하나님께서는 그분의 백성들이 예배를 드리는 곳에 거하시며, 하나님께서 거하시는 곳에서는 **생명**이 일어나며 역사한다. 그러므로 나는 어떤 교회 안에서 생명이 흘러가는 역사가 일어나는 정도는, 그 교회가 성삼위 하나님께 드리는 예배의 수준까지만 올라간다고 믿는다. 하나님의 말씀을 가르치는 사역의 중요성을 과소평가할 수는 없다. 그러나 하나님의 말씀 자체가 예배야말로 교회의 모든 것이라는 사실을 알려 주고 있다.

에베소서는 그리스도를 믿고 의지하는 우리는 "그의 영광의 찬송"이 될 것이며(1:12), "하나님이 거하실 처소가 되기 위하여 그리스도 예수 안에서 함께 지어져"(2:22) 가고 있다고 말한다. 베드로는 하나님의 백성들을 "산 돌 같이 신령한 집으로 세워지고 … 거룩한 제사장"(벧전 2:5)으로 설명하고 있다.

하나님은 거하실 처소를 찾고 계신다. 우리는 온 우주 가운데서 하나님께서 찬양을 받지 못하시거나 환영을 받지 못하시는 곳은 지구 외에 없다는 사실을 알고 있다. 예수님께서는 친히 "여우도 굴이 있고 공중의 새도 거처가 있으되 인자는 머리 둘 곳이 없다"(마 8:20)고 말씀하셨다. 예수님께서는 땅에서 사역을 하시는 동안에 머무실 집이 없으셨다. 태어나실 때에도 여관에 방이 없었다(눅 2:7). 이러한 사실은 어떤 의미에서 흥미로운 비유라고 볼 수도 있다. 그러나 다른 의미에서는 하나님께서 이 지구상에서는 거하실 자리를 찾으시기가 아주 어려우셨다는 사실을 극적으로 보여 주는 말씀이기도 하다.

우리가 말하려고 하는 '영적인 집'의 토대를 확실히 세우기 위해서는 성경이 말하는 예배의 기초를 이해하는 것이 아주 중요하다. 예배의 성경적인 근거는 인류가 전능하신 하나님과의 교제의 관계를 잃었다가 회복하는 이야기로부터 나온다.

1단계: 권세(권위)를 잃어버림

**인류는 세상을 다스리는 권세를 받았으나,
그것을 다른 존재에게 주어 버렸다**

우리는 창세기 1장 26절에서 인류가 세상에 대해서 다스리고 관리할 통치권을 받는 장면을 보게 된다: "하나님이 이르시되 우리의 형상을 따라 우리의 모양대로 우리가 사람을 만들고 그들로 … 온 땅과 땅에 기는 모든 것을 다스리게 하자 하시고."

이 지구와 거기에 사는 모든 피조물을 다스리는 권세가 창조주로부터 아담에게 위임되었다. 아담은 모든 것을 다 받았으며, 단 한 가지에 대해서만 하나님께 순종하라는 명령을 받았다. 그러나 아담은 그 한 가지를 어김으로써 하나님과의 관계만을 상실한 것이 아니라, 자기가 받았던 통치권까지 잃어버리게 되었다(창 3장을 보라).

그것이 전부였다고 해도 상황은 충분히 나빴을 것이다. 이제 인간은 지구를 다스릴 권리 없이 지구상에서 살아가고 있으며, 창조주와의 관계도 단절되었고, 이마에 땀을 흘리면서 먹고살아야만 하게 되었다. 또한 통치권을 상실했다는 것은 이제는 우리가 어지러운 동물의 왕국을 갖게 되었음을 의미하는 것이다.

다른 의미도 있다. 아담의 불순종의 결과는 이보다 훨씬 컸다. 아담이 다른 존재가 해 주는 말에 순종하고 따름으로써 하나님께서 보여 주신 신뢰를 저버렸을 때, 그것은 다른 권세에게 자신을 굴복시켰음을 의미하는 것이었다. 아담은 그렇게 함으로써 이 지구에 대한 권리 문서를 예수님께서 "이 세상의 임금"(요 12:31)이라고 부르신 뱀—사단—의 손에 넘겨주었다. 사단이 예수님께 "천하 만국과 그 영광"을 다 보이며 "만일 내게 엎드려 경배하면 이 모든 것을 네게 주리라"(마 4:8-9)고 제안했을 때 예수님께서는 그러한 계약을 거부하셨지만, 사단이 그러한 제안을 할 수 있는 권한 자체에 대해서는 꾸짖지 않으셨다.

인간이 세상에서 관리하도록 되어 있던 하나님의 나라는 어둠의 나라에 의해서 지구에서 밀려나게 되었다. 물론 하나님께서는 통치권을 다시 회수해 가실 수도 있으셨지만, 언제나 하나님의 마음은 자신이 직접 창조하신 인류가 지구를 다스려야 한다는 것이었다. 인간은 자신의 선택으로 인해서 통치권을 상실하게 되었다. 하나님께서는 지금 그 측량할 길 없는 사랑으로 인류에게 자신의 아들 예수 그리스도를 통하여 영생을 받기로 선택하라고 초청하시는 것과 마찬가지로, 최초에도 그렇게 잘못된 선택을 할 수 있는 자유를 주셨다. 하나님께서는 그 완전하신 사랑 때문에 인류에게 자신의 통치권을 강요하지 않으셨으며, 지금도 그렇게 하지 않으신다.

그러나 인류가 타락하여 죄를 범하긴 했지만, 그렇다고 해서 모든 것을 다 잃은 것은 아니었다. 인류는 여전히 하나님의 형상으로 창조된 존재이다. 따라서 우리에게는 여전히 우리 스스로 선택할 수 있는 권리와 능력이 남아 있다. 하나님께서는 인류가 스스로 하나님을 자기들의 왕으로 선택해서, 세상에 하나님 나라의 통치와 축복이 그들을 통하여 나타나게 되기를 원하신다(마 6:9~10을 보라).

2단계: 안으로부터의 사역

하나님께서는 구속 계획을 시작하신다
― 레위 지파에게 주신 제사장 직분

구약성경에서는 하나님께서 자신이 세우신 왕을 소개함으로써 세상에 구속 계획을 진행하실 무대를 마련하신다. 하나님께서는 아브라함으로부터 시작하셔서, 아브라함의 자손을 통해서 세상을 회복시키시며, 세상의 모든 민족을 축복하시려고 계획하셨다(창 17장). 그러나 하나님께서 선택하신 백성들―이스라엘 자손―은 결국 애굽에서 노예 생활을 하게 되는 것으로 끝나게 된다. 그러자 하나님께서는 모세를 부르셔서 이스라엘을 해방시키시는 일에 사용하시고는, 이스라엘을 "제사장 나라가 되며 거룩한 백성"(출 19:6)으로 삼으시고자 하시는 마음을 선포하신다.

하나님께서 원래 의도하셨던 것은 **모든 이스라엘 백성들이 다 '제사장'이 되는 것**이었다. 그러나 이스라엘 백성들이 금송아지를 만드는 일에 동조하면서 모세의 리더십을 받아들이지 않고 거부함으로써 하나님의 그러한 계획에는 차질이 생기게 되었다. 레위 지파만이 모세의 편에 섰다. 이 중요한 사건의 결과로 이스라엘 민족 중에서 제사장 직분은 이 한 지파에게로 범위가 제한되었다(출 32장). (그러나 우리는 이 사건에서 레위 지파가 보여 준 충성에 대해서 너무 높은 점수는 주지 말아야 한다. 그들이 모세 편에 섰던 중요한 이유는 그들이 모세와 같은 지파에 속한 사람들이라는 사실에 있기 때문이다.)

신약성경에서 우리는 예수님께서 자신을 주님으로 부르는 모든 사람들이 다 주님을 섬기는 '제사장'들이 되기를 원하신다는 사실을 배우게 된다. 교회는 흥미롭게도 구약 시대의 상황과 아주 비슷하게 선택받은 소수를 '제사장'으로 선발했다. 따라서 하나님의 모든 백성들이 다 세상을 섬기기 위해서 나아가는 대신에 교회 안에 교회 자체만을 섬기는 소수가 남는 것으로 끝나게 되었다. 이것은 이스라엘의 제사장들이 이스라엘만을 섬기던 것과 전혀 다를 바가 없다.

그러나 성경이 예수 그리스도의 대행인으로 섬기는 교회에 대해서 어떻게 말하고 있는지를 살펴보기로 하자: "우리를 사랑하사 그의 피로 우리 죄에서 우리를 해방하시고 그의 아버지 하나님을 위하여 우리를 **나라와 제사장으로 삼으신** 그에게 영광과 능력이 세세토록 있기를 원하노라 아멘"(계 1:5~6).

어떤 사람들은 이 구절이 예수님께서 재림하시면 우리가 이 세상에서 왕 노릇하게 될 것을 의미하는 것으로 보기도 한다. 그러나 요한은 여기서 과거 시제를 사용하고 있다. 원문은 "우리를 **사랑하셨고**, 그의 피로 우리를 **해방하셨고**"(NIV도 과거형을 사용함—옮긴이)라고 말하고 있으며,

따라서 우리는 이러한 일이 이미 이루어진 것으로 알고 있다. 그리고 요한은 그 다음에도 "우리를 나라와 제사장으로 삼으신"(과거 시제)이라고 말한다. 여기서도 동사의 시제는 그러한 일이 이미 이루어진 것임을 말하고 있다. 우리는 이미 **지금도 하나님의 왕들이며**(통치권을 가진) **하나님을 섬기는**(예배하는) **제사장들이다**(내가 이렇게 말하는 것은 천년왕국이라는 개념을 무시하는 것이 아니다. 간단히 말해서, 우리는 겨우 세상의 자그마한 일부를 다스리겠다는 목적을 위해서 온 세상을 다 다스릴 필요는 없는 것이다).

3단계: 교훈이 시작되다

예배의 역할에 대해서 소개해 주시는 주님

여호와 하나님께서는 불붙은 가시덤불 가운데서 모세에게 나타나셔서 다음과 같이 말씀하셨다: "네가 그 백성을 애굽에서 인도하여 낸 후에 너희가 이 산에서 하나님을 섬기리니 이것이 내가 너를 보낸 증거니라"(출 3:12). 이 구절에서 '섬기다'에 해당하는 히브리어 단어(아바드)는 '종이 되다' 혹은 '예배하다'라는 의미를 가지고 있다. 하나님께서 그들이 "하나님을 섬기리니"라고 말씀하신 것은 자신의 백성들이 하나님을 예배하게 될 것이라는 의미였다. 하나님께서 십계명을 주시는 데에는 단 하루가 걸렸다. 그러나 하나님의 백성들은 시내산에 1년 이상이나 머무르면서 성막을 만들며 예배하는 법을 배웠다. 우리가 지금까지 살펴본 대로 구속과 교제 관계와 통치권의 회복에 대한 하나님의 계획은 자신의 백성들이 제사장이 되는 것이며, 제사장이란 예배를 인도하는 사람들이다.

인류는 자신의 힘으로는 이 지구를 되돌려 놓을 수가 없다. 하나님의 능력은 그분과의 관계와 그분의 보좌로부터 흘러나오는 통치권이라는 상황 속에서만 세상에 임하여 나타나게 된다. 바로 그렇기 때문에 하나님께서는 자신의 백성들에게 예배에 대해서 가르치시고자 하는 깊은 열망을 가지시는 것이다.

4단계: 지경이 넓어지다

다윗이 왕으로 있던 시기에 예배의 지경이 넓어졌다
  다윗이 다스리던 시대는 예배의 지경과 영토의 국경이 전례가 없을 정도로 넓어지고 확장되었다. 다윗에게는 예배를 사모하는 마음이 있었으며, 따라서 백성들에게 큰 목소리로 하나님께 찬양을 드리라고 아주 많이 가르쳤다. 다윗은 많은 시편들을 기록했는데, 나중에 초대 교회는 그가 기록한 시편들을 예배를 위한 핸드북으로 사용하기도 했다. 다윗이 왕으로 있던 시대에는 악기의 사용과 성가대의 규모가 확장되기도 했다. 그러한 요소들이 다윗의 시대에 이스라엘이 드리던 예배에 처음으로 새롭게 등장한 것은 아니지만, 잘 조직화되고 체계화됨으로써 예배가 이스라엘 공동체에서 얼마나 중요한 자리를 차지하고 있었는지를 보여 주고 있다.
  또한 다윗은 제2성막을 짓기도 했다. 첫 번째 성막이 어떻게 되었는지에 대해서 아는 사람은 없다. 사울이 다스리던 시대에는 전혀 관리되지 않아서 폐기되었을 수도 있었을 것이다. 다윗은 하나님의 임재하심이 이스라엘 백성 가운데 우뚝 서게 되기를 바라는 열정으로 이스라엘 민족의 핵심과도 같은 심장부에 성막을 위한 자리를 만들었다. 성전을 지으려는 것이 다윗의 마음이기는 했지만, 하나님께서는 그의 소원을 그의 아들 솔로몬을 통해서 이루어 주셨다. 또한 하나님께서는 성막에 대해서와 마찬가지로, 솔로몬이 지은 성전을 친히 자신의 영광으로 채워 주셨다(왕상 8장). 그러나 비참하게도 이스라엘 백성의 죄로 인해서 솔로몬이 지은 성전은 파괴되었다. 그리고 이스라엘은 성전을 잃으면서 여러 해 동안의 유배 생활을 시작하게 된다.

다윗이 왕으로 있던 시기에 이스라엘의 영토의 지경과 예배의 지경이 같이 넓혀졌다는 두 가지 사실 사이에는 상관관계가 있다는 사실을 강조하고 싶다. 그들의 예배가 성장하면서 그들의 통치 범위도 넓어졌다. 그러한 사실은 오늘날의 교회에도 적용된다. 교회의 통치권은 예배와 정확하게 비례하여 넓어진다. 나는 정말 예배야말로 전도의 열쇠라고 확신한다.

5단계: 어둠의 세력에 대한 승리

바로 하나님의 아들이 친히 오셔서
우리 가운데 '장막을 치고' 거하신다

예수 그리스도께서는 하나님의 영광이 거하시는 두 곳인 성막과 성전의 의미를 요약해서 직접 몸으로 보여 주셨다: "말씀이 육신이 되어 우리 가운데 거하시매 우리가 그의 영광을 보니 아버지의 독생자의 영광이요 은혜와 진리가 충만하더라"(요 1:14).

여기서 "거하시매"로 번역된 헬라어 단어는 스케누(skenoo)로서, '장막을 치시매' (tabernacled)로 번역될 수도 있는 용어이다. 또한 비슷하게 요한복음 2장 19절에서는 예수님께서 자신을 성전이라고 말씀하신다: "너희가 이 성전을 헐라 내가 사흘 동안에 일으키리라."

예수님께서는 가시는 곳마다 하나님의 나라가 그곳에 임하여 있다고 선포하시는데, 그렇게 선포하시는 이유는 하나님 나라의 왕이신 예수님께서 그곳에 계시기 때문이다. 예수님은 아담 이후에 처음으로 죄가 없는 사람이셨으며, 예수님께서는 아담이 넘어지고 실패했던 부분을 이겨 내셨다. 예수님께서는 새로운 인류를 만들어 내시려고 세상에 오셨다. 새로운 인류는 "택하신 족속이요 왕 같은 제사장들이요 거룩한 나라요 그의 소유가 된—특별한—백성이니 이는 너희를 어두운 데서 불러 내어 그의 기이한 빛에 들어가게 하신 이의 아름다운 덕을 선포하게 하려 하심이라"(벧전 2:9). 이들이 바로 하나님께서 세상을 다시 회복하는 일에 사용하실 사람들이며, 이들이 그런 일을 하게 되는 것은 바로 이들의 예배를 통해서이다.

솔로몬 성전이 파괴된 것과 마찬가지 이유로 하나님의 영광이 계시는 살아 있는 성전인 예수님도 십자가에서 파괴되었다. 물론 하나님의 백성들의 죄 때문이었다. 그러나 성경은 만일 사단이 하나님의 계획에 대해서 조금이라도 알고 있었다면 십자가 사건이 일어나는 일은 절대로 보고 싶어 하지 않았을 것이라고 말하고 있다.

"오직 은밀한 가운데 있는 하나님의 지혜를 말하는 것으로서 곧 감추어졌던 것인데 하나님이 우리의 영광을 위하여 만세 전에 미리 정하신 것이라 이 지혜는 이 세대의 통치자들이 한 사람도 알지 못하였나니 만일 알았더라면 영광의 주를 십자가에 못 박지 아니하였으리라"(고전 2:7-8).

성경은 바로 그곳, 십자가, 사단이 자기가 또 다시 자신의 "정사와 권세"를 확장하는 일에 성공했다고 생각했던 바로 그 자리에서 정사와 권세를 이기신 주님에 의해서 사단은 무장 해제를 당하고, 그의 어둠의 나라는 모든 사람들이 보도록 온 천하에 밝히 드러나 보이게 되었다고 말하고 있다(골 2:15를 보라).

예수님께서는 십자가에서 단지 죽음의 권세만을 이기신 것이 아니라, 부활의 능력을 통해서 땅에 떨어져서 죽음으로써 열매를 맺기 시작하는 씨가 되신 것이다. 예수님께서는 예수님 자신의 생명의 능력을 받고, 온 세상을 통치할 수 있는 가능성을 가지고 살아나기 시작해서, 하나님의 다스리심과 능력과 임재하심을 온 세상에 임하게 할 백성을 만들어 내신다. 이제 인간은 더 이상 자신의 육신의 능력으로 애쓰며 수고할 필요가 없다. 지금은 하나님 나라의 능력이 '가까이 임하여' 있는 것이다(막 1:15).

6단계: 경건한 장소

예수님께서는 교회가
산 돌들로 지어지는 성전이 되도록 만들어 가신다

주님께서는 지금 자신의 백성들을 주님의 임재하심이 나타나서 머무실 장소로 만들어 가실 준비를 하고 계신다. 예수님께서는 교회로 하여금 '산 돌들'로 지어진 성전이 되어 가도록 준비해 오셨다. 그 산 돌이란 바로 당신과 나이다! 우리가 함께 모이면 우리는 하나님께서 거하실 장소, 하나님 나라의 통치가 확립될 장소가 되는 것이다. 하나님 나라의 왕은 문자적으로 우리의 찬송 가운데 '왕으로 임하신다' (시 22:3). 우리가 예배를 드리면 하나님께서 친히 오셔서 그 모든 충만하신 영광의 무게와 주권과 통치권으로 우리와 함께하신다.

이런 분위기에서—예배를 통해서 하나님의 임재하심이 나타나게 되는—네 가지의 아주 중요한 일들이 일어난다. 첫 번째, 말씀이 사람들 안에 눈에 보이도록 나타난다. 말씀이 단지 지적인 활동이 아니라 생명으로 임하게 된다. 두 번째, 하나님의 임재하심이 지속적으로 나타나는 곳에서는 사람들이 **치유하심**을 입는다. 세 번째, 하나님의 나라가 그들 가운데 세워짐에 따라서 그들은 **하나님을 아는** 자리에 이르게 된다. 그리고 마지막으로 하나님께서 자신의 백성들에게 **능력**을 부어 주심에 따라서 그들의 예배는 지옥의 경계선을 밀어내게 된다.

우리가 함께 모여서 예배를 드릴 때 하나님의 백성들은 하나님의 성전을 이루는 '산 돌들로서' 하나님의 임재하심을 위한 장소로 세워지게 된다. 또한 우리는 예배를 통해서 살아 계신 하나님과 아주 친밀하고 생동감 있는 관계를 가지는 것이 가능해진다. 하나님께서 우리를 그분의 "왕 같은 제사장"으로 세우셨던 목적이 회복된다. 또한 우리는 예수님의 부활의 생명의 능력으로 세상을 섬기는 대행인(사역자)들이 된다. 우리는 하나님께서 태초부터 인류를 위해서 계획하시고 의도하셨던 대로, 예배를 통해서 점점 확장되어 나가는 하나님의 주권과 통치 영역 안에서 움직일 수 있는 능력을 받게 된다.

9장

예배를 통하여 땅을 차지하다

- 예배에 따르는 약속 -

"여호와께서 아브람에게 나타나 이르시되 내가 이 땅을 네 자손에게 주리라 하신지라 자기에게 나타나신 여호와께 그가 그 곳에서 제단을 쌓고"(창 12:7).

하나님께서는 아브라함에게 위대하고 중요한 사람이 되게 해 주실 것이라는 것과, 그를 궁극적으로 그에게 예정하신 곳으로 데려가시기 위해서 그의 인생 가운데서 어떤 일을 해 주시겠다는 약속을 하신다.

너는 … 을 떠나
내가 네게 보여 줄 땅으로 가라
내가 … 네게 복을 주어
네 이름을 창대하게 하리니
너는 복이 될지라
너를 축복하는 자에게는 내가 복을 내리고
너를 저주하는 자에게는 내가 저주하리니
땅의 모든 족속이 너로 말미암아 복을 얻을 것이라(창 12:1~3)

하나님께서 당신과 나에게도 그와 똑같이 중요하고, 똑같은 결과로 이어지게 될 약속을 하신다는 것은 전혀 놀랄 일이 아니다. 성경은 로마서 4장에서 그리스도 안에 있는 우리가 바로 '믿음의 조상'으로 알려진 아브라함의 영적인 자손이라고 말하고 있기 때문이다.

하나님께서는 아브라함에게 하셨던 것처럼 우리에게도 "와서 하나님을 따르라!"고 불러내신다. 하나님께서는 우리의 인생을 점진적으로 변화시켜 나가서서 원래 우리에게 의도하셨던 대로 우리를 자신의 형상과 모양으로 만들어 주시겠다고 약속하신다. 하나님께서는 우리에게 그분의 축복이 증가하고 넘쳐서, 우리가 어둠 가운데 있는 다른 사람들을 향하여 빛이 되게 하시기를 원하신다. 또한 하나님께서는 우리를 통해서 세상을 구속하시고자 하시는 계획을 이루시기 위해서, 우리가 자신과 교제 관계로 들어가는 일에 결단하고 헌신하기를 원하신다.

하나님께서는 이러한 모든 계획들을, 먼저는 우리가 예배하는 곳에서 우리를 만나 주시는 일을 통해서 이루어 가신다.

성막을 짓는 일보다는 아브라함이 제단을 쌓은 일이 먼저 있었다. 그러나 제단은 시내 광야에서 성막이 완성된 후에도 이스라엘 백성의 예배에서 여전히 중요한 부분이었다. 사실 예배자들은 성막에 들어갈 수 있는 자격을 갖추려면 먼저 놋으로 된 번제단을 만나야 했다.

성경은 아브라함이 개인적으로 하나님과 만나고 나서야 정착지를 바꾸는 사람이었으며, 또한 그렇게 하나님과 만났던 모든 장소마다 하나님께서 자신에게 말씀하셨던 것과 자신의 인생 가운데서 행하신 일을 기념하기 위해서 제단을 쌓았다고 말한다. 아브라함에게 있어서 제단을 쌓는다는 것은 하나님께서 자기에게 해 주신 약속을 확인하는 방법이었다. 아브라함이 쌓은 제단들은 하나님과 동행했던 그의 인생의 이정표와 같은 것이었다. 즉 그가 예배로 충만한 가운데 지극히 높으신 거룩하신 하나님의 권능과 임재하심을 경험했다는 증거였던 것이다.

제단을 쌓기 위한 청사진

하나님의 백성들은 예배를 드리면서 그분의 임재하심을 환영하며 맞아들인다. 하나님께서는 자신을 향한 백성들의 간절한 열망과 사모하며 갈급해 하는 마음에 비례하여 임하신다(마 5:6). 사람들이 모여서 "영과 진리로" 예수 그리스도께 예배를 드릴 때마다 간절한 기대감과 믿음과 사역이 일어나게 된다. 희망이 일어나며, 기쁨이 충만하게 되고, 감사와 회개의 눈물이 흐르며, 완악한 마음도 만져 주심을 받고 겸손하게 녹아내리게 된다. 하나님께서 은혜와 사랑을 쏟아 부어 주신다.

그러나 사람들이 교회에서 경험하는 그런 역동적인 일들이 예배 인도자의 개성이나 눈치 빠른 재치 때문에 일어나는 것은 아니다. 또한 그러한 일들은 교회를 아름답게 장식하고 있는 스테인드글라스 창문이나 반짝반짝 윤이 나는 원목으로 된 회중 의자들, 또는 음악가들이나 성가대가 쌓아 온 기량으로 되는 일도 아니다.

우리가 경험하는 그러한 일들은 우리가 마음을 담아서 하나님을 뜨겁게 예배하는 것에 대해서 하나님께서 응답하셔서 그분의 영광을 나타내 보여 주시기 때문에 일어나는 일들이다. 하나님의 임재하심을 환영하며 맞아들이는 것이 바로 우리의 예배이다. 교회의 예배 시간에 일어날 수 있는 일은 우리의 가정과 우리가 거하는 장소들에서도 일어날 수 있다. 우리도 아브라함처럼 우리가 있는 어느 곳에서나 하나님과 친밀하고 개인적으로 만날 수 있는 장소를 만들 수 있다. 당신과 나는 우리가 사는 어느 곳에나 예배의 집을 세울 수 있다.

사실 하나님께서는 말씀을 통해서, 앞으로 언젠가는 하나님의 영광이 시온산의 '모든 거처 위에' 머물러 있게 될 것이라고 약속하신다. 과거에 이스라엘의 성막 위에 하나님의 영광이 머물렀던 것처럼 요한계시록에 나오는 하늘에서 내려오는 예루살렘 위에도 하나님의 영광이 머물 것임을 가리키는 예언이다. 이사야 선지자는 다음과 같이 기록하고 있다.

> "여호와께서 거하시는 온 시온 산과 모든 집회 위에 낮이면 구름과 연기, 밤이면 화염의 빛을 만드시고 그 모든 영광 위에 덮개를 두시며 또 초막이 있어서 낮에는 더위를 피하는 그늘을 지으며 또 풍우를 피하여 숨는 곳이 되리라"(사 4:5~6).

이스라엘이 공동체로 드리는 예배 위에 일어났던 위와 같은 일들이 구속받은 사람들의 모든 가정에 일어나는 날이 올 것이다. 사람들은 하나님께서 안전하게 지켜 주시는 보호(밤의 불기둥) 가운데서뿐 아니라 하나님이 제공하시는 피난처(낮의 구름)의 축복 가운데서도 하나님의 영광의 증거를 보게 될 것이다. 하나님께서는 그러한 축복 가운데서 모든 거처에 자신의 영광이 임하시게 하심으로써, 그곳을 피난처와 보호의 장소가 되게 하실 것이다.

우리는 '믿음의 조상'인 아브라함이 세워 놓은 예를 살펴보면서, 우리의 인생 가운데 하나님의 약속들과 임재하심을 환영하며 맞아들이는 예배의 제단을 쌓기 위해서는 우리의 '청사진'이 어떠해야 하는지를 생각해 보기로 하자.

당신이 있는 모든 곳에서 제단을 쌓으라

아브라함은 하나님께서 부르시는 목소리에 응답하여 가나안 땅으로 갔다. 물론 가나안 땅은 역사상 가장 사악하고 부패한 문화권들 가운데 하나였음은 의심할 여지가 없다. 가나안 땅의 예배 행위에는 어린아이를 제물로 드리는 행위가 포함되어 있었고, 신전 주위에서는 신당(神堂) 매춘이 성행했으며, 나중에는 하나님께서 그들의 땅을 이스라엘 백성들에게 넘겨주시면서 그곳의 거민들을 전멸시키라는 명령을 주셔야만 했던 곳이었다. 그러나 아브라함이 하나님의 인도하심을 받아 이 괴악하며 부도덕적인 예배 행위를 하는 가나안 사회에 들어왔을 때, 하나님께서는 그에게 "내가 이 땅을 네 자손에게 주리라"(창 12:7)고 말씀하셨다. 아브라함이 받은 '약속의 땅'은 육체의 욕심과 사단 숭배에 완전히 젖어 있던 이교적인 문화가 지배하는 곳이었다. 만일 우리가 아브라함의 입장이었다면 우리에게 어떤 생각이 스쳐 지나갔을지는 쉽게 상상해 볼 수 있다: '하나님, 이곳을 제가 가문을 일으키고 축복을 받을 곳이라고 말씀하시는 것입니까?'

그러나 아브라함은 믿음의 사람이었다. 아브라함은 모든 것이 약속과는 정확하게 반대되는 상황에 서 있었지만 하나님의 약속을 믿고 제단을 쌓았다.

하나님의 계획은 우리가 예배 가운데서 그분을 만나게 될 때, 우리 안에서 어떤 변화가 일어나는 것뿐 아니라 우리 자신이 '제단에 올려 드려지는 것'(즉 하나님 앞에서 겸손하게 되는 것)이었다. 우리 모두에게는 때때로 하나님께서 우리의 마음에 주신 약속이 이루어질 것에 대한 기대감이 생기기도 하며, 또한 그러한 약속이 하나님의 말씀에 기록되어 있다는 사실을 발견하기도 한다. 그러나 종종 그러한 약속이 성취되는 방식은 우리가 생각했던 것과 아주 다를 수 있다.

아브라함은 하나님께서 상황을 변화시키실 수 있으신 분이라는 사실을 믿고, 하나님의 약속을 받아들이고, 하나님께서 가라고 하신 이 기가 막힌 곳을 하나님께 대해서 의심하며 다시 한 번 생각해 보는 계기로 삼는 것이 아니라, 하나님께 예배를 드리는 곳으로 삼고, 계속해서 그렇게 해 나가기로 결심했다. 아브라함은 그렇게 어려운 상황을 자기 힘으로 바꾸어 보려고 노력하기보다는 전능하신 하나님을 예배하면서 그 하나님께서 그러한 상황으로 들어오시도록 그분을 환영하며 맞아들였던 것이다.

물론 우리는 모두 다 우리 자신에게서나 우리의 가정들, 일터 혹은 우리가 살아가는 사회 가운데서 어떤 변화가 일어나는 것을 보고 싶어 한다. 오늘날 우리가 사는 세상의 사업계와 연예계라는 제단에는 실제로 부패와 타락이 제물로 올라가 있다. 우리의 자녀들이 다니는 학교에서는 사회에 만연한 부도덕한 생활방식들을 받아들일 만한 것이라고 가르치고 있기도 하다. 우리의 원수 마귀는 미국 시민으로서의 삶 가운데서 하나님이라는 언급 자체를 빼 버리려고 노력하고 있다. 주님께서는 우리의 영혼을 괴롭히고 마음의 평안을 위협하는 모든 상황들 가운데서 "문제에 사로잡혀 있지 말고 제단을 쌓아라. 네가 드리는 예배가 바로 악하고 타락한 세상에서 의의 전초기지가 될 것이다"라는 의미로 말씀하신다.

당신이 거처를 옮길 때마다 새로운 제단을 쌓아라

시간이 상당히 흐른 뒤에 아브라함은 벧엘과 아이 사이에 있는 산으로 거처를 옮겼다. 거기서도 그는 자기가 살 장막을 치고는 제단을 쌓았다(창 12:8). 또한 성경은 아브라함이 여기서 처음으로 "여호와의 이름을 부르더니"라고 말한다. 여기서 "이름"으로 번역된 쉠(shem)이라는 단어에는 하나님의 성품(character)이라는 개념이 들어 있다. 이 사실은 아주 중요하다.

아브라함은 기도 가운데 여호와의 성품을 부르고 구함으로써 전능하신 하나님과의 친밀한 관계에 있어서 새로운 차원의 기도 생활로 접어들어 가게 되었다. 이제 하나님께서는 아브라함의 시대부터 타락한 인류와 다시 말씀하시고 들으시는 관계를 막 새롭게 시작하시고 계셨다. 아브라함이 하나님의 부르심에 응답했던 것은, 그가 자신의 주변에 횡행하는 이방 종교적인 문화 가운데서도 참되시고 살아 계신 하나님이 계신다는 사실을 믿었기 때문이다. 아브라함은 하나님께서 아브라함 자신의 마음에 스스로는 가질 수 없는 어떤 성품을 주실 것이라는 약속을 향하여 그를 이끌어 나가고 계신다는 사실을 감지했다. 그래서 아브라함은 예배하는 가운데 하나님을 만났던 모든 새로운 장소들에서 다 하나님의 성품을 구했던 것이다.

이와 마찬가지로 우리가 새 집을 구해서 들어가기 전에 먼저 새 집을 찬양과 경배로 하나님께 구별해 드리는 것은 아주 중요하다. 우리가 그 집으로 들어가기 전에 거기서 어떤 일이 일어났었는지에 대해서는 전혀 알 길이 없다. 또한 우리가 들어갈 주택이나 아파트가 새로 지은 집이어서 그곳에 살던 사람이 아무도 없는 곳이라고 해도, 그 집을 건축하면서 어떤 일이 일어났었는지는 누구도 알 수가 없다. 여러분이 어디로 이사를 가든지 먼저는 하나님께 제단을 올려 드리고 나서 그 집을 여러분의 정당한 소유로 삼기 바란다.

우리 가족은 내가 Church On The Way로 부임한 후에 그때까지 어떤 그리스도인들이 살던 집으로 이사하게 되었다. 그 당시에는 우리가 지금 알고 있는 내용들을 모르고 있었기 때문에, 아마도 단지 전에 살던 사람들이 그리스도인들이었다는 사실로 인해서 모종의 안전감을 느꼈는지도 모르겠다. 그러나 그것은 가짜였다. 그곳에서 살기 시작한 지 한 5주가 지났을 쯤에 아내인 애나와 나는 아이가 아파서 한밤중에 깨어 있었다. 그때 문득 나는 우리가 그 집으로 이사해 들어온 이후에 우리 가족 중의 누군가는 늘 병이 들어 아팠다는 사실이 떠올랐다. 내가 이 문제에 대해서 생각하고 있을 때 갑자기 먼저 이 집에 살던 주인으로부터 자기의 아들이 베트남에서 돌아올 때는 마약에 찌들어 있었으며, 그래서 그 아들뿐 아니라 아들의 친구들과도 온갖 문제가 생겼었다는 말을 들었던 것이 생각났다. 그때 시간은 새벽 3시경이었지만 우리는 일어나서 집 전체를 돌아다니면서 주님께 각 방을 위해서 어떻게 기도해야 하는지를 여쭈어 보는 기도를 드렸다. 그 후로부터 우리 가족 중에서 질병은 완전히 떠났다.

우리가 이사 갈 때마다 주님께 예배의 제단을 새로 쌓는 것은 우리의 새로운 거처를 하나님께 성별해 드리며, 하나님의 축복과 보호하심을 환영하며 맞아들이기 위해서 "환영합니다!" 라고 적혀 있는 깨끗한 영적 카펫을 깔아 드리는 일이기도 하다.

제단을 다시 쌓으라

아브라함은 애굽에서 돌아오자마자 벧엘로 가서, 전에 거기서 쌓았던 제단을 새로 수축했다(창 13:3~4). 아브라함은 제단을 쌓는 과정을 다시 반복하면서, 자기의 집에서도 예배 생활을 다시 시작했다. 아브라함은 단지 제사 의식을 반복한 것이 아니었다. 아브라함이 드렸던 참되고 진정한 예배는 하나님의 임재하심을 초청함으로써 식어진 가슴에 다시 불을 붙이는 일이었다.

때때로 우리가 주님께 했던 헌신을 새롭게 하는 것은 아주 좋은 일이다. 특별히 그러한 헌신들이 우리의 가정에 관계된 일일 때는 더욱 그렇다. 나는 한밤중에 주님께서 나를 깨우셔서 우리 가정의 자녀들 한 명 한 명씩을 위해서 기도하라는 감동을 받았던 날을 기억한다. 그때 나와 아내 애나가 우리 아이들과 무슨 문제가 있었던 것은 아니다. 단지 우리 자녀들 한 명 한 명의 마음에 무엇인가 새롭게 불이 붙어야 할 것이 있었던 것이다.

그 다음 48시간 내에 내가 각각의 자녀들을 위해서 구체적으로 기도했던 것에 대한 직접적인 응답으로 주님께서는 우리 자녀들을 아주 자연스럽게 만져 주셨고, 그 사건으로 인해서 우리 가정에는 부흥이 일어났다. 하나님의 백성들이 주님을 찬양하고 경배하면서 "우리 집에는 하나님께서 임하셔서 역사하실 자리가 있다"고 선포하는 가정에는 새롭게 하시는 부흥의 역사가 임한다.

종과 횡으로 행하여 보라

아브라함[1]이 인도하심을 받아 지시하실 땅으로 가는 동안에 경험한 하나님과의 네 번째 만남에서 하나님께서는 아브라함에게 한 장소를 보여 주시면서, 약속을 주시고, 그에게 예언적인 행동을 한 가지 하라고 말씀하셨다. "두루 다녀 보라"는 것이었다. 거기서도 아브라함은 예배할 제단을 쌓는 것으로 응답했다. 하나님께서는 아브라함에게 다음과 같이 말씀하셨다.

> "너는 눈을 들어 너 있는 곳에서 북쪽과 남쪽 그리고 동쪽과 서쪽을 바라보라 보이는 땅을 내가 너와 네 자손에게 주리니 영원히 이르리라 내가 네 자손이 땅의 티끌 같게 하리니 사람이 땅의 티끌을 능히 셀 수 있을진대 네 자손도 세리라 너는 일어나 그 땅을 종과 횡으로 두루 다녀 보라 내가 그것을 네게 주리라 이에 아브람이 … 제단을 쌓았더라"(창 13:14~18).

하나님께서 같은 입으로 아브라함에게 어쨌든 그 땅을 주실 것이라고 말씀하셨다면 그 땅을 "종과 횡으로 두루 다녀 보라"고 말씀하시는 이유는 무엇이겠는가? 하나님께서 쓸데없는 말을 하시거나 아브라함과 게임을 하고 계시는 것은 아니다. 하나님께서는 여기서 아브라함을 흐릿하고 명확하지 않은 개념으로부터 확실하고 분명한 믿음이 생기게 하는 확신의 자리로 인도하시고 계시는 것이다. 제단을 쌓는다는 것은

---

[1] 창세기 17장 5절에서 '뛰어난 아버지'라는 의미의 아브람이라는 이름이 '많은 사람들의 아버지'라는 의미의 아브라함으로 바뀐다.

하나님의 약속을 믿는다는 개념과 예언적인 행동을 연결시켜 주는 일이다. 즉 영적으로 그리고 보이지 않는 영역에서 어떤 것을 믿기 때문에, 물리적으로 그리고 눈에 보이는 영역에서 어떤 행동을 하는 것을 의미한다. 그러한 예언적인 행동은 하나님의 약속이라는 개념을 넘어서, 그러한 하나님의 약속이 바로 지금 성취되고 있다는 확신으로 이어지는 것이다.

아브라함이 쌓은 제단은 그의 인생의 방향, 즉 그로 하여금 자신의 최종적인 운명과 목적을 향하여 또 한 걸음을 걸어 나가도록 해 주는 인생의 방향을 말해 준다. 아브라함은 미래에 그 땅을 소유할 약속을 받고는, 이미 그 땅을 소유한 사람으로 행동하면서, 그 행동을 기념하여 제단을 쌓았던 것이다.

우리에 대한 하나님의 약속이 확실히 이루어지도록 보장해 주신 예수 그리스도와 그분으로 말미암아 얻게 된 승리로 인해서 우리는 우리가 살고 있는 땅을 종과 횡으로 다녀 볼 수 있는 모든 자격과 권리를 다 가지고 있다. 우리는 예배 가운데서 지경을 다시 세우며 넓힐 수 있는 권리를 이미 다 받았다. 즉 우리가 어디에 있든지, 그리고 어디로 가든지 간에 우리의 '땅'은 하나님과 그분의 나라의 통치와 축복 아래 있다고 선포하며 선언할 수 있는 권리를 다 가지고 있다.

오늘날 성령 충만한 그리스도인들은 인생 가운데서 제단을 회복하는 것이 절대적으로 필요하다는 사실을 재발견해야 한다. 제단은 하늘의 권세와 하나님의 은혜가 우리의 인생과 우리가 사는 세상으로 들어오게 하는 문지방—문으로 이어지는 계단—이다. 하나님께서는 우리가 예배하는 곳에서—그곳이 어디든 상관없이—우리를 만나 주신다. 제단은 우리가 하나님과 동행하는 삶의 이정표이며, 제단을 쌓는다는 것은 하나님의 약속을 환영하고 맞아들이는 예언적인 행동을 의미한다. 하나님께서도 아브라함이 예배를 자신의 인생의 중심으로 삼았기 때문에 그에 대한 약속을 이루실 수 있으셨던 것이다.

바로 여러분과 나에 대한 약속도 정확하게 마찬가지이다.

10장

크고 높은 목소리로 드리는 예배

– 경배와 찬양의 노래 –

"레위 사람들은 서서 심히 큰 소리로 이스라엘 하나님 여호와를 찬송하니라"(대하 20:19).

    우리의 예배 행위 가운데 가장 기초적인 일은 노래이다. 그러나 예배 가운데서 노래보다 더 역동적이고 중요한 것도 없을 것이다. 하나님의 말씀 밖에서도 노래는 우리가 모이는 모임 중에 그저 중요한 부분이라고 말할 수는 없는 대단히 중요한 의미를 가지고 있다. 노래는 가장 중요한 것이다.

    시편도 그렇게 말하고 있는데, 시편은 그 존재 자체만으로도 하나님께서 자신의 백성들이 드리는 예배 행위 중에 '노래'를 얼마나 강조하시는지를 보여 주고 있다. 사람들은 가끔씩 나에게 찾아와서 "잭 목사님, 목사님은 노래(찬양을 노래로 표현), 찬양(노래가 아니지만 입술로 하나님을 높여 드리는 표현), 신체적인 표현 등 많은 종류의 예배 행위에 대해서 말씀하시는데, 이러한 예배의 표현 방식들을 신약의 교회에 적용시키시는 근거가 어디에 있습니까?" 하고 질문하기도 한다. 물론 그러한 질문에 대한 대답은 시편이다. 시편에는 하나님을 예배하는 행위에 대한 구체적인 지시와 명령들과 성경적인 근거들이 아주 많이 나와 있다. 신약성경에 우리가 하나님께 드리는 예배에 대한 하나님의 명령이 자세하게 나와 있는 책이 하나도 없다고 하더라도, 시편에는 그러한 질문에 대답하기 위해서 필요한 모든 것이 다 들어 있다. 사실 시편은 신약성경이 기록되던 당시에 초대 교회가 사용하던 예배 가이드이기도 했다! 그러나 신약성경에는 노래와 노래하는 것에 대한 언급이 열다섯 번 이상이나 나온다. 그러므로 오늘날의 교회에서 노래와 찬양의 위치에 대해서는 질문의 여지가 없을 정도로 확실하다.

하나님께서는 우리가 주님의 이름을 높여 드릴 수 있는 강력한 방법으로 노래를 주셨다. 또한 우리는 찬양의 노래를 부름으로써 하나님께서 다스리시는 능력으로 우리 가운데 임하시도록 환영하고 맞아들이는 초청장을 주님께 드리는 일이 되기도 한다. 하나님께서 자신의 백성들에게 친히 자신을 나타내서 보여 주시기를 기뻐하신다는 개념을 싸구려 취급하거나, 하나님께서 힘을 내서서 그렇게 하시는 것이 우리의 노래에 달려 있다고 말하지는 않으면서도, 오히려 우리가 드리는 경배의 노래가 신부가 하늘에 계신 신랑께 선언적으로 드리는 '사랑의 노래'라고 말하는 것은 전혀 과장이 아니다. 하나님께서는 그러한 찬양에 대한 응답으로 힘 있게 일어나셔서 그 능력으로 자신의 백성들 사이로 운행하신다.

수천 명이 모였든지 혹은 집에서 혼자 드리는 찬양이든지 간에, 우리의 노래는 하나님께 드리는 초청 카드가 된다: "주님, 우리가 찬양으로 주님을 간절히 바라오니, 이곳에 임하시옵소서." 이러한 예배에 대해서는 확실하게 하나님의 응답이 임한다. 그것은 하나님께서 신령과 진정으로 하나님께 예배드리는 사람들을 "찾으신다"(요 4장)고 친히 말쏨하시기 때문이다. 따라서 우리가 때때로 "노래는 하나님 나라의 통치와 그분의 능력으로 다스리심이 임하게 한다"고 말하기는 하지만, 그것은 우리의 노래가 하나님 나라의 능력을 일으킨다거나, 우리의 행위가 하나님께서 능력으로 임하시도록 하는 것이라는 의미는 절대로 아니다. 오히려 참된 예배자를 찾으시는 하나님께서는 마음을 열고 드리는 노래로 충만한 심령을 가지고 진정으로 예배하는 심령을 찾으신다는 것이 우리가 알게 된 원리이다. 우리는 반복적인 경험을 통해서, 하나님께서는 우리가 "시와 찬송과 신령한 노래들"로 우리의 마음을 다하여 "주께 노래하며 찬송"하면, 그렇게 예배하는 사람들 가운데 자신을 나타내 보이신다는 사실을 발견한다(엡 5:19). 우리가 매일의 삶 가운데서 실제로 경험하는 중요한 사실은, 노래는 우리가 주님 안에서 힘을 얻고, 승리하며, 지속적인 성장을 위한 강력한 수단이 된다는 사실이다.

노래의 선물(노래를 드림)

인간이 다른 피조물과 구분되는 것은 언어를 말할 수 있는 은사와 노래라는 은사를 받았다는 사실에 있다. 우리는 우리 안에 있는 창조의 능력으로 인해서 혀로 말도 하며 노래를 할 수도 있다. 그 어떤 다른 피조물도 그렇게 할 수 없다. 우리는 새가 노래한다고 말하기도 한다. 그러나 새들의 노래가 아무리 아름답다 하더라도 그것은 새들이 의식적으로 부르는 노래가 아니며, 따라서 여기서 우리가 논의하려고 하는 의미에서의 **노래**는 아니다. 오로지 인류만이 새로운 노래를 만들고, 그러한 노래들을 단지 자연적인 은사로부터 나오는 동물적인 반응이 아니라, 의식적으로 만들어 낸 가사와 결합하여 의미 있는 노래를 만들어 낸다.

다윗은 세 개의 시편에서 자기의 혀뿐 아니라 자기의 언어와 노래하는 능력을 자신의 "영광"이라고 분명하게 말하고 있다(시 16:9, 30:12, 57:8). 영광이라는 단어의 본질적인 뜻은 '어떤 범위를 넘어설 정도로 뛰어나다'라는 의미이다. 인간은 노래를 할 수 있는 능력이 있다는 점에서 다른 모든 피조물들보다 뛰어난 존재이다.

다윗이 다스리던 시대에 주님을 노래하며 찬양하라는 교훈은 이스라엘 백성들에게 하나님의 권능이 임하도록 했을 뿐 아니라, 그분의 승리가 임하도록 했다. 오늘도 하나님께서는 자신의 백성들에게 그와 똑같은 승리를 주시고 싶어 하신다. 따라서 나를 포함하여 많은 사람들은, 노래란 예수님께서 자신의 교회에 주신 '하나님 나라를 여는 중요한 열쇠들' (마 16:19) 가운데 하나로 알고 있다. 열쇠가 자동차의 엔진에 불을 붙여서 시동을 걸거나 잠긴 문을 열고 들어갈 수 있게 해 주는 것과 마찬가지로, 노래는 찬양으로 우리 마음에 불을 붙여 주며, 하나님의 백성들 가운데 예수님의 생명과 능력이 임하시도록 환영하며, 또한 그러한 축복을 경험하게 해 주는 가능성을 열게 해 준다.

다윗 왕이 다스리던 시대에 이스라엘 가운데서 노래가 어떻게 우선순위를 차지했는지에 대한 예로 역대상 25장 1~8절을 살펴보기로 하자. 그중에 먼저 1절에 주목해 보기로 하자: "다윗이 군대 지휘관들과 더불어 아삽과 헤만과 여두둔의 자손 중에서 구별하여 섬기게 하되 수금과 비파와 제금을 잡아 신령한 노래를 하게 하였으니."

다윗은 이스라엘의 역사 안에서 예배 가운데서 노래를 사용하였으며, 그러한 경배의 노래를 영원토록 귀중하게 생각할 수 있는 새로운 여지를 만들었다. 다윗은 주요 임무 내용이 하나님을 노래로 찬양하는 것으로 되어 있는 여러 그룹들을 세웠고, 성령님께서는 그의 그러한 인원 배치를 축복해 주셨다. 다윗은 자신의 경험으로부터 예배의 마음으로 노래하는 곳에는 '기름부으심'이 임한다는 사실을 배웠다. 다윗은 이스라엘 백성들이 예배 중에 하나님께 자기들의 마음을 표현해 드릴 수 있는 방법들을 모색해 보았으며, 그들도 역시 노래로써 하나님께 예배하는 가운데 '기름부으심'을 경험하는 자리로 들어갔다.

성경은 성령님께서 그러한 음악인들과 노래하는 사람들에게 임해서 그들이 예언하게(한글 성경에는 "신령한 노래를 하게" - 옮긴이) 되었다는 사실을 이야기하고 있다. 어떤 경우에는 예배하는 가운데 자발적으로 그런 일이 일어난 것 같다(3절). 또 다른 경우에는 그들이 "왕의 명령을 따라" 예언하기도 했다(2절, 한글 성경에는 "신령한 노래를 하며" - 옮긴이). 한 가족 전체가 아버지의 지도에 따라서 하나님의 성전의 음악을 담당하기도 했다(6절). 음악인들과 노래하는 사람들은 모두 왕의 시시를 받아서 하나님을 찬양하는 일을 했다(7절). 이 이야기는 다윗이 본질적으로 예술적이거나 심미적인 이유로 음악을 제정한 것은 분명하게 아니라는 사실을 말해 주고 있는 것 같다. 다윗은 자신이 세우는 음악 제도를 음악적인 예언 사역으로 보았다. 다윗은 하나님의 백성들 가운데서 하나님이 임하시는 것을 간절히 보고 싶어 하는 마음을 가지고 있었으며, 또한 하나님께서는 친히 자신의 백성들을 찾아오셔서, 그들 가운데서 자신의 성령을 나타내 보여 주시며, 그들이 노래로 하나님을 예배하는 동안에 강력하게, 그리고 개인적으로 그들 가운데서 운행하기를 기뻐하신다는 사실을 인식하고 있었다.

다윗은 시편 기자와 예배자로뿐만 아니라 왕과 통치자로서 예배의 능력이 어떤 것인지를 잘 알고 있었다. 우리가 8장에서 살펴본 바와 같이 이스라엘이 다윗의 통치 아래서 예배에 헌신했던 것과 영토의 국경의 확장에는 직접적인 관계가 있었다.

초대 교회의 노래도 그와 비슷한 방향을 따르고 있는 모습을 볼 수 있다. 초대 교회에서도 교회의 급속한 성장이라는 직물에는 경배와 찬양의 노래가 씨실과 날실처럼 짜여 들어가 있다. 개인과 교회의 영적인 분별력과 성장은 경배의 심령으로 노래하는 것을 통하여 증가한다. 에베소서에서는 하나님의 지혜를(하나님의 뜻을 분별하기 위한) 받으며, 성령 충만을 받은 후에 지속적으로 균형을 유지하고, 계속적으로 성령 충만을 유지하기 위한 방법의 일부로 노래를 명하고 있다.

> "그런즉 너희가 어떻게 행할지를 자세히 주의하여 지혜 없는 자 같이 하지 말고 오직 지혜 있는 자 같이 하여 …오직 주의 뜻이 무엇인가 이해하라(하면서) 술 취하지 말라 이는 방탕한 것이니 오직 성령으로 충만함을 받으라(지속적으로 충만을 유지하라) 시와 찬송과 신령한 노래들로 서로 화답하며 너희의 마음으로 주께 노래하며 찬송하며"(엡 5:15, 17~19).

골로새서에서는 예배의 심령으로 부르는 노래가 그리스도인들이 하나님의 살아 있는 말씀에 대해서 마음을 열고 받아들이는 것과 직접 연결되어 있다. 그리스도인들은 삶 가운데서 그렇게 함으로써 영적인 유익을 얻게 된다: "그리스도의 말씀이 너희 속에 풍성히 거하여 모든 지혜로 피차 가르치며 권면하고 시와 찬송과 신령한 노래를 부르며 감사하는 마음으로 하나님을 찬양하라"(골 3:16).

나는 예배의 분위기가 아닌 곳에서 단지 기계적으로 하나님의 말씀을 암송하듯이 배우는 것과, 성경의 가르침을 예배하는 심령으로 완전하게 받아들이는 것의 차이가 그리스도인들이 하나님의 말씀이라는 빵과 고기와 우유를 '소화시키고 흡수해서' 그리스도 안에서 성장과 건강을 얻는 방식에 영향을 미치는 것은 아닌가 하는 생각이 드는 경우가 종종 있다. 즉 인간의 몸의 식도에서 나오는 위산이 음식을 에너지로 바꾸는 것과 마찬가지로, 교회를 세워 나가는 일에는 노래와 찬양과 예배가 건강하게 섞여 있는 것이 반드시 필요하다. 그러한 교회의 교인들은 단지 율법적이고 문자적으로 말씀의 '전문가'가 되는 것이 아니라, 하나님의 말씀 앞에 굴복하고 경배와 찬양의 노래를 부르는 사람들이 될 것이다. 그러한 사람들이 부르는 노래는 하나님의 말씀에 있는 영적인 내용을 '잘게 부수고 녹여서' 가슴과 지성과 영혼과 생명으로 흘러들어가도록 해 줄 것이다.

이러한 것이 바로 하나님의 임재하심의 처소와, 또한 그분이 생명과 능력으로 다스리심이 예배의 심령으로 충만한 노래 안에서 실현되고 나타나는 방법인 것 같다.

먼저 찬양의 내용을 이해하고 노래해야 한다

우리가 부르는 노래가 그저 교회에서 배운 대로 습관적으로 부르는 것이어서는 안 된다. 이것은 중요한 문제이다. 시편 47편 6~7절은 이 점을 아주 분명하게 밝히고 있다: "찬송하라 하나님을 찬송하라 찬송하라 우리 왕을 찬송하라 하나님은 온 땅의 왕이심이라 지혜의(with understanding) 시로 찬송할지어다." 이것은 시편의 저자가 하나님으로부터 지시를 받아서 우리에게 주는 명령이다. 따라서 우리가 그 말씀에 순종한다면 하나님께서 정해 놓으신 결과가 나오게 될 것이다. 그것이 바로 내가 교인들에게 노래의 능력에 관계된 원리들을 가르침으로써 (1) 노래란 단지 '교회에 오면 당연히 하는 일이다' 라거나, (2) 노래는 예배에 참여하면서 해도 되고 안 해도 되는 선택의 문제라고 하는 모든 개념을 무너뜨리는 것으로 목표를 정하고 있는 이유이다. 우리의 개인적인 생활에서뿐 아니라 예배 가운데서 경배의 노래가 차지하는 위치에 관한 진리를 가르치면 그리스도인들의 마음에 감동이 일어나서 노래하게 된다. "지혜의 시로 찬송", 즉 '찬양의 노래의 의미와 이유를 알고 찬양하게' 되는 것이다.

시편 가운데 최소한 41편은 우리에게 하나님을 찬양하는 노래를 부르라고 말하고 있으며, 또한 어떤 시편들에서는 그러한 명령이 세 번이나 네 번까지도 나오고 있다. 노래를 부르라는 것은 하나님의 명령이다. 따라서 어떤 사람이 노래를 부르고 싶은 마음이 들든지, 혹은 그 사람이 노래하는 것을 좋아하든지와는 전혀 상관이 없는 일이다. 많은 그리스도인들은 자기의 노래 솜씨가 그렇게 좋지 못하거나 완전히 음치일지도 모른다고 두려워하기 때문에 교회에서 찬양할 때는 입을 다물고 있기도 한다. 그러나 나는 "하나님께서는 장기자랑 대회를 여시는 분이 아니십니다. 또한 하나님께서는, 여러분에게 명예를 추구하여 '미국의 우상' 의 자리에 우뚝 올라서도록 훈련시키시는 것도 아닙니다" 는 말로 교인들에게 그러한 두려움을 극복하라고 촉구한다. 하나님께서는 우리도 모르는 사이에 우리의 수줍은 마음에 자리 잡고 있을지도 모르는 교만이라는 우상을 무너뜨리시기를 원하신다. 성경에 나오는 모든 증거에 의하면, 하나님께서는 자신의 모든 자녀들 한 사람 한 사람의 입술로부터 경배의 노래가 충만하게 넘쳐 흘러나오기를 원하신다. 또한 하나님께서는 우리의 목소리가 어떻든지와는 상관없이 우리가 담대하게 노래하는 것을 들으시기를 원하신다. 우리의 목소리가 적절하지 않은 것 같다는 생각은 세상의 가치 기준에 따라서 형성된 것이며, 그러한 생각 때문에 우리보다 음악적인 은사와 재능이 더 많은 사람들과 우리 자신을 비교하게 되는 것이기도 하지만, 주님께서 만드신 모든 것에는 저마다의 독특한 아름다움이 있다. 하나님께 의미가 없는 소리란 하나도 없다(고전 14:10).

자신의 목소리에 대해서 전혀 부끄러워하지 않고 경배의 찬양을 부르는 사람들은 주님의 영광이 자기들의 목소리를 통해서 터져 나오기 시작하는 것을 보게 될 것이다. 만일 여러분이 이렇게 목소리 때문에 제한을 받고 있다면 성령님께 여러분을 경배의 심령으로 가득한 찬양의 노래를 부르는 사람으로 기름부어 주시기를 구하기 바란다(여러분이 독창자로 임명된 적은 한 번도 없는 사람일지라도 말이다).

경배와 찬양의 노래의 능력을 삶 가운데 적용하기

지금까지는 성경에서 '노래'에 관하여 말하고 있는 본문들을 살펴보았으므로, 이제는 여러분이 개인적으로, 그리고 실제적인 방법으로 경배와 찬양의 노래의 권능이 나타나게 하는 방법에 대해서 마음을 열어 보라고 권고하려고 한다. 나는 이사야 54장 1~5절을 이해하게 되면서 경배와 찬양의 노래의 능력이 열리는 경험을 했다.

이 본문에 나오는 진리는, 직접 내가 마음에 감동을 받아서 우리 교회의 예배당에서 큰 소리로 노래하며 찬양의 심정을 외쳐 표현해야만 했던 일을 경험한 후에 나에게 아주 깊은 확신으로 다가왔다. 나는 그때 강한 중보기도의 영의 감동을 받고 있었다. 그것은 인간의 손이 미칠 수 없는 상황까지 깊이 뚫고 들어가서 '우리 스스로는 이해하지 못해도 영으로(즉 방언으로), 또한 내용을 지식적으로 분명하게 이해하는 노래로' 올려 드리는 가운데 중보기도가 일어나게 하는 방법이기도 했다. 나는 그렇게 하는 것이 내가 마땅히 해야 할 일이라고는 알고 있었지만, 이 문제에 대해서 돌파구와도 같은 원리, 즉 경배와 찬양의 노래에는 모든 압박과 열매 없는(아이를 낳지 못하는) 삶을 극복할 수 있는 능력이 있다는 사실을 발견하게 된 것은 그 후로도 몇 년 뒤의 일이었다. 이제 함께 그 본문을 읽어 보기로 하자.

> 잉태하지 못하며 출산하지 못한 너는 노래할지어다
> 산고를 겪지 못한 너는 외쳐 노래할지어다
> 이는 홀로 된 여인의 자식이
> 남편 있는 자의 자식보다 많음이라
> 여호와께서 말씀하셨느니라(사 54:1)

성경에 나오는 위의 본문은 아이를 낳지 못하는 여인에 대해서 하나님께서 주시는 명령의 말씀이다. 여기서는 아이를 낳지 못하는 문제를 대처하는 직접적인 방법으로서 노래하라는 명령이 나오고 있다. 먼저 본문을 이사야 당시의 문화적인 각도에서 살펴보고 나서, 그 다음에는 우리 각 사람들에게 나타나는 대로 다른 방법으로 살펴보기로 하겠다. 그러면 우리가 목소리를 높여서 경배의 심령으로 가득한 노래를 부르는 것 이면에 있는 원리를 이해할 때 우리 자신의 상황들 가운데 능력이 어떻게 임하게 되는지를 알게 될 것이다.

먼저 고대 이스라엘의 문화 가운데서는 아이를 낳지 못하는 여인들이 아무런 쓸모도 없는 사람으로 여겨졌다는 사실을 이해하는 것이 중요하다. 물론 그렇게 하는 것은 끔찍할 정도로 무정한 평가였다! 물론 이러한 평가는 하나님이 보시기에 그랬다는 것은 아니고, 사회적인 견해였다. 더 나아가 결혼을 했지만 임신을 할 수 없는 여인은 남편으로부터 이혼을 당할 수도 있었다. 아무리 최소한으로 생각한다 해도, 그러한 여인은 자신이 철저하게 아무 쓸모도 없고 버림받은 사람이라는 느낌을 받을 수밖에 없었을 것이다. 그 여인의 상황에는 아무런 희망도 없었다. 그러한 여인이 겪는 상황은 상상할 수 있는 한 가장 사악한 극단주의가 나타난 경우들 가운데 하나였다.

이렇게 아무리 노력해도 소용이 없고 희망도 없는 상황 속에서 하나님께서 말씀하신다. 그러나 하나님께서 하시는 말씀은 좀 특이해 보인다. 하나님께서는 사람들로부터 모욕과 거절을 받는 여인에게 "노래를 시작하라!"고 말씀하신다. 그러고는 약속을 주신다. 하나님께서는 그 여인에게 아이를 낳지 못하는 것이 그녀를 방해하지 못할 것이며, 곧 그 여인이 아이를 가지게 될 것이라고 말씀하신다. 사실 더 나아가 하나님께서는 "홀로 된 여인의 자식이 남편 있는 자의 자식보다 많"을 것이라고 말씀하신다.

일단 그 여인이 말씀대로 노래하면서 하나님의 약속을 붙들게 되자 이제는 장막 터를 넓힘으로써 준비하라는 권고를 받는다: "네 장막터를 넓히며 네 처소의 휘장을 아끼지 말고 널리 펴되 너의 줄을 길게 하며 너의 말뚝을 견고히 할지어다"(2절).

하나님께서 곧 한 아이가 태어날 것이라고 말씀하시고 계신다는 것은 분명하다. 사실 '네가 좌우로 퍼질 것' 이기 때문에(3절) 한 아이가 아니라 여러 명의 아이가 태어날 것이라는 사실도 분명하다. 그리고 그것도 부족하신지, 하나님께서는 그러한 자손들로부터 나오게 될 또 다른 많은 자손들에 대해서도 말씀하신다.

아이를 낳지 못하는 문제가 특별히 고통스러운 일이기는 하지만, 본문의 의미는 단지 말 그대로 아이를 낳지 못하는 여인에게만 해당되는 것은 아니다. 때때로 모든 사람들의 삶에는 아이를 낳지 못하는 것 같은 상황이 찾아오기도 한다. 아무런 생명도 생겨나지 않고, 이미 기존에 있던 생명조차도 유산하게 될 것 같은 상황이 오기도 한다. 아마 여러분에게는 구원받았으면 하는 사람들이 있을 것이다. 그러나 지금 그 사람들은 어떤 중독에 깊이 빠져 있거나 너무나 큰 낙심에 빠져 있어서, 그들이 마침내 구원을 받게 될 것인지에 대해서는 당신에게 의심이 생길 수도 있다. 혹은 여러분이 간절히 이루어지기를 바라는 꿈과 열망을 가지고 있지만, 그러한 일들이 한 번도 일어나지 않는 이유가 무엇인지에 대해서 의아해하고 있는 상황일 수도 있다. 이렇게 열매가 없거나 아이를 낳지 못하는 상황은 우리 모두 앞에 놓여 있어서 여러 가지 다른 방식들로 우리를 괴롭히는 어떤 것을 의미한다.

그러나 하나님께서 아이를 낳지 못하는 여인에게 성경을 통해서 주시는 말씀을 기억하기 바란다. 아이를 낳지 못하는 문제는 약속을 통해서 해결될 것이며, 그러한 일이 실제로 일어나게 하는 것이 바로 노래이다. 다시 말하면, **새로운 생명**을 일으키는 역사는 노래를 통해서 임한다.

이제 그러한 일은 정말로 특별한 일인 것처럼 보인다. 우리는 노래한다는 것을 그저 우리가 하는 어떤 일이라고 생각한다. 그러나 하나님께서는 그 이상이라고 말씀하신다. 하나님께서는 노래에는 **능력이 있다**고 말씀하신다.

이사야 54장 외에 경배의 심령으로 드리는 경배와 찬양의 노래의 능력과 기능에 대해서 보여 주는 성경 구절들은 아주 많다. 그중에서 다음과 같은 세 곳의 본문을 살펴보기로 하겠다.

1. 하나님과 욥의 대화 중에는 하나님께서 우리가 사는 세상을 창조하실 때 주위에는 노래가 흐르고 있었다는 사실이 나오고 있다. 이것이 바로 **노래는 하나님의 창조적인 능력과 관계되어 있다**는 원리이다.
2. 역대하 20장에 나오는 여호사밧의 이야기에서 군대는 앞서 가는 성가대를 따라 전쟁하러 나간다. 이것이 바로 **전쟁에서 승리하게 하는 경배이 찬양**이라는 원리이다.
3. 바울과 실라가 빌립보의 감옥에서 극적으로 구원받는 장면이 나온다(행 16장). 이 사건은 **노래는 결박으로부터 해방되는 역사를 일으킨다**는 원리를 말해 준다.

이제 위의 본문들을 하나씩 살펴보면서, 그러한 본문들이 경배의 심령으로 올려 드리는 찬양의 능력에 대해서 우리에게 가르쳐 주고 있는 교훈들에 대하여 자세하게 살펴보기로 하자.

1. 하나님께서 창조의 능력을 행사하실 때마다 찬양이 동반된다

하나님께서는 회오리바람 가운데서 욥에게 자신을 선포하셨다. 우리가 노래에 기능적인 능력이 있다는 사실을 처음으로 알게 되는 것도 바로 하나님께서 이 회오리바람 가운데서 그렇게 욥을 만나 주시는 사건을 통해서이다. 그 본문은 하나님께서 우리가 살고 있는 세상을 만드실 때 천군 천사들이 하나님의 능력의 경이로움과 위엄을 인정하면서 찬양의 합창을 크게 부르기 시작했다고 말하면서, 하나님의 창조 사역에는 노래가 있었음을 말해 주고 있다.

욥이 하나님과 대화를 나누는 장면을 다시 살펴보면, 그는 무례하게도 만유의 창조주께서 하시는 일들에 대해서 자기의 마음이 그리 기쁘지 않다고 말씀드리고 있다는 사실을 발견한다. 그에 대해서 하나님께서는 "좋다. 그러면 내가 너에게 몇 가지 질문을 하겠다. 네가 그러한 질문에 대해서 대답할 수 있다면 네가 나에게 하는 불평에 대해서 즉시 대답하도록 하겠다"는 취지로 말씀하신다. 기독교 초창기의 성도(욥)가 한 말이 얼마나 꾸밈없고 종교적이지 않고 직접적인 표현이었는지를 읽어 보면 유머스럽기까지 하다. 또한 은혜롭지만 욥의 말을 하나씩 반박하시는 하나님의 대답을 읽어 보면 정말 깜짝 놀랄 정도로 안도감이 생기기도 한다. 하나님께서는 욥에게 다음과 같이 질문하신다.

> 내가 땅의 기초를 놓을 때에 네가 어디 있었느냐
> 네가 깨달아 알았거든 말할지니라
> 누가 그것의 도량법을 정하였는지,
> 누가 그 줄을 그것의 위에 띄웠는지 네가 아느냐

그것의 주추는 무엇 위에 세웠으며
그 모퉁잇돌을 누가 놓았느냐(욥 38:4-6)

하나님께서는 욥에게 창조의 과정에 대해서 물으시는 도전적인 질문을 하시는 중에 이렇게 말씀하신다: "그 모퉁잇돌을 누가 놓았느냐 그 때에 새벽 별들이 기뻐 노래하며 하나님의 아들들이 다 기뻐 소리를 질렀느니라"(즉, "기쁘게 소리쳤었느니라").

잠시 멈추고 깊이 생각해 보면 하나님께서 욥에게 세상을 창조하실 때의 일에 관한 것이 하나님의 질문의 주요 요지라는 사실을 알 수 있다. 즉 세상이 창조될 때 욥은 어디에 있었는가? 세상의 크기를 누가 정하였는가? 세상의 모퉁이 돌은 누가 놓았는가? 등이다. 그러나 아마도 우리가 지금 집중적으로 분석해 보려고 하는 가장 중요한 문제에 대해서는 하나님께서 이러한 질문을 하는 과정 가운데서 살짝 지나쳐 가고 있는 것처럼 보인다. 하나님께서는 지구를 창조하시던 자신의 행위를 천사들의 합창단이 찬양을 터지듯이 부르는 것에 연결시키시고 있다. 간단히 말한다면, 우리는 넓은 의미에서 "하나님께서는 자신의 창조 행위의 반주로 음악을 사용하신다"고 말할 수 있다.

이러한 사실에 대해서 절반 정도 익살스러운 말로 표현해 보기로 하겠다. 오늘날 우리는 우리 주변에 음악이 아주 많이 있다는 사실을 알고 있다. 우리는 운동을 할 때도 음악을 듣고, 저녁 식사를 하면서도 음악을 들으며, 나의 경우에는 자동차의 크랭크 케이스가 깨질 때에도 음악을 듣고 있었다. 그러므로 내가 하나님께서 음악을 들으시며 우주를 창조하셨다고 상상한다는 것에 대해서 독특한 생각이라고 여기지 말기 바란다. 나는 그럴 가능성이 분명히 있다고 생각한다. 그래서 나는 시간이 없는 영원 속에서 그와 비슷한 장면이 연출되었다고 상상해 본다. 하나님께서 앉으셨던 보좌에서 일어나셔서 천군 천사들을 향해서 이렇게 말씀하신다: "얘들아, 나는 오늘 세상을 창조하는 일을 할 것이다. 나를 위해서 약간의 배경 음악을 준비하여라!" 물론 구체적으로 이런 상황이 있었다고 보기는 약간 어렵지만, 그래도 다음과 같은 사실은 분명하다. 욥기의 내용은 하나님께서 세상을 창조하시기 시작하셨을 때, 그와 동시에 천군 천사들의 경배와 찬양의 노래가 울려 퍼지기 시작했다는 것이다. 그 노래는 천사들이 경이로움 가운데서, 하나님의 능력의 놀라움과 위엄을 인정하여 부르는 노래였다는 사실에 대해서는 의심의 여지가 없다.

노래와 창조성 사이에는 피할 수 없는 관계가 있다. 하나님께서 기도의 골방에서 다른 사람들을 위하여 중보하는 기도의 용사들로부터 감돌아 올라오는 경배의 노래를 받으시고 자신의 '새 창조'의 기적을 일으키시는 경우가 얼마나 많은지에 대해서는 누구라도 놀라움을 금할 수가 없다! 사랑하는 여러분들이여, 이것이 너무 심한 말이라고 생각하지는 말기 바란다. 여러분이 상상하기도 어려운 일들을 구하며 하나님께 부르짖을 때에는—즉, 하나님의 창조적인 역사가 필요한 문제들에 대해서 기도할 때—경배의 심령으로 노래하기 바란다.

우연하게도 이러한 생각은 나만의 상상이 아니다. 여러분들 가운데 C. S. 루이스의「나니아 연대기」에 익숙한 사람들은 잘 알고 있을 것이다. 지성적으로도 천재이고 진지한 성경학자이기도 한 사람이 어린이들을 위해서 쓴 그 걸작품에서 루이스는 위대한 사자인 아슬란(그 작품에서 아슬란은 분명히 예수 그리스도를 상징한다)이 노래를 함으로써 나니아 랜드를 창조하는 것으로 묘사하고 있다. 나는 루이스가 그런 착상을 얻게 된 것은 거의 의심할 여지없이 그가 욥기에 나오는 위의 본문을 읽었기 때문이라고 생각한다.

성경에서 그러한 개념이 시가서에만 나오는 것은 아니다. 나는 요한계시록의 핵심도 그렇다고 생각한다. 요한계시록에서도 승리와 해방과 창조, 그리고 거기에 나오는 다른 행위들은 노래와 나란히 진행되고 있다. 여러분과 내가 일상적으로 겪게 마련인 모든 것이 정지된 듯한 답답한 상황에서 경배의 심령으로 부르는 노래에 생명을 창조하는 능력이 있다는 사실은 여러 가지의 온갖 의미를 지니고 있다.

경배의 심령으로 부르는 노래에는
아이를 낳지 못하는 문제를 해결하는 능력이 있다

나는 특별히 한 가지 일을 기억하고 있다. 내가 이사야 54장 1~5절에 대해서 설교한 직후에 하나님께서는 특별한 상황이 일어나게 하심으로써 그 본문의 진리가 나에게 살아 있는 것처럼 다가오도록 하셨다. 나는 그 주일에 있었던 네 번의 예배 가운데 어떤 예배 시간에 성령님으로부터 그 시간에 예배에 참석하고 있던 어떤 부부에 대해서 믿음으로 예언의 말씀을 선포하라는 깊은 감동을 받았다. 그 부부는 오랫동안 잉태하지 못하고 있던 부부였다. 나는 그들에게 이름을 밝히라고는 요청하지 않고, 그냥 "나는 오늘 주일에 말씀을 여러 번이나 전하면서도 성령님으로부터 이 본문 말씀을 육체적으로 임신을 하지 못하는 문제에 적용시키라는 감동을 받은 적이 없습니다만, 지금은 주님께서 저의 영에 예언의 말씀을 강력하게 불어넣어 주시고 계십니다. 여러분이 저의 설교를 들은 것처럼 오늘 설교의 초점은 우리의 인생 가운데서 생산적이지 못하여 열매가 없는 영역이나, 어떤 장애물이 우리가 가야 할 길을 가로

막고 있는 부분에로 맞추어 왔습니다. 그러나 이번 시간에는 좀 더 직접적인 성령님의 부르심이 있는 것을 느끼고 있습니다. 오늘 이 자리에는 본문에 나오는 여인처럼 용기를 내서 본문의 말씀을 믿고 노래를 불러야 할 사람들이 있습니다. 주님께서는 지금 여러분을 부르십니다. '잉태하지 못하며 출산하지 못한 너는 노래할지어다 산고를 겪지 못한 너는 외쳐 노래할지어다.' 그러면 아이를 낳게 될 것입니다."

성령님께서 주신 그 말씀은 경이로울 정도로 놀랍게 확인되었다. 그 후 2년 만에 우리 교회는 결혼 후 7년 동안이나 아이를 가지지 못했던 한 가정과, 그보다 길게 10년 동안 아이를 가지지 못했던 다른 가정의 두 부부가 낳은 아이들을 헌아(獻兒, 특정 교단에서 유아세례 대신 부모의 믿음으로 아이를 하나님께 올려 드리는 예식—옮긴이)하는 축복을 누렸다! 두 가정 모두 나에게 자기들이 그 주일의 그 예배 시간에 참석했었으며, 성령님께서 그들에게 주신 약속의 말씀의 증거를 받아들이고 순종하여 정기적으로 함께 예배드리기 시작했으며, 자신들의 가정을 하나님을 경배하는 노래로 가득 채웠다고 했다.

하나님께서는 이 본문에서 이사야 선지자를 통하여 아이를 낳지 못하는 여인처럼 하나님의 생명과 능력이 들어오는 경험하지 못한 문제 상황을 어떻게 타개해 나가야 할 것인지를 우리에게 가르쳐 주시고 있다. 즉 우리는 그러한 상황에서도 하나님을 경배하는 노래를 불러야 한다. 그렇게 하는 방법들 중에 한 가지는 기도로 하나님 앞으로 나와서 우리 가정의 식구들과 친구들, 그리고 그때까지 아무런 열매도 없던 상황들을 구체적으로 열거하면서 "주님, 존을 주님께 데려옵니다" 혹은 "샐리를 주님께 맡겨 드립니다" 혹은 "주님, 이번 일은 너무나 엉망입니다" 하고 말씀드리는 것이다. 그러고는 그러한 문제들을 주님 앞에 기도로 올려 드린 후에 경배의 심령으로 노래를 부르는 것이다. 가사의 내용을 온전히 이해하면서 부르는 노래도 좋고, 성령님 안에서 부르는 방언 찬양도 좋다. 우리가 이렇게 하는 것이야말로 아이를 낳지 못하는 것 같이 열매 없는 삶의 부분의 문제를 해결하는 방법으로 경배의 심령으로 드리는 노래에 나타나는 능력을 우리에게 주셨다는 진리의 말씀을 인정하는 것이 된다.

경배의 심령으로 부르는 노래는 인생을 회복시키며, 우리의 인생 가운데 하나님의 능력이 나타나게 한다

지금 우리는 경배의 노래에 나타나는 능력에 대해서 이야기하고 있는데, 내가 여기서 노래를 부르는 것이 기적을 일으키는 마술이라고 말하는 것은 아니라는 사실을 분명히 알기 바란다. 절대주권적인 하나님은 홀로 능력을 행사하시는 분이시며, 또한 전적으로 홀로 우리 가운데서 운행하실지의 여부를 결정하시는 분이시다. 그러나 하나님께서는 사랑으로 예수님을 영화롭게 하시며 높이시는 것을 기뻐하시는 성령님의 능력 안에서 우리와 관계를 가지시기로 선택하셨다는 것도 분명한 사실이다. 그러므로 우리가 노래 가운데서 높임을 받으신 하나님과 그분의 아들이신 예수님께 올려 드리는 찬양이, 하나님께서 자신이 소원하시는 목적이 세상과 우리 가운데서 이루어지는 것을 목도하게 되는 일에 우리가 하나님과 동반자적인 역할을 하는 일이라고 믿는 것에는 이유가 있는 것이다.

따라서 경배의 노래에 따르는 능력을 적용하는 문제에 있어서 우리가 노래를 하지만 그에 상응하여 아무런 일도 일어나지 않는 경우들도 있다. 예를 들면, 아이를 낳지 못하는 상황이 계속될 수 있다. 그러나 그것은 이러한 원리가 잘 적용되지 않고 있기 때문이 아니라, 우리의 영혼이 다른 문제에 있어서 하나님께 온전하게 반응하지 못하기 때문일 수가 있다. 또한 하나님께서 우리 안에서 어떤 성품이 생겨나도록 하시기 위해서 응답을 연기하시는 경우도 있다. 그동안 우리 교회에서 일어났던 또 다른 이야기가 내가 하고 싶은 말을 잘 설명해 줄 것이다.

내가 언급했던 예언의 말씀을 한 후 한 3년이 지난 후에 어떤 젊은 여성 한 분이 남편의 요청을 받고 나를 찾아왔다. 그 여성이 나에게 불친절하거나 무례하지는 않았지만, 뭔가 불안해 보였다. 나는 그녀의 마음이 원한에 가득한 분노로 가득 차 있다는 사실을 감지했다. 다른 부부들처럼 그 여인과 남편은 오랫동안 아이를 갖지 못하고 있었다. 그 여성은 내가 그 주제에 대해서 했던 시리즈 설교를 여러 번이나 들었고, 그래서 남편과 함께 자기들의 문제를 놓고 경배와 찬양의 노래를 불렀다. 하지만 아무 일도 일어나지 않았던 것이다. 나를 만난 자리에서 자기의 분노와 슬픔을 숨기려고 애쓰고 있었지만 그녀의 마음으로부터 정말로 어려운 질문이 나오고 있었다: "왜 나는 아이를 가질 수 없습니까?"

나는 그녀에게 뭐라고 대답해야 할지 몰랐다. 나는 다음과 같이 말하는 것이 세상에서 가장 나쁘게 책임을 회피하는 것처럼 들릴 수도 있다는 사실은 알고 있었지만, 아마도 주님께서 그들에게 아이를 입양하기를 원하시는데, 거기에도 하나님의 구속적인 뜻이 있을 수도 있을 것이라고 말했다. 그녀는 나에게 그럴 수도 있을 것이라는 사실을 인정하면서도, 눈물을 흘리면서 자신의 아이를 가지고 싶은 간절한 마음을 표현했다. 나도 그녀의 상황에 대해서 마음이 아팠다.

그 뒤로 최소한 2년은 지났을 것이다. 우리는 그녀가 낳은 아이에 대해서 헌아식을 하는 기쁨을 누렸다. 비록 그 여인은 그렇게 많은 말은 하지 않았지만, 나는 그녀가 하나님께서 그녀의 마음속에 있던 원망을 제거하실 필요가 있으셨기 때문에 그녀의 기도에 대한 응답을 연기하셨다는 사실을 알게 되었으리라고 생각한다.

하나님께서 그동안 그녀를 사랑하시지 않으셨던 것은 아니다. 하나님께서 새로운 생명과 축복을 구하면서 올려 드리는 노래에 응답해 주시는 것은, 마치 하늘에 사는 산타클로스가 막대 사탕을 주면서 "옛다! 너에게 줄 작은 선물이 여기 있다!" 하고 말씀하시고 싶으셔서가 아니다. 하나님께서는 우리를 하나님의 목적이 이루어지는 곳으로 데려가고 계신다. 때때로 하나님께서 우리에게 주시는 가장 큰 은혜와 자비는 우리가 바라던 하나님의 축복이 나타나기 전에 먼저 우리의 성품이 변하고 개발되는 것이다. 물론 우리의 예수님을 닮은 성품이 성장한 것에 대한 보답으로 우리가 무엇인가를 얻게 된다는 것도 아니다. 성품의 성장은 우리에게 독소적인 역할을 하던 문제가 해결된다는 것을 의미할 뿐이다.

이사야서의 본문은 또한 우리의 마음의 태도가 하나님의 응답에 어떤 영향을 미치는지에 대해서 또 하나의 위대한 진리를 가르쳐 주고 있다.

> 두려워하지 말라 네가 수치를 당하지 아니하리라
> 놀라지 말라 네가 부끄러움을 보지 아니하리라
> 네가 네 젊었을 때의 수치를 잊겠고
> 과부 때의 치욕을 다시 기억함이 없으리니 (사 54:4)

위의 구절은 "두려워하지 말라"는 말로 시작한다. 누군가가 지금 하나님께서 자기의 장막 터가 넓어질 것에 대해서 놀라운 약속을 하시고 계시는데도 그 약속을 들으면서 두려워한다면 이유가 무엇이겠는가? 그것은 우리 모든 사람들이 다 우리의 과거 때문에 그러한 놀라운 약속이 우리의 인생 가운데서 성취될 수 있으리라고는 기대하지 말라는 비난의 말에 넘어가기가 쉽기 때문이다. 그런 말을 들으면 수치감에 싸여서 두려움에 빠질 수가 있다. 여러분은 누군가가—아니 당신 자신이—새로운 생명이 흘러갈 필요가 있는 상황에서 경배의 찬양을 부르기 시작하자마자 두려움의 목소리가 가만히 들어오는 모습을 상상해 볼 수 있겠는가?: '내가 그냥 변죽이나 울리는 것이면 어떻게 하지? 내 노래가 어둠 속에서 들리는 휘파람 소리에 불과할 수도 있지 않겠는가? 만일 내가 부르는 노래가 밤의 노래일 뿐이며 결코 먼동이 트는 경우가 없을 것이라면 어떻게 되는 것일까? 너무 늦었어. 그런 축복의 기회는 이미 지나갔어!'

하나님께서는 실제로 다음과 같은 의미로 말씀하신다: "두려워하지 말라. 이러한 어려움을 당하는 사람은 너 혼자뿐이라거나, 네가 지금 무엇엔가 속아 넘어가서 실제로는 나의 약속이 아닌 어떤 것을 바라고 있는 것이라고 말하는 거짓말에 굴복하지 말라." 하나님께서는 아이를 낳지 못하는 여인에게 하셨던 것처럼 여러분과 나를 격려해 주시고 계신다: "너희는 수치를 당하지 않게 될 것이다. 너는 젊었을 때의 수치를 잊어버리게 될 것이다. 경배와 찬양의 노래를 시작하라. 네가 과거에 당했던 수치는 내가 하려는 일에 조금도 방해가 되지 않을 것이기 때문이다."

하나님께서는 우리가 잃어버린 시간을 보상해 주실 수 있으시다. 하나님께서 선지자 요엘을 통해서 해 주시는 말씀을 기억하기 바란다: "내가 전에 너희에게 보낸 큰 군대 곧 메뚜기와 느치와 황충과 팥중이가 먹은 햇수대로 너희에게 갚아 주리니"(욜 2:25).

만일 우리가 경배와 찬양 가운데서 하나님의 능력을 구하면, 우리는 절대로 버림을 받지 않을 것이며, 수치를 당하지 않게 될 것이다. 우리의 과거도 우리의 인생 가운데서 열매 없는 부분을 회복시켜 주시려는 하나님의 계획이 이루어지는 데 방해가 되지 않을 것이다. 하나님께서는 잃어버린 여러 해의 기간, 외롭게 지내던 기간을 회복시켜 주실 것이다.

이사야 본문에서의 절정은 이사야 54장 5절에 나온다. 거기서 하나님께서는 자신에 대해서 다음과 같이 말씀하신다: "이는 너를 지으신 이가 네 남편이시라 그의 이름은 만군의 여호와이시며 네 구속자는 이스라엘의 거룩한 이시라 그는 온 땅의 하나님이라 일컬음을 받으실 것이라."

하나님께서는 우리를 지으신 분으로서 우리의 인생에 필요한 것이라면 무엇이든지 만들어 내실 수 있으시다. 또한 하나님께서는 우리를 구속하신 분으로서 우리가 잃어버린 것은 어떤 것이라도 모두 회복시키시며, 다시 찾아 거두어들이실 수 있으시다. 하나님께서는 온 세상의 하나님으로서, 그분이 다스리실 수 없으시거나 다시 돌려놓지 못하실 것이 없으시다.

우리가 경배의 심령으로 드리는 노래를 높여 드림에 따라 하나님께서는 우리에 대한 자신의 관심과 능력을 행사하신다. 하나님께서는 우리의 개인적인 삶이나, 일터나 가정이나, 실제로 여성들의 태에서도 우리가 하나님의 전능하심을 노래할 때 개인적으로 열매가 없는 부분에 대해서 친히 자신의 능력을 행사하신다. 하나님은 우리의 창조주이시고, 회복자이시며, 통치자이시고, 구세주이시다. 바로 그러한 분께서 말씀하신다: "노래할지어다!"

2. 노래는 전쟁을 승리로 이끈다

역대하 20장에는 노래의 능력을 통해서 전쟁에서 결정적인 승리를 얻게 된 이야기로서 가장 잘 알려진 이야기가 나온다. 이스라엘이 믿음으로 유다 지파의 성가대를 군대보다 전면에 세워서 전쟁터로 내보내는 이야기는 우리에게 예배와 전쟁의 조화에 대해서 아주 중요한 교훈을 주고 있다. 그 이야기는 한 나라의 민족적인 운명이 위협을 받아서, 엄청난 전쟁을 앞두고, 잘못되면 온 민족이 멸망하게 될 수도 있는 긴박한 상황에 있는 백성들에 관한 이야기이다. 그들은 사느냐 죽느냐를 판가름할 전쟁에서 예배를 통해서 승리하게 되었다.

유다의 왕인 여호사밧은 자기 주변의 여러 민족들이 모여서 대규모의 공격을 준비하고 있다는 전갈을 받고 두려움에 빠지게 되었다. 여러분이 그러한 상황에 있다고 상상해 보기 바란다. 원수가 사람들의 삶의 정황 가운데서 공격해 들어오면서 "이제 시간이 되면 너의 모든 것이 다 끝나게 될 것이다!"라고 말하고 있다. 그러한 일은 전 세계의 모든 곳에 있는 그리스도인들에게 다 일어난다. 어떤 사람의 건강에 대해서 가망이 없다는 진단이 나오거나, 가정의 경제 문제에 대해서 부정적인 징후가 보인다. 결혼 생활에 문제가 있다가 최후의 통첩을 받기도 한다. 만일 여러분이 그러한 상황에 있다면 여호사밧이 자기에게 던져진 '최후의 통첩'을 대처해 나가는 모습을 살펴보는 것이 지혜로운 일일 것이다. 여호사밧의 반응은 인생에서 어렵고 힘들 때 어떻게 경배의 심령으로 노래를 부르면서 나아가야 하는지에 대한 좋은 모델이 된다. 어렵고 극단적인 상황에 대해서 우리가 어떻게 반응하는가 하는 것이 — 믿음으로 반응할 것인지, 두려움으로 반응할 것인지 — 그 결과를 결정한다.

여호사밧이 갑자기 찾아온 위기에 대해서 두려움으로 반응했다고 해서 믿음의 사람으로 불릴 자격이 없다거나, 이 전쟁에서 승리할 가능성이 사라지게 되는 것은 아니었다. 간단히 말해서, 그저 두려움을 부인하면서 두렵지 않은 척한다고 해서 '영적인 사람'이 되는 것은 아니다. 그러한 차이가 나게 하는 것은 두려움이 몰려올 때 우리가—그 어느 누구라도—무엇을 하는가 하는 것에 달려 있다. 여호사밧의 행동 과정을 살펴보기로 하자. 여호사밧의 두려움에 대해서 첫 번째 방어진과 대답은 금식하면서 하나님을 구하는 것이었다(3절). 많은 지혜로운 그리스도인들처럼 여호사밧은 말할 것도 없이 금식이 하나님과 흥정을 하거나 하나님의 관심을 '얻게'(earn) 하는 것은 아니라는 사실을 알고 있었다. 금식은 영적 전쟁의 도구이다. 금식으로 인해서 마귀와 사단의 권세가 약해지고, 결국에는 무너지게 된다(단 9~10장). 여호사밧 왕은 유다 전역에 금식을 선포함으로써 그 전쟁이 본질적으로는 영적인 전쟁이라는 사실을 인정하고 있다. 전열을 정비하고 쳐들어오는 이 세력은 다른 신을 경배하는 사람들로서 하나님께 예배하는 일을 무너뜨리고, 이스라엘의 존귀하신 하나님의 분명한 가치를 떨어뜨리려고 하는 세력이었다.

바울의 표현에 따르면 "우리의 씨름(전쟁)은 혈과 육을 상대하는 것이 아니요 … (우리를 대적하는 마귀의 세력) … 을 상대함"이다(엡 6:12). 우리는 성령님의 능력으로가 아니라 우리의 육신의 힘으로 맞서 보려고 하는 경우가 너무나 많다. 얼마나 많은 사람들이 문제가 물리적으로 표출되는 현상을 해결하는 방법을 알아내려고는 노력하면서, 그 문제의 직접적인 진원지인 영적인 뿌리에 대해서는 접근도 하지 못하고 있는가? 우리에게 다가오는 공격들은 하나님께서 자신의 백성들 안에서, 그리고 그들을 통해서 이루려고 하시는 자신의 목적에 대한 믿음을 방해하거나,

열매를 맺지 못하게 하려고 애쓰는 지옥 권세가 행하는 일들로부터 오는 경우가 많다.

여호사밧은 물리적인 실체를 영적인 원리로—금식과 예배—대처했으며, 이에 하나님의 영께서 응답하셨다. 이스라엘 백성들은 기도했고, 또한 그들이 예배하는 가운데 하나님의 영께서 그 당시에 백성들로부터 인정받던 선지자인 야하시엘에게 임했다.

> "야하시엘이 이르되 온 유다와 예루살렘 주민과 여호사밧 왕이여 들을지어다 여호와께서 이같이 너희에게 말씀하시기를 너희는 이 큰 무리로 말미암아 두려워하거나 놀라지 말라 이 전쟁은 너희에게 속한 것이 아니요 하나님께 속한 것이니라 내일 너희는 그들에게로 내려가라 그들이 시스 고개로 올라올 때에 너희가 골짜기 어귀 여루엘 들 앞에서 그들을 만나려니와 이 전쟁에는 너희가 싸울 것이 없나니 대열을 이루고 서서 너희와 함께 한 여호와가 구원하는 것을 보라 유다와 예루살렘아 너희는 두려워하지 말며 놀라지 말고 내일 그들을 맞서 나가라 여호와가 너희와 함께 하리라 하셨느니라 하매" (대하 20:15~17).

하나님께서 주시는 예언의 말씀에 대한 응답으로 백성들은 다시 굽혀서 경배를 드렸다.

> "여호사밧이 몸을 굽혀 얼굴을 땅에 대니 온 유다와 예루살렘 주민들도 여호와 앞에 엎드려 여호와께 경배하고 그핫 자손과 고라 자손에게 속한 레위 사람들은 서서 심히 큰 소리로 이스라엘 하나님 여호와를 찬송하니라" (18~19절).

여호와께서는 지금도 성령님께서 주시는 예언적인 감동을 통해서 자신의 백성들에게 말씀하신다. 예언의 말씀은 성경과 동일한 것은 아니며, 성경의 지지를 받는 것이어야 한다. 사람들이 성령님의 현재 사역을 중요하게 생각하지는 않을 수도 있지만, 하나님께서는 우리 모두에게 우리의 인생에 대해서 한두 번 말씀하신 적이 분명히 있으시다. 따라서 우리는 하나님께서 우리의 마음에 주시는 말씀을 받아들일 것인지의 여부를 결정해야 할 필요가 있다.

말할 것도 없이 이스라엘 백성에게 임한 예언의 말씀은 그들이 다음 날 실제로 적군과 맞서야 했을 때 그들에게 큰 격려가 되었다. 우리 모두는 아침에 일어나서 문제가 여전히 존재하는 것을 보면서 우리의 믿음이 안개처럼 사라지는 것을 경험했던 적이 있을 것이다. 그러나 여호사밧은 백성들과 더불어 '의논했다'(21절). 아마도 전날 하나님께서 그들에게 예언으로 주셨던 약속을 다시 확인해 보기 위한 것이었을 것이다. 믿음이 행위로 표현되기 시작했던 것이다. 성가대의 결정이 무엇인지 아는가? 하나님께 찬양의 노래를 부르면서 행진해 나가는 것이었다. 예배가 시작되면서 유다의 적군들에게는 큰 혼란이 임했다. 적들은 서로를 치며 공격하다가 스스로 멸망하게 되었다. 유다가 적군의 물품을 수거하기 위해서는 3일이 걸렸다.

성가대가 유다의 군대 앞에서 행진하기로 한 것은 적군에 대한 기만 전술이 아니었다. 그들이 그렇게 한 것은 그들의 확신을 반영하는 것이었다. 성가대는 자기들의 왕이 무릎을 꿇고 (1) 여호와는 모든 이들 위에 계시는 하나님이시며, (2) 하나님의 권능은 모든 권세보다 강하시며, (3) 하나님의 백성들에게는 하나님께서 해결하실 수 없는 일은 일어날 수가 없다고 선포하는 것을 보았다(6~12절). 성가대의 노래는 그들 앞에서 행하시고 계시는 분을 완전하게 인정하는 노래였다! 그러므로 성가대가 노래하면서 전쟁터로 나갈 때, 그것은 자신의 종을 통해서 친히 자신이 그들을 위해서 싸워 주시겠다고 예언하신 분에 대한 담대한 확신으로 그렇게 한 것이었다. 예배라는 행동으로 나타난 그들의 믿음은 하나님의 말씀에 근거한 것이었다. 즉 하나님의 백성들이 하나님께 부르짖을 때에는 반드시 구원을 베푸시는 역사에 대한 구체적인 증거로 기록된 말씀에 근거한 믿음이었다.

믿음은 하나님의 말씀을 들음과, 그 말씀의 확실성을 아는 것으로부터 온다. 그 말씀은 하나님께서 하시는 구속 활동에 대한 기록을 포함하고 있으며, 하나님의 성품은 변하지 않았다는 약속을 제시해 준다. 하나님은 오늘도 여전히 동일하신 분이시며, 과거에 행하셨던 것과 마찬가지로 오늘날에도 친히 자신의 백성들에게 응답하시는 분이시다.

우리 모두는 다 결정해야 할 때가 되었다. 그렇지 않은가? 우리는 하나님께 예배하고 그분을 구하면서 하나님의 약속의 능력을 진정으로 받아들일 수 있는가? 그래야만 우리의 믿음이 자극을 받아서 일어날 수 있다. 하나님께서는 우리가 경배의 심령으로 노래를 부를 때, 친히 여호사밧과 그의 백성들에게 해 주셨던 일을 우리에게도 그대로 해 주시겠는가?

나는 그러한 질문들에 대한 대답이 하나님의 말씀에 있다고 생각한다. 우리가 하나님은 신실하신 분이시며 변하지 않으시는 분이시며, 하나님의 선하신 약속의 한 말씀이라도 땅에 떨어지는 법이 없다는 사실을 확실하게 믿고 나아가면 믿음이 일어나기 시작한다(수 23:14).

모든 것이 다 우리를 가로막는 것같이 보이고, 우리의 미래가 다 물에 씻겨 가듯 사라진 것처럼 보인다 하더라도 우리는 여호사밧처럼 승리의 반응이어야 한다.

- 먼저 하나님을 구해야 한다.
- 하나님의 역사하심에 대한 기록을 찾아서 하나씩 열거해 봄으로써 믿음이 자라도록 해야 한다.
- 성령님께서 여러분에게 하시는 말씀을 귀 기울여 들어야 한다.
- 믿음에 따라 나오는 노래들로 하나님께 경배하며 나아가야 한다.

하나님께서는 우리의 예배를 통해서 우리가 싸워야 할 전쟁을 대신 싸우시고 이겨 주신다.

3. 경배의 심령으로 드리는 노래는 우리를 묶고 있는 결박을 풀어 준다

다윗은 시편에서 "주는 나의 은신처(피난처)이오니 환난에서 나를 보호하시고 구원의 노래로 나를 두르시리이다 (셀라)" (시 23:7)라고 썼다.

사도행전 16장에서는 바울과 실라가 빌립보의 감옥에 갇혀 있을 때 예배의 능력이 놀라울 정도로 극적으로 나타나서, 그들을 구원하고 결박을 풀어 주었을 뿐 아니라 복음이 전파되는 길이 예비되는 장면이 나온다. 하나님을 찬양하는 노래는 어둠의 권세를 뒤흔들고, 한 가족, 궁극적으로는 한 도시와, 한 대륙과, 더 나아가서는 지구의 한쪽 반을 어둠의 세력으로부터 해방시키는 결과가 일어났다.

"한밤중에 바울과 실라가 기도하고 하나님을 찬송하매 죄수들이 듣더라 이에 갑자기 큰 지진이 나서 옥터가 움직이고 문이 곧 다 열리며 모든 사람의 매인 것이 다 벗어진지라 간수가 자다가 깨어 옥문들이 열린 것을 보고 죄수들이 도망한 줄 생각하고 칼을 빼어 자결하려 하거늘 바울이 크게 소리 질러 이르되 네 몸을 상하지 말라 우리가 다 여기 있노라 하니 간수가 등불을 달라고 하며 뛰어 들어가 무서워 떨며 바울과 실라 앞에 엎드리고 그들을 데리고 나가 이르되 선생들이여 내가 어떻게 하여야 구원을 받으리이까 하거늘 이르되 주 예수를 믿으라 그리하면 너와 네 집이 구원을 받으리라 하고 주의 말씀을 그 사람과 그 집에 있는 모든 사람에게 전하더라 그 밤 그 시각에 간수가 그들을 데려다가 그 맞은 자리를 씻어 주고 자기와 그 온 가족이 다 세례를 받은 후"(25~33절).

이 이야기는 경배의 심령으로 부르는 노래의 능력을 말해 주는 아주 중요한 사례이다. 나는 바울과 실라가 흑암의 시간을 견뎌내기 위하여 스스로 용기를 내서 자신들을 격려하기 위한 노력의 일환으로 노래를 불렀을 것이라고 생각하지는 않는다. 나는 그들이 영적이고 성경적인 통찰력을 가진 사람들로서 이러한 원칙을 분명히 알고 적용했다고 믿는다. 그러므로 그들은 거대한 장애물들—(1) 옥에 갇히고, (2) 정치적인 박해를 받으며, (3) 이방 종교가 만연한 도시에 교회를 개척하려고 하고 있으며, (4) 유럽 대륙을 복음으로 뚫고 들어가려는 엄청난 일들을 앞에 놓고—앞에서 경배의 심령으로 가득한 노래를 불렀던 것이다.

단지 그들에게 의지할 다른 것이 없었기 때문이 아니라, 지극히 높으신 분을 높여 드리는 일은 하나님의 절대주권적이고 은혜로우신 목적이 이루어질 자리, 즉 하나님께서 눈에 보이도록 임하실 자리를 만들어 드리는 일이라는 사실을 알았기 때문이다: "주 만군의 여호와는 땅을 만져 녹게 하사"(암 9:5). 그렇다고 해서 내가 감옥에 갇혀 있던 그 예배자들이 지진을 예상하고 그렇게 했다거나, 모든 지진들이 다 예배의 결과라고 말하는 것은 아니다. 나는 그 두 노래하는 사람들이 예배의 능력을 알고 있었으며, 그래서 거의 불가능해 보일 정도로 사명이 막혀 있는 상황에서도 그들이 하나님께 예배를 드렸다는 나의 확신을 말하고 있는 것이다. 그 결과로 (1) 그들은 자신들을 묶고 있던 상황으로부터 해방되었고, (2) 정부 당국자들로부터 정중한 대우를 받게 되었으며, (3) 간수의 자살을 막았으며, 그가 회개한 후에는 그의 온 집이 구원을 얻게 되었고, (4) 그 지역에 교회가 서게 되고, 대륙에 복음이 들어가게 되었던 것이다. 예배는 전도의 돌파구를 여는 열쇠이다.

성령 안에서 노래함

거대하게 지성적인 인물이었던 사도 바울이 '성령 안에서' 기도하며 노래하는 것(고전 14:13-20)의 유익을 표현하는 일에 전혀 거침이 없었다는 사실이 나에게는 특별히 중요한 일로 다가온다. 예를 들면, 사도 바울이 고린도 교회에 보내는 편지에서는 회중 가운데서 영적인 언어(방언)의 유익을 잘못 적용하여 생겨난 문제들을 바로잡으려고 노력하는 모습이 나오면서도, 막상 자신은 그러한 영적인 언어를 사용하고 있다는 사실을 전혀 부끄러워하지 않고 밝히고 있다. 바울은 지금 "너희가 다른 사람들을 개의치 않고 '방언'을 한다면 그들은 헷갈리게 될 것이다. 그러나 너희가 내가 배운 방법대로 한다면, 방언이 개인적으로 유익한 것이라는 사실을 알게 될 것이다"라고 말하고 있는 것이다(고전 14:4).

위의 본문의 상황에서 "내가 영으로 찬송하고"라는 구절은 '방언으로' 노래하는 것, 즉 성령님께서 주시는 영적인 언어 외의 다른 것을 의미할 수는 없다. 이러한 사실은 바울이 신약의 그리스도인들에게 "시와 찬송과 신령한 노래들로" 예배하라고 말하고 있는 두 본문(엡 5:19, 골 3:16)의 의미를 강화시켜 준다. 여기서 헬라어 원문의 호다이스 프뉴마키타이스(영적인 노래, spiritual songs)라는 표현은 고린도전서 14장에 나오는 "영적"이라는 단어와 동일한 단어로서, 성령의 은사에 관한 주제를 소개하는 단어가 되고 있다. 다시 말하면, 여기서도 우리는 바울이 그리스도인이 개인적으로 경건생활 가운데서 실제로 기도와 경배하는 심정으로 방언을 말하는 문제에 대해서 자연스럽게 인정하고 확인해 주는 모습을 보게 된다.

예수님께서는 방언에 대해서 익숙하지 않은 사람들을 위해서 방언의 문제를 다음과 같이 말씀해 주셨다: "믿는 자들에게는 이런 표적이 따르리니 곧 그들이 내 이름으로 … 새 방언을 말하며"(막 16:17).

"새 방언"으로 말한다는 것은 예수님께서 마가복음의 위의 본문에서 예수님을 통해서 구속을 얻은 사람들에게 흔하게 나타나게 될 것이라고 말씀하시는 다섯 가지 은사들 가운데 제일 먼저 나오는 은사이다. 오늘날 방언에 대한 하나님의 말씀의 진리에 대해서 신실하게 가르침으로써 이 주제에 대한 두려움이 해소된 곳에서는 거의 전 세계적으로 방언을 경험하고 있다. '방언'이 광적인 '환각 상태'에서 나오는 것이라는 생각과는 반대로 성령님께서 방언을 통해서 우리의 개인적인 찬양과 경배의 능력을 확장시켜 주시는 역사는 놀라울 정도로 보람이 있고 우리를 자유롭게 해 주시는 축복이다. 방언의 축복은 찰스 웨슬리가 마음으로부터 간절하게 부르짖던 다음과 같은 기도에 대한 성령님의 응답이기도 하다.

> 만입이 내게 있으면 그 입 다 가지고
> 내 구주 주신 은총을 늘 찬송하겠네(통일찬송가 23장)
> [원래의 가사는 "오, 나의 위대하신 구세주, 나의 하나님이시며 왕이신 분께 찬양과 영광과 은혜와 승리의 노래를 부르기 위해서 나에게 만 개의 언어라도 (방언) 있으면 좋겠네!" 이다—옮긴이]

전혀 새롭고 초월적인 차원으로 하나님께 경배와 찬양을 드릴 수 있는 능력은 교회가 탄생되던 첫날부터 나타났던 일이다.

> "그들이 다 성령의 충만함을 받고 성령이 말하게 하심을 따라 다른 언어들로 말하기를 시작하니라 … (그렇게 방언으로 말하는 것을 듣고 말하기를) 우리가 다 우리의 각 언어로 하나님의 큰 일을 말함을 듣는도다"(행 2:4, 11).

여러분들 가운데 이미 각자의 영적인 언어를 받은 사람들도 자기들이 그러한 영적인 언어를 노래로 자유롭게 표현하도록 부르심을 받았다는 사실은 배우지 못했을 수도 있다. 내가 지금까지 예수님과 동행하며 살아오는 동안에 방언으로 찬양하는 특권을 받았을 때는 그 자체로도 아름다운 일이기는 했지만, '영으로 노래하는 것'에 대해서는 많은 주저함이 있었다. 리듬도 없는 단순한 단어들로 올라가거나 내려가는 지속적인 한 음에 따라 노래해 나가거나, 노래하는 사람 자신이 만들어

나가는 음조에 따라서 노래로 부르는 것은 나 자신에게조차 이상하며 겁이 나는 일로 여겨졌다. 나는 이미 많은 노래를 **작곡했고**, 오래전부터 매일 영어로뿐 아니라 나의 영적인 언어(방언)로도 기도를 하는 사람이었지만, 이 '새로운' 노래는 나에게도 도전적인 일이었다. 좀 더 정직하게 말한다면, 나는 교만의 문제를 처리해야 하는 상황이었다. 교만과 함께 모든 것을 내 맘대로 하고 싶어 하는 태도를 해결해야 했다. 그러나 나는 어떤 목사님이 다음과 같이 말하는 것을 들었던 일이 기억났다: "여러분이 어떤 일이라도 예수님의 이름으로 시작했던 것이 언제였습니까?" 이 질문은 나의 주저하는 마음에 질책이 되었다.

    나는 성경의 지시를 따라서 '영으로 노래' 하기로 결단했다. 그러자 영으로 노래하는 것이 처음에 생각했던 것보다는 무한히 쉬운 일이라는 사실을 발견하게 되었다. 나는 사실 만일 사람들이 일단 그저 간단하게 찬양의 노래를 시작하고 나면—"할렐루야"를 노래하는 것으로 예수님을 영화롭게 하는 일—아마도 영으로 노래하는 것이 하나님을 가장 자연스럽게 찬양하는 방법이라는 사실을 발견하게 되는 경우가 많을 것이라고 생각한다. 잘 알려진 멜로디로 시작하여, 그 다음에는 우리 자신의 노래를 시도해 볼 수도 있을 것이다[만일 여러분이 아직 성령님께서 할 수 있도록 해 주시는 기도나 방언을 받지 않았지만, 성령 충만과 거기에 따르는 유익들이 초대교회의 그리스도인들에게와 마찬가지로 여러분에게도 주시는 약속이라는 하나님의 말씀을 믿는다면(행 2:38~39), 그저 예수님의 이름으로 성령님께 여러분이 새로운 차원의 예배로 흘러넘치게 해 주시기를 구하기 바란다. 만일 이 부분에 대해서 도움이 필요하다면 이 책 후반의 부록 2에 '성령으로 채워 주시도록 초청하는 기도'를 실어 두었다].

노래는 하나님 나라를 여는 열쇠이다

경배의 심령으로 부르는 노래와 창조적인 활동과의 관계는 불가분의 관계이다. 노래는 우리의 예배에 있어서 단지 부수적이거나 의전 혹은 의식이 아니다. 경배와 찬양의 노래는 하나님 나라의 역사, 즉 생명을 낳게 하시는 하나님의 역사가 우리가 사는 세상과 인생 안으로 흘러 들어오게 하는 문을 여는 열쇠이다. 찬양의 노래는 사람들을 자연스럽게 하나로 묶어 주는 방법이기도 하다. 노래는 경배와 찬양을 하나님께 드리며, 어둠의 세력들과 더불어 싸우고, 또한 진리를 선포하는 한 가지의 아름다운 방법이기도 하다.

우리가 노래로 경배와 찬양의 단어들을 하나님께 올려 드릴 때보다 하나님의 마음을 더욱 기쁘시게 해 드릴 수 있는 방법은 거의 없을 것이다. 우리가 노래를 통하여 하나님의 선하심에 관한 진리를 선포하고, 하나님의 승리에 대한 확신을 반복적으로 말하면서 생명을 창조하시고 낳게 하시는 그분의 능력을 찬양할 때, 우리는 성령님으로 말미암아 그러한 역사를 꺼뜨리거나 방해하려고 하는 세력과 맞설 수 있는 능력을 받게 된다. 우리가 찬양으로 하나님께 경배를 드릴 때 어둠의 권세―우리 삶의 모든 영역과 우리가 살고 있는 이 세상에서 일어나는 모든 상황에 있는―는 큰 도전을 받게 된다. 찬양의 권능은 하나님의 나라가 '하늘에서처럼 이 땅에' 임하게 되는 일을 촉진시킨다. 여러분의 개인적인 경건의 시간이나 혼자 차 안에서 운전하고 있을 때, 혹은 산보를 나갔을 때에도 찬양의 노래를 시작하기 바란다. 경이로우시고 놀라우신 주님이시며 구원자이신 분께 드리는 여러분의 찬양을 노래로 올려 드리기 바란다: "잉태치 못하는 여인이여, 노래할지어다!" 그러면 생명이 솟아나게 될 것이다.

잉태하지 못하는 여인에게 약속하셨던 것처럼, 경배와 찬양의 노래 안에 있는 능력은 여러분과 나에게 하나님의 분명한 약속을 줄 것이다. 그 약속은 우리 모두에게 축복의 새로운 지경이 넓혀지기를 기대하라고 말씀하시는 약속이다: "이는 네가 좌우로 퍼지며 네 자손은 열방을 얻으며"(사 54:3).

또한 거기에 우리의 모든 예배의 목적이 있다. 즉, 우리는 경배와 찬양의 노래를 통한 예배로 말미암아 생명력이 온 땅과 모든 민족에게 임할 때까지 넘쳐흐르게 하실 뿐 아니라, 생명을 탄생시키시기를 기뻐하시는 하나님을 영화롭게 하는 것이다.

그저 '가서 얻으려고' 하지는 말기 바란다! 우리의 목소리를 생명을 낳게 하는 능력 있는 찬양으로 크게 높이도록 하자. 모든 민족이 하나님의 아들께로 나아오게 될 때까지 경배와 찬양의 노래를 부르자!

11장

"은총(은혜)이 있을지어다"라고 선포하고 "아멘"으로 화답함

— 예배를 통하여 확인받는 것 —

성경은 전체적으로 우리에게 우리의 말에는 긍정적인 능력과 부정적인 능력이 있다고 말하고 있다. 야고보는 우리에게 "혀도 작은 지체로되 큰 것을 자랑하도다"(약 3:5) 하고 말한다. 우리의 입술로부터 떨어져 나오는 말은 주님과 동행하는 삶 가운데서 승리와 실수를 일으키게 할 정도로 중요하다. 특별히 예배에 관계된 말인 경우에는 더욱 그러하다. 우리의 말은 하나님의 능력과 나라의 권세가 우리의 개인적인 세계로 들어오게 하는 길을 열거나 닫기도 한다.

전 세계적인 차원에서 "나 같은 죄인 살리신"이라는 찬양보다 더 많은 사람들의 사랑을 받으며, 그 내용도 간단하지만 진리로 가득하고, 예배에서도 더 많이 사용되는 찬양 곡은 없다. 우리는 하나님의 은혜에 대해서 설교하고, 하나님의 은혜를 믿을 뿐 아니라, 우리가 부르는 찬양과 찬송가에 계속해서 반복적으로 하나님의 은혜라는 표현이 나온다. 그러나 우리가 '어떤 것에 대해서 아주 잘 알거나 너무나 자주 듣게 되면 그것의 실체의 깊이에 대해서는 잊게' 되는 경우가 아주 많다는 사실을 알고 있기 때문에, 나는 여러분과 함께 구약 전반에 걸쳐서 나오는 한 가지 이야기를 훑어보고자 한다. 그것은 은혜 자체와 "은혜가 있을지어다!" 라고 선포하는 이야기에 대해서이다.

우리가 예배하러 모일 때 자주 등장하는 또 다른 단어로서, 사람들이 단지 의식적인 단어일 뿐이라고 생각하거나, 마음에 흥분이 일어난 청중이 그저 설교에 동의하기 위해서 사용하는 단어 정도로만 생각하기 쉬운 경향이 있는 단어는 아멘이다. 나는 겸손하게 하나님을 구하면서 동시에 분명하게 생각하는 사람들이야말로 가장 효과적으로 예배를 드리는 사람들이라고 확실하게 믿고 있기 때문에, 잠시 본론을 벗어나서 "아멘"과 "은총"(은혜)에 대해서 살펴보는 것은 가치가 있는 일이라고 생각한다. 나는 여러분에게 이 두 가지 단어를 내가 드디어 이해하게 된 것처럼 예배와 관련된 사안으로 이해하라고 말하고 싶다.

"은혜가 있을지어다" 라고 선포하기

인간이라면 누구나 자기에게 찾아와서 혼란스럽게 만드는 어려운 문제에 맞서기 위해서 하나님의 은혜가 나타나기를 구하기보다는 자신이 가진 것이나 자신의 추진력에만 의존하려고 하는 특징이 있다. 그러나 예수님의 제자로 살아간다는 것은 우리가 인간적인 의지나 지혜나 힘을 의존하기보다는 하나님께서 행하신 일을 의지하고, 하나님의 그러한 역사가 우리의 삶 가운데서 더 크게 이루어지도록 해 드린다는 것을 의미한다. 우리 각 사람이 하나님의 은혜를 통해서 문제가 해결되는 경험을 하면서 살아갈 수 있는 방법에 대한 기억을 새롭게 하고 강력하게 상기시켜 주기 위해서 구약성경에 나오는 지도자 한 사람에 대하여 살펴보기로 하겠다. 그 사람은 하나님께서 자기를 부르셔서 주신 사명을 이루어 내려고 노력하는데도 엄청난 장애물을 만났다.

스룹바벨은 바벨론의 포로 생활로부터 돌아오던 5천 명이나 되는 귀향민들의 지도자였다. 스룹바벨이 인도하던 사람들의 대부분은 수십 년 전에 느부갓네살 왕이 예루살렘을 약탈하고 완전히 그 성을 파괴할 때 포로로 잡혀 갔었던 이스라엘 백성들의 자녀들과 손자들이었다. 포로로 잡혀 갔던 사람들 가운데 살아남은 사람들은 거의 없었다. 그래서 포로 생활을 마치고 고향으로 돌아온 사람들은 그들의 후손들이었다.

이스라엘 사람들은 돌아오자마자 다시 성전을 짓는 일에 착수했다. 처음에는 열심이 아주 대단했다. 그러나 성전을 완성하기 위해 이겨 나가야 할 장애물들이 두려움이 생길 정도로 엄청나게 큰 것이 보이기 시작하면서 그들이 처음에 가졌던 열정은 식어 갔다. 그들이 가지고 있던 재원(財源)에도 한계가 있었다. 이웃에 살고 있던 사마리아 사람들의 반대로 인해서 당시에 그 지역을 다스리던 정부로부터 공사를 중지하라는 명령이 내려지기도 했다. 백성들의 마음이 다른 일들에 쏠려 있던 상황도 그들의 에너지를 다른 곳으로 분산시켰다. 성전을 재건하는 일에 그렇게 방해가 되는 일들 가운데서도, 처음에 잡혀 가서 포로 기간 동안 살아남았던 몇 안 되는 생존자들은 그들이 지금 다시 지으려고 하는 성전의 초라한 규모를 이전에 솔로몬이 지었던 성전의 크기와 화려함에 비교하면서 사람들의 맥이 풀리게 했다. 이러한 모든 상황들로 인해서 이스라엘 백성들 가운데는 실망과 낙심감이 생기게 되었다. 그들의 수고와 노력은 아무런 쓸 데가 없어 보였고, 진척 상황에 시간이 너무 오래 걸리는 것 같이 보이기도 했으며, 따라서 아주 강력한 반대가 일어나게 되었다.

스가랴 선지자가 나와서 스룹바벨에게 용기를 주는 말을 한 것은 바로 이렇게 성전을 짓는 일에 대해서 이스라엘의 사기가 땅에 떨어지고, 비전도 잃어버리고, 성공할 가능성도 희미하게만 보일 때였다. 이 사건은 우리의 인생에 아주 흔하게 찾아오는 상황인, 그렇게 낙심이 되며 전혀 진척이 없는 상황에 대한 하나님의 말씀과 행하심에 관한 말씀이기 때문에 우리가 자세하게 연구해 보아야 할 실제적인 사례이기도 하다. 스룹바벨은 하나님께서 능력으로 개입해 주시겠다는 축복의 약속으로 들어가려는 상황에 있었지만, 그러한 축복의 전등 스위치를 올리는 일은 하나님의 특별하신 행하심에 대한 그의 반응에 달려 있는 문제였다. 그의 반응이야말로 하나님의 은혜가 작용하는 '능력의 스위치'를 켜는 일이 될 것이다.

"그가 내게 대답하여 이르되 여호와께서 스룹바벨에게 하신 말씀이 이러하니라 만군의 여호와께서 말씀하시되 이는 힘으로 되지 아니하며 능력으로 되지 아니하고 오직 나의 영으로 되느니라 큰 산아 네가 무엇이냐 네가 스룹바벨 앞에서 평지가 되리라 그가 머릿돌을 내놓을 때에 무리가 외치기를 은총, 은총이 그에게 있을지어다 하리라 하셨고 여호와의 말씀이 또 내게 임하여 이르시되 스룹바벨의 손이 이 성전의 기초를 놓았은즉 그의 손이 또한 그 일을 마치리라 하셨나니 만군의 여호와께서 나를 너희에게 보내신 줄을 네가 알리라 하셨느니라"(슥 4:6~9).

하나님께서 스룹바벨에게 그 전쟁에서 이기게 되는 것은 인간적인 힘이나 능력이나 뒤에서 조작하는 것이나 뛰어난 머리로 되는 것이 아니라 하나님의 영으로 되는 것이라고 말씀하셨다. 약속과 능력의 근원은 언제나 마찬가지이다. 모든 능력은 다 하나님께 속한 것이다! 그러나 내가 바로 앞에서 말했던 비유를 조금 더 진행해 보겠다.

나는 우리 집의 전기설비를 작동시키는 전력을 만들어 낼 능력은 없다. 그러한 전력은 다른 곳에서 만들어져서 파이프를 통해서 흐르는 것처럼, 복잡한 고압 송전망과 전선망을 통하여 흘러서 최종적으로 우리 집까지 연결된 것이다. 전력은 말 그대로 위로부터 온다. 비가 와서 강을 채우고, 강은 댐들을 채우고, 댐들은 발전기들을 돌리고, 발전기들은 전력을 만들어서 전선을 통해서 내보낸다. 그리고 그렇게 송출된 전력이 우리 집에 도달한다고 해도, 내가 스위치를 켜기 전까지는 아무것도 작동하지 않는다. 마찬가지로 하나님의 은혜의 능력도 우리가 결정하여 행동할 때에만 전기가 통하듯이 우리에게 임하게 된다.

이제 그러한 사실에 비추이 스룹바벨의 상황을 살펴보기로 하자. 그러나 나는 다음과 같은 말로 그의 상황을 우리의 인생 상황에 적용해 보기로 하겠다. 즉, 예수님께서는 자신의 백성들이 인생 상황에서 막다른 길에 처했을 때 그들(우리)에게 은혜를 주신다.

나는 이 말을 읽는 모든 예배자들에게, "여러분의 예배가 현재의 문제들에 사로잡혀서 어렵게 되던 때를 생각해 보라"고 말하고 싶다. 문제는 여러분이 하나님께서 여러분의 문제보다 크신 분이시라는 사실을 믿지 못하는 것이 아니다. 단지 여러분의 믿음 자체가—최소한 스룹바벨의 경우처럼—충분히 크지 못하기 때문인 것처럼 보인다. 임무나 비전이나 하나님께서 주신 꿈을 완성하기 위해서 필요한 믿음이 부족하다는 것이다.

아마도 완성되기를 간절히 소망하던 프로젝트가 무엇엔가 막혀서 전혀 진척이 이루어지지 않거나, 지연되거나, 아예 전혀 시작도 못하는 상황일 수도 있을 것이다. 여러분이 그 일을 진척시키기 위해서 할 수 있는 모든 일을 다 해 보았지만 한 가지, 또 한 가지의 일들이 차례로 찾아오며 방해하여 마침내 낙심과 절망감이 찾아온다. 그 일이 완성되지 못한 채로 남아 있는 것을 보는 것만으로도 여러분이 그 일이 이루어지리라고 확신하며 선포하던 믿음을 조롱이라도 하는 듯한 느낌이 든다. 바로 그것이 스룹바벨이 성전의 재건되는 상황을 조사하면서 가졌던 느낌이었다.

그러나 하나님께서는 우리가 이해도 불가능한 방식으로 은혜를 베푸신다. 하나님께서는 스룹바벨에게 말씀하셨듯이 우리에게도 하나님께 우리에게 은혜를 베풀어 주시기를 부르짖으라고 말씀하신다.

몇 년 전에 아내인 애나와 내가 함께 살아온 인생 가운데서 일어났던 가장 큰 기적들 가운데 한 가지가 일어났다. 그것은 우리가 아직 젊은 부부였던 시절에 아는 사람이라고는 한 명도 없던 어떤 도시에 교회를 개척하려고 하던 때의 일이었다. 우리는 하나님께서 그 일을 위하여 우리를 부르셨다는 사실을 분명하게 믿고 있었지만, 재정의 부족으로 인해서 그 일은 난항에 부딪혀서 이제 곧 중단될 위기에 처해 있었다. 오늘날의 독자들에게는 별로 큰 문제가 아닌 것으로 보이겠지만, 40여 년 전에―그리고 그 당시 우리가 처해 있던 상황을 생각해 보면―우리는 단돈 75달러(한화 약 75,000원)가 없어서 난처한 상황에 이르게 된 것이었다. 아마도 그것은 오늘날의 7만5천 달러(7,500만 원) 정도와 같은 액수였을 것이다. 우리에게는 그 액수가 최소한 스룹바벨이 부딪혔던 '큰 산'에 해당되는 문제였다: "큰 산아 네가 무엇이냐 네가 스룹바벨 앞에서 평지가 되리라 그가 머릿돌을 내놓을 때에 무리가 외치기를 은총, 은총이 그에게 있을지어다 하리라"(7절).

그때는 1월 중순이었다. 성탄절은 지나갔고, 친척들이나 친구들이 보내 줄 만한 재정적인 도움은 이미 다 받은 것 같았다. 인간적으로 생각할 때 모든 재정은 다 고갈되었고, 아직 갓난아기였던 딸과 둘째 아이가 곧 태어나기 직전의 상황은 우리에게 경제적인 망령처럼 다가왔으며, 아내와 나는 돈이 들어올 만한 어떤 출처도 생각해 낼 수가 없었다.

그래서 나는 우리가 부엌의 식탁 옆에 꿇어앉아서 기도하던 그날을 아주 잘 기억하고 있다. 나는 아내에게 이렇게 말했다: "여보, 내가 지금 마음에 느끼는 대로 기도해 볼게요." 아내가 내 말에 동의하자 나는 "주님, 당신은 우리가 믿는 하나님이십니다. 이렇게 어찌할 수 없는 상황에 있게 된 것에 대해서 감사드립니다. 주님, 당신께 은총을 구하고 싶습니다. 이 은혜를 구하고 싶습니다. 예수님, 주님께서는 어디엔가 75달러가 있어서 그 돈을 우리에게 보내 줄 수 있는 누군가를 알고 계십니다. 그 사람의 마음에 그렇게 하고 싶은 생각이 들도록 말씀해 주시겠습니까? 우리에게 어떤 일이 일어나더라도 주님을 찬양하겠습니다. 그러나 이것이 바로 우리의 기도입니다."

그 후에 내 인생에 거의 믿을 수 없을 만큼 놀라운 일이 일어났다. 나는 지금까지 교회에서 여러 번이나 수백만 달러 이상의 예산이 소요되는 엄청난 사업들을 성공적으로 마감했다. 그러나 이 75달러 사건은 지금까지도 잊을 수 없는 기적으로 남아 있다.

나흘이 지난 후 우리가 그때까지 살아오면서 이름도 들어 본 적이 없고, 우리 친구들 가운데서도 아는 사람이 전혀 없던 어떤 사람으로부터 수표 한 장이 왔다. 정확하게 75달러였다!

우리가 처해 있던 곤란한 상황에 대해서는 누구에게도 말한 적이 없었다. 그 수표가 들어 있던 봉투에는 다른 쪽지나 편지도 같이 들어 있지 않았으며, 그래서 나는 지금까지도 그 사람이 우리나 우리 가정의 상황을 어떻게 해서 알게 되었는지는 전혀 모르고 있다. 나는 수표에 적혀 있는 이름과 주소로 그 사람이 그 돈을 어떻게 해서 우리에게 보내게 되었는지 알고 싶다는 편지를 써서 보냈다. 우리는 아무런 답장이나 소식도 받지 못했다. 지금까지도 하나님만이 그 상황에 대한 유일한 대답이시다. 우리가 의지할 수 있는 소망의 유일한 근거는 하나님의 은혜이다.

내가 이 간단한 이야기를 다시 하는 이유는 하나님께서 스룹바벨에게 하셨던 약속은 지금까지도 동일하게 유효하기 때문이다: "이는 힘(어떤 사람과의 관계나 행동을 일으키려는 목적으로 행사하는 영향력)으로 되지 아니하며 능력(인간적인 힘이나 능력)으로 되지 아니하고 오직 나의 영으로 되느니라."

은혜! 신약성경에서 성령님의 역사하심에 대해서 가장 좋아하며 사용하는 용어가 바로 다음과 같이 사용되는 이 단어이다.

- **카리스**(charis, 은사, 선물): '은혜' (grace)에 해당하는 헬라어 단어로서, 인간적으로 무능하고, 아무런 자격도 없는 상황에 주시는 하나님의 은총이나 하나님께서 베풀어 주시는 것을 설명하는 단어이다.
- **카리스**: 성령님께서 인간의 능력의 범위를 초월하여 역사하심에 따라서 스데반의 삶으로부터 흘러나가기 시작한 기적들을 설명하기 위해서 사용되는 단어이다(행 6:8). 어떤 번역 성경들에서는 카리스를 잘못 번역해서 '은혜' 대신에 '믿음'으로 번역하고 있기도 하다.
- **카리스**: 성령님이 주시는 은사이며, 하나님의 지혜와 지식과 분별력 및 통찰력과 능력과 치유 등의 역사가 눈에 보이도록 일어나

게 하는 선물을 의미하는 카리스마타라는 단어의 앞부분이다. 이러한 역사는 하나님의 능력에 의해서 일어난다(고전 12장).

하나님의 엄청난 은혜가 바로 그 사람을 통하여 임해서, 우리가 정말로 절박하게 필요로 하는 시기에 우리의 필요를 채워 주시도록 하기 위해서 우리가 할 수 있었던 일이란, 그저 어찌할 수도 없는 상태 그대로 하나님 앞으로 나와서 구하는 것 외에는 아무것도 없었다. 그것이 바로 정확하게 스룹바벨이 처해 있던 상황이었다. 그러나 바로 그러한 상황에서 하나님께서는 "큰 산아 네가 무엇이냐 네가 스룹바벨 앞에서 평지가 되리라"고 말씀하셨던 것이다.

하나님께서는 인생의 '큰 산들'—우리 앞에 높이 나타나서 우리의 길을 위협하며 방해하는 장애물들—은 완전히 납작하게 평평한 평지가 될 것이라고 말씀하신다. 그러나 우리의 힘으로가 아니라 하나님의 능력으로 그렇게 될 것이다. 또한 스가랴가 스룹바벨에게 한 말의 의미도 분명했다. 즉, 산을 움직이는 능력은 성령님의 역사로 말미암아 오게 된다는 것이다.

스룹바벨에게 예언으로 임한 약속의 말씀은 그가 '머릿돌을 놓게 될 것'이라는, 즉 스룹바벨이 성전을 짓는 일을 완성하게 될 것이라는 내용이었다. 그 당시에 머릿돌은 맨 나중에 놓는 돌이었다. 즉 건축을 다 끝내고 마감하는 부분에서 하는 일이었다. 아치형 석조 건축에서 맨 위 부분에 쐐기 형태의 키스톤(keystone)을 넣는 것이 건조물의 완성뿐 아니라 건물이 무너지지 않게 하는 중요한 역할을 하는 것과 마찬가지로— 키스톤을 빼내면 전체 아치형 건조물이 무너지게 된다—스룹바벨이 하고 있는 성전 건축도 그가 머릿돌을 놓는 것으로 공사가 완전하게 끝나게 될 것임을 말해 주는 것이다. 사실 하나님께서는 스룹바벨과 선지자 스가랴가 건축 현장에 나와서 반쯤 완성된 성전을 점검하며 둘러보는 중에 스가랴를 통해서 스룹바벨에게 말씀하고 계시는 중이었다. 하나님께서는 "네가 이 성전 건축을 끝까지 완공하게 될 것이다. 그러나 성전을 짓는 일은 인간의 건축 기술의 힘으로 이루어지지는 않을 것이다"라고 말씀하셨다.

그렇다면 어떤 방식으로 그 일이 이루어질 것인가? 스가랴는 하나님의 말씀을 다음과 같이 선포하고 있다: "그가 머릿돌을 내놓을 때에 무리가 외치기를 은총, 은총이 그에게 있을지어다 하리라."

이미 마지막에 놓을 자리에 맞추어서 다듬어진 머릿돌이 건축 현장에 놓여 있는 그림을 그려 보는 것은 어렵지 않다. 정말로 기대할 수도 없던 성전 건축이라는 엄청난 일이 완공될 준비가 다 된 것이다. 아마도 스룹바벨은 성전 건축 현장을 지날 때마다 완공할 수 있을지의 여부에 대해서는 확신할 수가 없었을 것이다. 아무리 훌륭한 지도자라도 그러한 생각이 들었을 것이다. 그러나 하나님께서는 그의 불안감에 대해서 구체적인 명령을 주시면서 말씀하신다. 그것은 "은혜! 은혜가 있을지어다!" 하고 반복하면서 은혜라는 단어를 크게 외치라는 명령이었다. 바로 그 행동이 선지자 스가랴가 하나님께서 그렇게 되리라고 말씀하셨다고 선포하는 행동으로서, 성령님의 역사가 일어나게 하는 행동이었다.

스룹바벨이 성전을 건축하던 것과 마찬가지로 이 책을 읽는 사람들도 여러 가지를 건축하는 중에 있을 것이다.

- 여러분은 잘 성장해 나가고 있지 않는 결혼 생활을 세워 나가느라고 애쓰면서 당황스러워하고 있을 수도 있다.

- 아마 여러분이 교회에 대해서 가지고 있는 비전을 더 이상 진척시키지 못하고 꽉 막혀 있는 듯한 상황에 처해 있는 목회자일 수도 있다.
- 여러분이 사업가로서, 기업의 운영이 거의 중단될 위기에 처하고 적자가 생기기 시작하는 지점에 와 있을 수도 있을 것이다.
- 여러분이 그리스도인으로서, 거의 완수가 불가능해 보이는 일이나 자꾸만 반복되는 실패로 인해서 지쳐 있는 상태일 수도 있을 것이다.

우리 모두는 다 예수님께서 지어 나가시고 계시는 성전, 즉 교회의 부분이다. 그 교회는 사람의 손이나 벽돌로 지어지는 것이 아니라, 영적인 집으로 지어져 가고 있는 사람들을 벽돌로 삼아 지어져 가는 성전이다. 에베소서 2장 22절에서는 우리를 "성령 안에서 하나님의 거하실 처소"라고 말한다. 또한 개인들로서도 우리는 주님의 성전이며(고전 6:19), 따라서 우리 안에서 하나님의 목적이 완성되는 것이야말로 스룹바벨 앞에 놓여 있던 성전 건축이라는 그 큰일과 놀라울 정도로 비교될 수 있는 일이다.

본문의 메시지에는 우리 중 그 어떤 사람의 상황이 어떠하다 하더라도 은혜만으로 충분하다는 진리가 담겨 있을 뿐만 아니라, 우리도 겸손하게 그 진리를 우리의 상황에 적용하여—즉, 활짝 열리고 담대한 마음으로 하나님을 의지하는 마음을 선포하고 선언하는 것—우리를 가로막고 방해하는 장애물들에 대해서 예수님의 이름으로 하나님의 약속에 의지해서 은혜를 선포하고 외치며, 그분의 성령님의 은혜의 역사를 간구하라는 부르심을 받고 있다.

나는 지금까지 이 메시지를 거의 모든 대륙마다 다 돌아다니면서 전했다. 나는 이 설교를 끝낼 때마다 반드시 사람들에게 스가랴와 스룹바벨 사이에 오가는 대화를 상상해 보라고 말한다. 스가랴 선지자가 스룹바벨에게 예언으로 임한 지시에 대해서 책임 있게 응답하라고 말한다. 즉 선포하며 외치라는 것이다. 첫 번째, 나는 본문의 말씀에 대해서 반응하라고 말한다. 즉 우리가 본문의 의미를 우리의 안전지대에 맞추기 위해서 그 의미를 희석시키고 싶더라도, 이 본문이 말하고 있는 것이 사실이라고 인정하라고 호소한다. 두 번째는 전체가 이 말씀에 반응하도록 하기 위해서 "나 같은 죄인 살리신"을 같이 부르고는, 노래가 끝날 때쯤에는 악기 연주자에게 계속 이 찬양 곡을 연주하도록 부탁하고는 모든 사람들에게, 그들이 자신들의 삶 가운데서 당하는 모든 장애물들에 대해서 말 그대로 하나님의 은혜와 성령님께서 나타나서 역사하신다는 사실을 입으로 선포하고 외쳐 보자고 제안한다.

사람들은 그렇게 한다. 지금까지 전 세계로부터 예배자들이 하나님의 진리의 말씀을 높여 드리며, 자신들의 교만한 마음을 낮추고, 순종하는 마음으로 하나님의 말씀을 적용할 때 **변화가 일어난다**는(things happens) 간증이 들어오고 있다.

국제 머시쉽(Mercy Ships International)이라는 구호선박을 운영하는 선교단체의 창시자인 돈 스티븐스는 나에게 YWAM(예수전도단) 사람들에게 일어났던 일들을 확인해 주었다. 2년 전에 그 선교단체가 운영하는 병원선인 아나스타시스호가 수리를 위해서 아테네의 선착장에 정박하고 있을 때 그들에게는 식량이 말 그대로 정말로 바닥난 상태였다.

그때 누군가가 내가 "은혜! 은혜라고 선포하라!" 는 제목으로 설교했던 카세트 테이프를 받아서 다른 YWAM 사람들과 함께 듣고 있었다.

그 사람들은 그 주제에 대해서 가르치는 하나님의 말씀을 듣자마자, 은혜라는 단어를 선포하고 외치라는, 간단하지만 약간은 부끄러운 생각이 들게 하기도 하는 부르심을 듣고는 모두 같이 기도하고 하나님을 찬양하는 가운데 "은혜가 있을지어다! 은혜가 있을지어다!" 하고 외치며 선포하기 시작했다.

바로 그 다음 날 감히 상상하지도 못할 일이 일어나서 그 지역의 어업 종사자들을 놀라게 했다. 그 다음 날 아침에 아나스타시스호 주변의 바닷물에 고기들이 모여와서 가득해지더니, 갑자기 그 고기들이 말 그대로 스스로 배 안으로 튀어 올라왔다. YWAM 사람들은 통로로 내려와서 고기들을 모으기 시작했다. 그런 기적 같은 일은 배의 냉동고가 고기로 가득 채워질 때까지 계속되었다. 아테네에 사는 사람들은 그때까지 그런 일이 일어난 적은 한 번도 없었다고 인정했다. 그 사건은 기적적으로 식량을 공급해 주었을 뿐 아니라, 자기들의 눈으로 그 광경을 목격하고 놀랐던 그 지역의 사람들에게 나가서 예수 그리스도께 대해서 증언할 전도의 문을 여는 기회가 되었다. 그 배의 승무원들은 그 지역 사람들에게 자기들이 "이는 힘으로 되지 아니하며 능력으로 되지 아니하고 오직 나의 영으로 되느니라"는 하나님의 약속을 주장함으로써 이루어진 그 놀라운 사건에 대해서 간증하며 다가갔다.

예배는 무엇보다도 하나님을 높이는 일이다. 그 하나님은 우리의 상상을 뛰어넘는 분이시며, 아무런 사랑을 받을 가치가 없는 우리를 사랑하시는 분이시며, 우리의 연약함에도 불구하고 신실하신 분이시고, 우리의 한계를 넘어서는 은혜를 베푸시는 분이시다. 마침내 스룹바벨의 성전이 완공됨으로써 하나님께 영광이 돌아가게 되었다. 그것은 역사적인 사실이다. 은혜에는 역사하는 능력이 있다.

"아멘"으로 화답하기

능력이 나타나기 위해서 성경이 말하는 또 한 가지 원리는 영적으로 잘 분별하여 아멘을 사용하는 것이다. 아멘이라는 단어는 하나님의 질서와 약속과 능력의 역동적인 원리를 분명하게 믿고 의지한다는 사실을 표명하는 말이기 때문에, 그 의미를 분명하게 잘 이해하고 사용하면 개인이나 교회의 삶 가운데서 아주 중요한 의미를 지니는 표현이 될 수 있다.

"아멘"을 잘못 사용하는 경우

"아멘" 하고 말하는 것이 성경적인 원리이기는 하지만, 많은 사람들은 이 단어를 잘못 사용해 왔다. 어떤 교회의 목회자들은 설교 내용이 긍정적이든 부정적이든 간에 그 설교에 동의하는 방법으로든지, 혹은 모든 청중들이 '설교자의 입장이 무엇인지를 이해하고 있는지의 여부'를 확인하기 위한 방법으로 천둥과 같은 목소리로 "아멘!" 하고 화답하는 것을 아주 좋아하기도 한다. 특별히 "아멘"이 잘못 사용되어 교회의 예배 시간 중에 분노가 일어나게 되기도 한다. 보통 이런 일은 설교자가 어떤 세상적인 불의에 대해서 공격하는 설교를 하고, 청중들이 자기들은 의롭다는 생각에 빠져서 크게 분노하며 "아멘!" 하고 화답하는 목소리가 교회당 벽을 되튀어 나올 때 일어난다.

"아멘"을 역동적으로 적용하기

성경에서는 아멘이 175번 이상이나 사용되고 있다. 이 단어의 본질적인 의미는 '그것은 믿을 만하다!' 혹은 '그것은 옳은 말이다!' 는 뜻이다. 이 단어의 중요성은 이 단어가 히브리어의 아우만(awman)에서 파생된 단어라는 사실에 있다. 스트롱 성경 단어 사전(Strong's Concordance)은 이 단어가 일차적으로는 어떤 것이 '세워지다, 지지되다, 영구적이 되다'라는 뜻을 의미하는 동사의 뿌리를 가지는 것으로 보여 주고 있다. 그러므로 영어에서는 이 단어의 의미가 가장 흔하게는 '그렇게 되라' 혹은 '그렇게 되게 하라' 혹은 '그렇게 될지어다'를 의미한다.

오늘날 하나님의 백성들의 입술로 "아멘"을 사용하는 목적에 대한 통찰력은 구약에서 아멘을 사용하는 25가지의 사례들로부터 얻을 수 있다. 아멘을 사용하는 목적은 크게 네 가지이다. 이스라엘 백성들은 아멘을 다음과 같이 사용했다.

- 맹세하기 위하여
- 지도자를 세우고 인정하기 위하여
- 바로잡아 주는 것을 받아들인다는 의미로
- 하나님의 말씀을 인정하는 의미로

1. 맹세하기 위하여

율법서인 민수기와 신명기에서는 "아멘"이 열네 번 나오는데, 그중에 열두 번은 같은 본문인 신명기 27장 15~26절에서 나온다. 이상하게도 그 본문은 공동체에 손해를 끼치는 행동을 하는 사람에게 임하게 될 저주와 관계된 내용이다. 그 본문에서는 각각의 저주가 선포된 후에 백성들에게 "아멘"으로 응답할 것을 명령한다. 바로 앞에서 축복이 나열될 때에는 아멘으로 응답하라는 요구가 나오지 않는다. 아마도 그 이유는 우리 인간들이 대개 실수와 잘못에—특별히 다른 사람들에게 영향이 돌아가는 잘못들—대한 책임을 받아들이기보다는 축복을 받아들일 준비가 더 잘되어 있기 때문일 것이다.

이스라엘 백성들도 율법을 범해 놓고는 몰라서 그랬다고 주장할 위험이 매우 높았다. "아멘"을 선포하라는 것은 책임감을 높이는 방법이었다. 이스라엘 백성들은 선포되는 저주에 대해서 "아멘"이라고 말함으로써 그 명령을 지키겠다는 맹세와 그렇지 못할 경우에는 저주를 받게 될 것이라는 맹세로 스스로를 묶는 행위였다. 하나님께서 이러한 결단을 좋아하시는 것은 아니지만, 이스라엘 백성들은 자기들의 불순종이 이스라엘 공동체뿐 아니라 자신들 개인에게도 영향을 미친다는 사실을 알아야 할 필요가 있었던 것이다.

2. 지도자를 세우고 인정하기 위하여

역대상 16장 36절은 언약궤가 하나님의 백성들의 가장 중심이 되는 제자리로—그들의 마음—돌아오게 되었을 때 다윗 왕이 자신이 하나님을 위해서 쓴 시편을 읽자 "모든 백성이 아멘 하고 여호와를 찬양하였더라"고 기록하고 있다. 열왕기상 1장 36절에서는 다윗이 이스라엘 왕국의 통치권을 자기의 아들인 솔로몬에게 넘겨 줄 때 군대의 지도자들 가운데 한 사람이었던 브나야가 "아멘 내 주 왕의 하나님 여호와께서도 이렇게 말씀하시기를 원하오며" 하고 응답한다. 위의 두 가지 경우에서 "아멘"은 모두 지도자를 인정하기 위해서 사용되고 있다. 첫 번째 경우에 백성들은 아멘으로 화답함으로써 하나님 나라의 통치가 지금 그들 가운데 임하여 있다는 사실을 인정하고 있다. 두 번째 경우에는 군대의 지도자들 가운데 한 사람인 브나야가 아멘으로써 자기가 솔로몬 왕의 통치를 지지하겠다며 왕권을 인정하고 있다.

이스라엘 백성들은 시편을 통해서 그들이 드리는 찬양의 일부로 "아멘"을 말하라고 배운다(시 41, 72, 89, 106편을 보라). "아멘"은 지금 일어나고 있는 상황을 인정하는 것이다. 아멘은 (1) 우리가 뜻을 같이하고 있다는 사실과, (2) 우리는 지도자들이 우리에게 하라고 하는 것이 옳다고 생각한다는 것을 인정하고 확인하는 표시이다.

3. 바로잡아 주는 것을 받아들인다는 의미로

느헤미야는 하나님의 백성들 가운데서 분명하게 일어나고 있는 불의의 문제를 다루기 위해서 그 지역의 총독으로서 권위를 가지고 상황에 개입하고 있다. 바벨론에 포로로 잡혀 갔다가 돌아온 사람들 가운데 어떤 가난한 사람들이 그들의 동족인 같은 유대인들의 경제적인 착취로 인해서 재정적으로 심각한 어려움을 당하고 있었다. 이 문제를 바로잡기 위해서 느헤미야가 선언하는 해결 방안에 대해서 "회중이 다 아멘하고 여호와를 찬송"했다(느 5:13). 그들은 "아멘"이라고 응답함으로써 느헤미야가 그들의 잘못을 지적하고 바로잡아 주는 것을 받아들였던 것이다.

똑같은 일은 바울이 젊은 목회자인 디모데에게 보내는 편지에도 나온다. 바울은 그 편지에서 "아멘"이라는 긍정적인 표현을 다섯 번이나 사용한다. 목회자가 양을 사랑하는 목자의 심정으로 잘못된 길로 가는 양—자신이 담임하는 교회의 성도—을 바로잡아 주고 인도하는 경우가 있다. 그런 경우에 교인들이 그렇게 바로잡아 주는 말을 받아들이고 인정하는 것은 아주 중요하다. "아멘"이라고 말하는 것은 "목사님 말이 옳습니다"라고 하는 것이 아니라 "주님의 말씀과 방법이 옳습니다" 하고 인정하며, 그 말씀을 받아들이고 재조정이 필요한 방향으로 나아가기로 결단함으로써 그 말씀에 굴복한다는 것을 의미하는 것이다.

[나는 내가 잘못된 교인들을 바로잡아 주어야만 했던 몇 번 안 되는 경우에—그것도 교인들이 아니라 교회의 지도자들이었다—우리 교인들을 정죄하는 마음으로 대하는 것이 아니라 '우리'('그들'이 아니라)가 전에는 그 문제를 보지 못했거나 깨닫지 못했던 것이 틀림없습니다' 라는 생각을 가지고 대할 때는, 그들이 상황에 대한 정확한 설명과 적용을 받아들이고, 하나님의 말씀에 따르기 위해서 내가 제안하는 올바른 방향으로 기꺼이 나아가려고 하는 마음을 가지게 된다는 사실을 발견했다. 또한 나는 먼저는 교회의 장로들과 함께 우리의 필요를 같이 인정하고 그 문제를 해결하는 방향으로 움직여 가면서, 우리가 해야 할 회개나 적당한 조정이 필요한 부분을 교회 앞에 선포하는 방향으로 교회를 인도해 나가는 것이 가장 지혜로운 일이라는 사실을 알게 되었다.]

4. 하나님의 말씀을 인정한다는 의미로

느헤미야 8장 6절에서는 여러 해 동안 하나님의 말씀을 듣지 못하고 있던 상황에서 에스라가 율법 책을 펼쳐 들자 백성들은 "아멘" 이라고 말함으로써 하나님의 말씀에 대한 존경과 인정하는 마음을 표현했다.

"에스라가 위대하신 하나님 여호와를 송축하매 모든 백성이 손을 들고 아멘 아멘 하고 응답하고 몸을 굽혀 얼굴을 땅에 대고 여호와께 경배하니라"

여기서 "아멘"은 근본적으로 다음과 같은 의미를 가지고 있다. 즉 우리가, 하나님께서 하늘에서 친히 자신의 말씀과 뜻을 이루셨던 것처럼 "땅에서도 그렇게 이루어질 것입니다!" 하고 선포하는 것이다. 이것은 하나님의 영원하신 말씀을 존중하며, 성경에 포함되어 있는 약속을 환영하는 신약 시대의 그리스도인들이 예수님의 이름으로 하는 역동적인 일(즉, 기도)로 이어진다.

예수님과 "아멘"

신약성경에서 아멘이라는 단어는 약 150번이 나온다. 그중에 스물네 번은 신약에 포함된 각 책의 결론 부분에 나온다. 신약 안에 있는 책들 가운데서 아멘으로 끝나지 않는 책은 세 권뿐이다. 성경 안에 있는 각 권의 결론 부분에 아멘이 나온다는 사실의 의미는, 간단히 말해서 그러한 책들이 포함하고 있는 진리를 확증해 주는 선언과 같은 것이지만, 성경에 포함되어 있는 어떤 책의 끝부분에 아멘이 없다는 사실로 인해서 그 책 안에 있는 진리에 대한 우리의 믿음을 무효로 만들어 주는 것은 분명히 아니다.

성경이 아멘이라는 단어를 사용하고 있는 것에 대해서 놀라운 사실 한 가지는 그 단어를 가장 많이 말씀하신 분이 바로 예수님이시라는 것이다. 그러한 경우가 신약성경에서 101번이나 나온다. 아멘은 원래 헬라어 단어인데 '진실로'(verily) 혹은 '진정으로'(truly)로 번역되고 있다. 이 단어는 요한복음에서만 25번이나 나온다. 예를 들면, 전통적인 흠정역(KJV) 성경에서는 "내가 진실로 진실로 네게 말하노니"(Verily, verily I say unto you)라는 표현으로 등장한다.

그런 경우에는 예수님께서 "아멘"이라고 말씀하심으로써 자신의 말씀이 거룩하신 하나님의 진리임을 확증해 주신 것이다. 간단히 말한다면, 예수님께서는 "귀를 기울이고 민감하게 듣기 바란다. 이제 내가 너희에게 영원한 진리를 말해 주겠다. 내 말이 진리라는 것은, 영원한 말씀으로서 육신이 된 내가 너희 가운데 존재하고 있다는 사실로 확증되는 것이다" 하고 말씀하시고 계시는 것이다.

예수님께서는 전부터 천국에 있었으며, 그곳에서 영원히 이루어진 아버지의 말씀이 바로 지금 친히 하나님에 의해서 세상에 적용되고 있는 것이라고 말씀하시고 계시는 것이다: "말씀이 육신이 되어 우리 가운데 거하시매 우리가 그의 영광을 보니 아버지의 독생자의 영광이요 은혜와 진리가 충만하더라"(요 1:14).

예수님께서는 "아멘, 아멘"(진실로, 진실로)이라고 말씀하심으로써 하나님의 말씀의 신성, 권위 그리고 능력을 확인해 주시는 것이며, 또한 우리는 그 사실로부터 "아멘"이라는 주제에 대해서 가장 중요한 핵심을 이해하게 된다. 즉 우리는 예수님이라는 분 안에서는 하나님의 모든 약속들이 다 신실하고 믿을 만한 것임을 확인받게 되는 것이다: "하나님의 약속은 얼마든지 그리스도 안에서 예가 되니 그런즉 그로 말미암아 우리가 아멘 하여 하나님께 영광을 돌리게 되느니라"(고후 1:20).

하나님의 모든 약속들은 한 가지 통로를 통해서 흘러나간다. 그 통로는 스스로 자신을 "아멘"(계 3:14)이라고 부르시는 예수님이시다. 예수님은 하나님의 말씀의 화신(化身)이시다. 그분은 세상에서 하나님의 뜻과 목적이 무엇인지를 확인해 주시는 분이시다. 예수님은 "길이요 진리요 생명" 이시다(요 14:6). 예수님은 "신성의 모든 충만이 육체로 거하시"는 분이시며(골 2:9), 하나님께서 하시고 싶으신 모든 말씀이시다. 하나님의 말씀은 예수님을 통해서 분명하게 나타난다.

성경의 모든 약속들은—신약성경이든 구약성경이든 간에—예수님 안에서 확인되고 이루어진다. 하나님의 모든 약속들이 다 예수님의 육체 안에서 이루어지도록 하시기 위해서 친히 하나님께서 육신이 되어 우리 가운데 거하셨던 것이다. 하나님께서는, 우리가 예수님 안에서 자신의 말씀이—자신의 생명이—인간이 사는 곳에서 나타나며 이루어지게 하시기를 기뻐하시는 마음이 의인화되어 표현되었다는 사실을 알게 되기를 원하신다. 또한 우리는 그 예수님으로 말미암아 지으심을 받아 존재하게 된 것이다. 하나님께서는 우리 안에 하나님의 말씀의 진리뿐 아니라, 아예 자신의 아들이신 분의 모습을 나타내시기를 원하신다.

하나님께서 확인해 주시는 "아멘"

예수님께서 오셔서 "천국이 가까웠다!"라고 선포하실 때, 그 의미는 하나님의 뜻과 통치하심이 지금 여기에 임해 있으며, 예수님께서 그곳에 와 계시는 것 자체가 바로 그러한 사실을 확인해 주시기 위해서라는 의미였다. 오늘날 주님께서는 생명력 있는 교회에서 다음과 같은 취지로 말씀하신다: "너희가 내 말을 입으로 말하면 내가 너희가 선포하는 그 말을 존중해 주겠다. 너희가 내 말을 선포하면 내가 내 성령의 역사를 통해서 그 말을 확인해 주겠다." 간단히 말하면, 예수님께서는 "너희가 내 말을 선포하면 내가 그 말에 '아멘!' 하겠다"고 말씀하시고 계시는 것이다.

그것이 바로 마가복음 16장 20절이 말하는 내용이기도 하다: "제자들이 나가 두루 전파할새 주께서 함께 역사하사 그 따르는 표적으로 말씀을 확실히 증언하시니라." 그리고 마가복음은 그 말씀으로 결론을 내리고, 마지막으로는 "아멘"으로 끝난다(KJV).

어떤 사람들은 그것을 단지 개인적인 견해라고 보기도 하지만, 나는 다음과 같이 주장하려고 한다.

- 예수님께서 "아멘"을 그렇게나 많이, 그리고 자주 사용하셨기 때

문에
- 하나님 말씀의 단 한 단어라 하더라도 아무런 의미 없이 사용된 것으로 격하시켜서는 안 되기 때문에
- 하나님의 모든 약속은 그리스도 안에서 "아멘"이 되기 때문에
- 마지막으로 예수님께서 친히 자신에 대해서 "아멘이시요 충성되고 참되신" 분이라고 하셨기 때문에(계 3:14)

아멘이라는 단어는 단지 습관적으로 여기저기에 갖다 붙이거나, 교인 중 한두 사람의 전유물이 되어서는 안 되는 특별한 단어이다. 또한 아멘은 예배 시간에 드리는 기도에서 단지 '끝'을 의미하는 말이라도 되는 듯이 그저 기도를 마칠 때나 수동적으로 읊조리는 말이 되어서는 안 된다. 교회가 아멘을 통해서 하나님의 말씀을 붙잡을 때나 개인이 하나님의 진리에 서서 그 약속 안에서 행할 때, 성령님께서 오셔서 우리의 마음에 감동을 주시거나, 하나님 아버지의 말씀 안에 있는 계시된 그분의 뜻을 강조하실 수 있는 자리를 만들어 드리게 되는 것이다.

말씀으로 세상을 창조하시면서 만물을 창조하는 과정을 시작해 나가신 분이 바로 육체가 되셔서 우리 안에 거하시는 분이시다. 하나님께서는 단지 우리에게 종이 위에 써 있는 글자만을 주신 것이 아니라, 우리의 가슴속에 살아 있는 말씀을 주셨다. 그렇게 살아 있는 말씀은 성령님에 의해서 태동하게 된 말씀이며, 우리는 육신을 입은 말씀이신 분, 즉 아멘이신 분의 이름으로 그 말씀을 말할 수 있게 되었다.

"아멘"은 예수 그리스도의 영광을 위하여 인간의 일과 삶의 영역 가운데 하나님의 살아 계신 말씀이 이루어지게 하는 역할을 한다. 하나님의 통치와 능력은 예수님 안에서만 인정되고 성취된다. 따라서 우리가

"아멘"을 말할 때, 바로 하나님의 그러한 통치와 다스리심을 우리의 인생과 환경과 우리가 사는 세상 안으로 초대해 들이게 되는 것이다.

하나님의 임재를 경험하는 예배

JACK HAYFORD

제3부

예배의 목적

십자가여 영원하라

나와 함께 갈보리 언덕의 십자가로 나아가세.
갈보리에서 흐르는 샘물로 나아가서 씻음을 받자. 십자가로 나아가세.
그곳은 그리스도께서 우리를 위하여 죽으신 곳
우리를 위하여 주께서 피 값을 치르신 곳일세.
와서 이 기쁜 찬송을 같이 부르며 십자가로 나아가세.

거기, 십자가에서 피를 흘리며 죽으신 어린 양을 찬양하라.
거기, 십자가에서 못 박히신 예수님을 찬양하라.
주님의 피, 그 진홍색 표시로 인해서
지옥의 모든 권세가 깨어졌으니
거기, 바로 십자가는 주께서 "다 이루었다" 말씀하신 곳이라네.

바로 여기, 십자가에 기뻐할 이유가 있나니
바로 여기, 십자가에 가장 높은 목소리로 찬양할 이유가 있다네.
바로 여기서 예수님께서 죄의 저주를 받아 몸이 찢기셨고
바로 여기서 우리를 위해서 자신의 피 값으로 영생을 사셨다네.
바로 여기, 십자가에서 주님께서는 우리를 지켜 주시고,
영원히 우리를 떠나지 아니하시리라.

여기에 천국의 영원한 보배가 있으니, 하나님께서 십자가를 계획하셨도다.
측량할 수 없는 엄청난 사랑이 있으니, 하나님께서 십자가를 계획하셨도다.
하나님의 아들이 그 십자가에서 피 흘려 죽으셨으니
나의 모든 소망이 거기에 있도다.
하나님께서 내가 거기서 의롭다 함을 입었다고 말씀하시니,
하나님께서 십자가를 계획하셨도다.

예수님께서 우리 모두를 구원하시고 치유하시리니, 그것은 십자가를 통해서라.
예수님께서 구속의 능력으로 우리를 인치시리니, 그 모든 것이 다 십자가를 인함이라.
인간이 죄를 범한 후에
예수님께서 새로 시작하셨나니
예수님께서 죽으심으로 이 약속을 얻게 되었으니, 이 모든 것이 다 십자가를 인함이라.

그 십자가로 우리가 용서하심을 입었으니, 십자가여 영원하라.
그 십자가를 인하여 우리가 천국에 들어가게 되리니, 십자가여 영원하라.
하나님의 놀라우신 사랑과 은혜를 인하여
우리 모두가 영원히 찬양하게 되리니
이에 우리는 지금 이 찬양을 높이리라, 십자가여 영원하라.

잭 W. 헤이포드

12장

생활 방식으로서의 예배

– 예배에 따르는 희생 –

"그러므로 우리는 예수로 말미암아 항상 찬송의 제사를 하나님께 드리자 이는 그 이름을 증언하는 입술의 열매니라"(히 13:15).

성경에 나오는 사람들 가운데 믿음이 특별한 사람들이 가지고 있는 공통분모는, 그 사람들도 여러분이나 나와 마찬가지로 모두 어려움과 스트레스를 많이 받는 기간을 보냈다는 것이다. 우리 가운데 한 사람도 빼놓지 않고 모든 사람들이 다 때로는 유혹을 받아서 아버지 하나님께 대하여 우리를 위해서 의도하시는 소망과 목적들을 실현시킬 수 있으실 것인지에 대해서 쉽게 의심이 생기는 시기들이 있다. 우리가 하나님의 의도는 우리에게 "미래와 희망"(렘 29:11)을 주는 것이라는 약속을 믿고 의지하기는 하지만, 우리 자신의 연약함과 한계로 인해서 진정한 믿음을 가진 사람들에게도 의심과 불안감이 생기는 경우들이 있다.

아브라함도 이 점에 있어서는 여러분이나 나와 전혀 다를 바가 없는 사람이었다. 아브라함은 하나님께서 신실하신 분이라는 사실을 믿었다. 그러나—여러분이 위로 받으라고 하는 말은 아니지만—아브라함도 때로는 하나님께서 그를 부르신 목적에 분명히 들어 있다고 알고 있던 축복이 아직까지도 이루어지고 있지 않다는 사실에 대해서 낙심하고 있는 모습이 보인다. 이 점에 대해서 눈에 띄는 것은 창세기 15장 1절에서 하나님과 아브라함 사이에 오가는 대화의 내용이다. 하나님께서 이렇게 말씀하신다: "아브람아 두려워하지 말라 나는 네 방패요 너의 지극히 큰 상급이니라."

아브라함이 두려워하고 낙심하는 것을 보고 용기를 얻을 사람이 누구이겠는가? 아브라함은 하나님께 자기의 상황에 대해서 그러한 상황이 하나님께서 자기에게 해 주신 약속과 어떻게 어울리는 상황일 수 있느냐고 반문하고 있다. 아브라함은 하나님으로부터 자기의 자손들이 "땅의 티끌"처럼 셀 수 없을 정도로 많아지게 될 것이라는 약속을 받기는 했지만(창 13:16), 지금은 하나님께 "주 여호와여 무엇을 내게 주시려 하나이까 나는 자식이 없사오니"(창 15:2)라는 낙심과 풀이 죽은 대답을 드리고 있다. 아브라함이 하나님과 나눈 전체적인 대화의 내용은 간단하지만, 그는 이제 하나님의 약속의 전체적인 그림에 대해서 분명하게 이해하며 인정하게 되었다.

하나님께서는 아브라함에게 밖으로 나가서 하늘을 쳐다보라고 말씀하신다. 나가서 하나님의 창조적인 능력이 아브라함이 생각하는 모든 것보다 얼마나 무한하게 더 크며 위대하신지를 보라는 것이다. 즉 하나님께서 약속해 주신 자녀는 자연적인 방법을 통해서가 아니라 아브라함과 사라의 늙어 가는 육신에 다시 능력을 주시는 기적의 방법으로 이루어지게 될 것이라는 확신이다. 그리고 나서—그리고 이것은 얼마나 중요한 일인지 모른다—하나님께서는 아브라함에게 새로 제단을 쌓으라고 말씀하신다. 그리고 더 나아가 하나님께서는 바로 이 제단에서 아브라함과의 언약을 다시 확인해 주신다.

여러분의 인생이 위기에 처해 있을 때에는 위를 바라보라

아브라함이 자기에게 후손이 없다고 말할 때, 그것은 하나님의 약속에 대한 이해뿐 아니라, 믿음은 말할 것도 없고 그의 가문의 미래까지도 위험에 처하게 되었음을 의미하는 것이었다. 그러한 상황에서는 누구라도 긴장감을 느끼게 될 것이다. 우리 모두에게는 때때로 질문이 생긴다. 나의 인생에 대한 하나님의 목적이 커지거나, 곱절로 증가하거나, 장래에 대해서 확실하게 지속성이나 소망이 보이는 때는 도대체 언제이겠는가?

하나님께서 아브라함을 밖으로 데리고 나가셔서 시간이 지나도 변하지 않을 교훈을 주신다. 그 교훈은 우리를 위한 것이기도 하다. 그것은 우리 주위에 있는 놀랍고 휘황찬란한 피조 세계로부터 우리에게 빛을 발하며 다가오는 진리이다. 하나님께서 이렇게 말씀하신다: "하늘을 우러러 뭇별을 셀 수 있나 보라 또 그에게 이르시되 네 자손이 이와 같으리라"(창 15:5).

하나님의 메시지는 아주 분명하다. 하늘에 떠 있는 셀 수 없이 많은 별들은 하나님의 끝없이 무한한 창조의 능력을 찬란하게 과시해서 보여 주시는 증거이다. 간단히 말하면, 여러분의 삶 가운데 두려움이 찾아와서 마치 예언이라도 선포하는 것처럼 여러분의 '인생'의 미래가 더 이상은 앞으로 나아갈 수 없을 정도로 꽉 막혔다고 단언하는 것처럼 보이는 상황에 왔을 때에는 "하늘을 우러러 보라" 그리고 "제단을 쌓으라"는 것이다. 하나님께서 여러분에게 하늘의 별을 보여 주실 때에는 거기에 놀라운 교훈들이 있는 것과 마찬가지로, 여러분이 하나님의 임재하심 앞에서 무릎을 꿇고 제단을 쌓을 때에도 분명한 교훈을 받게 된다.

제단을 쌓는 방법

먼저, 제단은 대개 깨어진 것으로 쌓게 된다.

구약 시대에는 제단을 바위와 돌로 쌓았다. 이 사실은 그 지역에서 일어났던 지리적인 발생 과정을 반영해 준다. 큰 암반에 뜨거운 열이나 싸늘한 냉기가 작용하는 것이 반복되면서 바위에 금이 가서 떨어지거나, 화산의 폭발이나 엄청난 지진에 의해서 날아가서 흩어진 돌들 같은 것이 바로 우리가 경험하게 되는 깨져서 떨어진 '딱딱한 물질'인 바위들이다(즉 어려운 문제들). 이러한 문제들은 지구 전체가 겪는 더 큰 문제들의 작은 부분들이다.

우리의 인생에도 '화산의 폭발'처럼 큰 격변들이 일어나기도 한다. 지나치게 뜨겁게 달궈진 인간관계들이 우리의 마음에 흔적을 남기거나, 싸늘하게 거부당했던 경험들이 가시로 찌르듯이 우리의 마음을 아프게 한다. 또한 우리에게 일어나는 지진처럼 격한 주변 상황들이 우리를 짓누르고 깎아 내며 돌아가면서 상처의 흔적을 남겨 우리 앞에 의심의 장벽을 쌓아 놓기도 한다. 우리가 그러한 상황에서 어떻게 하는가 하는 것은 결정적으로 중요하다. 그런 상황에서 우리는 마음에 낙심과 분노와 상처를 끈으로 매고 끌고 다니면서, 그러한 아픔의 무게가 돌처럼 짓눌러 내리는 듯한 눌림을 당하게 될 수도 있다. 더 나쁜 상황은, 우리가 그러한 상황에서 미친 듯이 화를 내면서, 그러한 감정과 상처들을 누군가 다른 사람들에게 던지면서 복수하려고 하는 것이다.

아니면 우리는 하나님께서 아브라함에게 말씀하셨던 것처럼 할 수도 있다. 즉 우리는 그렇게 딱딱하고 부서진 것들을 모아서 하나님 앞에 내려놓을 수 있고, 우리의 삶과 미래를 손에 잡고 계시는 분, 그리고 자신의 약속을 잊어버리는 법이 결코 없으신 하나님 앞에 제단을 쌓고 경배를 드리는 것이다!

제단 앞에서는 언제나 희생(제사)이 이루어진다

하나님께서 아브라함에게 짐승 세 마리와 새 두 마리로 희생 제사를 드리라고 하신다. 이것은 모든 제사에 있어서 근본적인 행위였다. 피를 쏟는 것은 하나님 앞에 **생명**을 쏟아 드리는 것을 의미한다(창 15:8~10).

물론 하나님의 그러한 말씀의 핵심은 구약에 나오는 제사들이 우리의 구세주이신 그리스도에 대해서 제시해 주는 그림에 나타나 있다. 예수님께서는 자신의 죽으심으로 구약의 제사 제도를 완성하셨다(perfected). 예수님께서 흘리신 피는 세상의 죄 문제를 해결하시기 위해서 우리를 대신해서 단번에 완전히(once for all) 흘리신 희생 제사의 피였다(요 1:29). 우리는 예수님 안에서 우리의 인생(생명)을 피가 없는 제사인 예배로 쏟아 부어 드려야 한다. 우리의 생각과 심령뿐 아니라 우리의 몸을 살아 있는 희생 제사로 하나님께 드리는 것이다(롬 12:1).

우리는 신약의 개념을 그러한 각도에서 이해할 수 있다. 즉 궁극적으로 하나님께 경배를 드린다는 것은 우리로 하여금 우리 자신을 희생 제물로 드릴 것을 요구한다. 그것이 우리가 고민하며 해결하려고 하는 '딱딱한 문제'와 '깨어진 문제이든지', 혹은 하나님의 부르심과 우리의 인생에 대한 하나님의 목적에 따라서 모든 것을 내려놓는 것이든지 간에, 경배는 우리를 희생 제사의 제단으로 나오라고 부른다. 일단 제단 앞으로 나오면 우리는 또 다른 요구를 받게 된다. 즉 제물을 뺏기지 않도록 확실하게 지키라는 것이다.

독수리를 조심하라

아브라함이 희생 제사로 드린 짐승과 새들을 제물로 드린 후에 독수리와 맹금류들이 제물을 노리고 달려들었기 때문에 아브라함은 그 새들을 쫓아 보내야 했다(창 15:11). 우리의 원수들과 육신도 그러한 독수리들처럼 온전히 드려지는 것을 방해한다. '합당하게 드리려고 하는 예배'를 드리지 못하게 하려는 상상할 수 있는 온갖 이유와 핑계들이 다 생겨날 것이다. 혹은 새로운 상황들이 생겨나서 우리의 각오와 결심을 빼앗아 가려고 하기도 할 것이다. 어떤 경우라도 그러한 일이 일어난다면 여러분과 나는 아브라함처럼 그렇게 찾아오는 독수리들과 싸워서 그들을 쫓아내야 한다.

하나님께서는 하신 약속을 지키신다

우리는 우리 자신을 하나님께 온전히 쏟아 드리며 내어드리는 것을 두려워할 필요가 전혀 없다. 하나님께서는 아브라함에게 친히 그의 '방패'가 되어 주실 것이라고 약속해 주셨다. 그 약속은 하나님께서 바로 우리에게도 해 주시는 약속이다.

하나님께서 아브라함을 위해서 계획하신 일은 단지 아브라함이 한 아이의 아버지가 되는 것보다 훨씬 큰 의미와 결과를 가져오게 될 일이었다. 하나님께서는 아브라함이 자기가 쌓은 제단에서 드린 제사로부터 독수리들을 쫓아 보낸 후에, 그에게 그가 낳을 자손들에게 4백년 후에 일어날 일을 보여 주셨다.

> "해 질 때에 아브람에게 깊은 잠이 임하고 큰 흑암과 두려움이 그에게 임하였더니 여호와께서 아브람에게 이르시되 너는 반드시 알라 네 자손이 이방에서 객이 되어 그들을 섬기겠고 그들은 사백 년 동안 네 자손을 괴롭히리니 그들이 섬기는 나라를 내가 징벌할지며 그 후에 네 자손이 큰 재물을 이끌고 나오리라 너는 장수하다가 평안히 조상에게로 돌아가 장사될 것이요 네 자손은 사대 만에 이 땅으로 돌아오리니 이는 아모리 족속의 죄악이 아직 가득 차지 아니함이니라 하시더니"(창 15:12~16).

하나님께서는 지금 아브라함에게 자신이 친히 아브라함의 인생 가운데서 행하시려고 계획하시는 일이 아브라함 이후의 세대에까지 영향을 미치게 될 것이라는 사실을 알려 주시고 있다. 하나님께서 아브라함을 잊으심으로써 그 미래의 세대를 버리시는 일이 있겠는가? 우리는 위와 같은 사실로부터 하나님께서는 단지 우리를 사랑하시기 때문만이 아니라, 미래에 대한 하나님의 약속의 성취가 우리에 대한 약속이 이루어지는지의 여부에 달려 있기 때문에 우리에게 해 주신 약속을 지키실 것이라는 사실을 추론할 수 있다.

성경은 아브라함에게 두려움이 찾아왔으며, 또한 하나님께서는 아브라함이 그 당시의 순간을 넘어서는 볼 수가 없는 답답한 상황에 있었기 때문에 그에게 전체적인 상황에 대해서 빛을 비추어 주시기 위해서 하나님의 거룩한 불꽃을 보내셨다고 말한다. 즉 '연기 나는 화로와 타는 횃불'을 보내셨으며, 하나님께서는 바로 그날에 아브라함과 언약을 세우셨다.

> "해가 져서 어두울 때에 연기 나는 화로가 보이며 타는 횃불이 쪼갠 고기 사이로 지나더라 그 날에 여호와께서 아브람과 더불어 언약을 세워 이르시되 내가 이 땅을 애굽 강에서부터 그 큰 강 유브라데까지 네 자손에게 주노니"(창 15:17~18).

우리는 아브라함의 인생으로부터 한 가지 교훈을 배울 수 있다. 그것은 우리의 앞날이 얼마나 불확실하게 보이든 하나님께서 우리에게 "예배의 제단을 쌓고, 모든 것을 내어 드리고, 너희 자신과 두려움과 의심과 절망까지도 '산 제물'로 드리라"고 말씀하시는 음성을 들을 수 있다는 것이다. 우리가 그렇게 할 때 하나님께서는 우리의 어둠 가운데로 빛을 비추어 주시며, 친히 우리와 맺으신 언약에 대해서 우리가 새로운 확신을 가질 수 있도록 역사해 주시며, 친히 우리에게 주신 약속을 결코 잊지 않으시고, 반드시 그 약속을 이루어 주실 것이라는 사실을 보장해 주실 것이다.

믿음의 사람들은 예배의 제사를 드린다

신약성경은 우리에게, 구약성경이 제시하는 모든 제사에 관한 그림을 넘어서, 궁극적인 제단인 갈보리 언덕에서 예수 그리스도를 통해서 드려진 최종적인 희생 제사로 말미암아 하나님과 우리 사이에 세워진 언약에 대하여 영원한 확신을 가지라고 초대한다(히 13:10-15). 이러한 실제적인 언약의 영광은 우리로 하여금 단지 우리의 의심과 두려움의 문제만을 해결하는 것이 아니라, 이제는 아예 예배를 삶의 방식으로 삼을 것을 요구한다: "그러므로 우리는 예수로 말미암아 항상 찬송의 제사를 하나님께 드리자 이는 그 이름을 증언하는 입술의 열매니라." 즉 우리가 사는 곳에 '예배의 집'을 세우라는 부르심이다.

우리는 그러한 예배의 집을 짓기 위한 청사진과 재료들을 예배에 관하여 하나님의 변하지 않는 진리가 각 편마다 넘쳐흐르는 보고(寶庫)인 시편에서 아주 풍부하게 찾아낼 수 있다. 다윗이 고대 이스라엘 백성들에게 하나님을 찬양하며 경배를 드리라고 초청하며 권하는 내용들은 신약의 성도들이 예배하기를 배우기 시작하면서도 다 같이 적용하던 지침들이었다. 그러한 내용들은 시대가 변해도 변하지 않는 원리들이며, 교회나 개인의 예배 생활을 세워 나가기 위해서 다윗처럼 하나님 앞에서 자신을 낮추고, 죄를 고백하고 회개하며, 어린아이와 같은 심령이 되어 마음을 활짝 열고 나아가라는 교훈은 아주 중요한 내용이기도 하다.

우리가 살고 있는 곳에 예배의 집을 세우기

사도 바울이 제시하는 예배로의 초대와 부름인 "너희 몸을 … 산 제물로 드리라"(롬 12:1)는 말은 우리에게 아주 실제적이고 개인적이며 직선적인 방식으로 개인적인 예배를 시작하라는, 즉 바로 **당신의 집을 예배의 센터로 만들라**는 의미이다. 당신이 집안에서 어떤 위치이든지 간에—당신의 배우자나 가정이 믿든지 안 믿든지, 혹은 당신이 혼자 살든 아니면 배우자가 떠나고 혼자 자녀를 양육하는 상황이든지 간에—중요한 것은 하나님의 부르심에 대해서 당신이 인격적으로 어떻게 반응하는가 하는 문제이다.

이 말은 사당(祠堂)이나 자기만 사용하는 어떤 예배실 비슷한 것을 지으라는 말이 아니다. '건물'이란 우리의 몸, 혹은 우리의 목소리, 우리의 마음 그리고 하나님께서 원하실 때는 우리를 언제나 사용하실 수 있도록 우리 자신을 하나님과 그분의 임재하심과 그분의 말씀 앞에 인격적으로 완전하게 내어 드리는 것 등을 표현하는 말이다. 여기에 그러한 자세와 실체를 말해 주는 몇 가지 구체적인 내용이 있다.

- **무릎을 꿇음.** "오라 우리가 굽혀 경배하며 우리를 지으신 여호와 앞에 무릎을 꿇자"(시 95:6). 무릎을 꿇는다는 것은 복종을 인정하는 것이다. 즉 모든 것을 그리스도의 다스림 아래로 내려놓는 한 가지 방법이기도 하다. 나는 아침마다 일어나서 침대에서 나오면 곧 하나님께 무릎을 꿇어 경배를 드리는 습관을 가지게 되었다. 그것은 주님께서 나의 가족과 나의 인생과 나의 가정을 다스리시는 분이심을 인정해 드리는 한 가지 행동이기도 하다. 예수 그리스도께 대해서 "하나님의 아들이시여, 일어나소서"라고 선포하는 것은 그분의 임재하심을 나의 그날 하루의 삶 가운데로 초청하며 환영하는 행위이다.
- **찬양의 노래를 부름.** "오라 우리가 여호와께 노래하며 우리의 구원의 반석을 향하여 즐거이 외치자"(시 95:1). 하나님께 찬양의 노래로 경배를 드리는 것은 우리의 마음에 기쁨이 샘솟게 한다. 찬양으로 경배를 드리는 것은 고통 중에서라도 우리의 마음을 새롭게

하고 상쾌하게 만들어 주기도 하며, 하나님의 영이 우리의 삶을 통해서 늘 새롭게 흘러 나가도록 도와주기도 한다. 당신의 목소리가 어떻든지 간에, 풍요로운 기간과 메마른 광야 같은 시기에도 하나님을 찬양하는 노래를 부르면, 그러한 노래를 부르는 당신 자신이 축복을 받게 된다.

• **하나님을 식탁으로 초대하라.** "내 입이 여호와의 영예를 말하며"(시 145:21). 하나님을 믿는 믿음 안에서 화목한 가정에서는 하나님을 찬양하며 경배하는 것이 식탁에 둘러앉아서 나누는 아름다운 이야기의 주제가 될 수 있다. 경건을 강요하거나 가장하는 분위기를 만들지 말고, 유쾌한―심지어는 아주 재미있는―분위기 속에서 자녀들에게 가르치며 사역할 수 있는 순간을 포착해서 모든 식구들이 다 돌아가면서 '예수님께서 나의 삶 가운데서 하신 일'에 대해서 찬양을 드리고 싶은 부분을 함께 나누며 참여하도록 인도해 나가기 바란다.

• **말씀을 함께 먹으면서 기도하라.** "두세 사람이 내 이름으로 모인 곳에는 나도 그들 중에 있느니라"(마 18:20). 개인적인 경건의 시간에 배우자나 가족, 혹은 식구들 가운데 다른 사람들과 함께 모여서 다 같이 기도 제목을 나누며 기도하라. 그러한 시간을 서로 마음을 활짝 열고 자유로운 시간이 되게 하는 것이 좋다. 때로는 하나님의 창조적인 말씀을 당신의 집에서 큰 소리로 선포하며 말하라 (즉 "~할지어다!").

• **당신의 영적인 언어(방언)로 예배하라.** "내가 영으로 기도하고 또 마음으로 기도하며 내가 영으로 찬송하고 또 마음으로 찬송하리라"(고전 14:15). 우리가 주님께 경배를 드릴 때는 우리의 최고의 이해력

과 지식을 사용해서 하나님의 선하심을 선포하기도 하지만, 또한 찰스 웨슬리처럼 우리 입으로는 더 이상 표현할 말이 없어서 "만 입이 내게 있으면 그 입 다 가지고 내 구주 주신 은총을 늘 찬송 (말)하겠네" 하는 생각이 들 정도로, 우리의 입으로는 더 이상 표현할 말이 없겠다는 생각이 들 정도로 표현이 부족함을 느끼게 되었을 때 성령님께서 우리의 입술에 부어 주시는 더 큰 능력으로 예배한다면, 우리의 찬양은 모든 인간적인 제약을 뛰어넘게 된다.

- **성만찬을 행하라.** "이것을 행하여 나를 기념하라"(고전 11:24, 24~26절을 보라). 우리가 축제의 심령으로 성만찬에 참여할 때 그것은 모든 제단들 가운데 가장 위대한 제단에서 드려진 축제의 제사에 참여하는 것이다. 하나님의 아들이 온 인류를 하나님과 화목하게 하기 위해서 제물로 드려지는 갈보리 언덕의 십자가가 바로 그 제단이다. 여러분의 집을 예수님께서 죽으심과 부활을 통해서 이루신 일에 대한 말씀을 성만찬을 통해서 높여 드리는 장소로 삼는 것은 성경적이고 합당한 일이다. 물론 가정에서 가지는 성만찬이 온 교회와 함께 드리는 연합예배의 모임을 대신하는 것은 아니다. 그러나 그렇게 함으로써 당신의 가정에서도 갈보리의 언약을 선포하는 일이 되는 것이다.

믿음의 사람들은 예배하는 사람들이다

여러분은 믿음의 사람들이란 인생의 모든 문을 다 열 수 있는 마스

터키를 가진 사람이라거나, 그 사람이 손을 대는 모든 것들이 다 황금으로 변하게 될 것이라고 생각하는 실수는 범하지 말기 바란다. 설령 그렇게 된다고 해도 그것이 그 사람이 믿음의 사람인 증거가 되는 것은 아니다. 세상에 그런 사람은 한 사람도 없다. 오히려 믿음의 사람이란 그 사람이 시련을 당했을 때 무슨 일을 하는가 하는 것에 달려 있다. 믿음의 사람들은 인생이 한 오라기의 실낱 위에 서 있는 것 같은 위경에 처했을 때 오히려 경배와 찬양을 드린다. 아브라함을 '믿음의 조상'이라고 부르는 이유는 그가 하나님을 만날 때마다 자기의 인생의 어렵고 딱딱한 부분들을 가져다가 주님 앞에 내려놓고 경배의 제사를 드렸기 때문이다. 믿음의 조상인 아브라함이 가는 곳마다 제단을 쌓고 경배를 드렸다는 사실은 우리 중에 믿음의 사람이 되고자 하는 모든 사람들에게 깊고 어두운 숲속을 헤치고 나갈 오솔길을 보여 준다.

우리의 인생이 한 오리기의 실낱 위에 서 있는 듯한 위경에 처하게 되었을 때는 오히려 예배에 초점을 맞추고 위를 우러러보아야 한다. 당신의 상황에서 하나님께로 눈을 돌리고 그분을 바라보아야 한다. 우리는 아브라함이 제단으로 나아갔던 것처럼, 당황스럽고 좌절하며 자주 넘어지고 의심하면서도 여전히 믿음으로 예수님께로 나아가야 한다. 당신의 인생 가운데서 부서진 것으로 제단을 쌓고, 그곳에 당신 자신을 쏟아 붓고, 거기서 하나님을 예배해야 한다. 그러고는 그러한 상황 가운데서 하나님께서 당신에게 해 주시는 말씀을 귀 기울여 들어야 한다.

당신이 하나님께 예배를 드릴 때, 하나님께서는 그러한 예배에 대한 응답으로 당신에게 영광으로 임하신다. 그것이 바로 당신이 찬양으로 가득한 예배 가운데서 하나님께 드린 것에 대해서 축복으로 되돌려 주시는 일이다. 시편 기자는 다음과 같이 승리를 선포한다.

주께서 나의 슬픔이 변하여 내게 춤이 되게 하시며
나의 베옷을 벗기고 기쁨으로 띠 띠우셨나이다
이는 잠잠하지 아니하고 내 영광으로 주를 찬송하게 하심이니
여호와 나의 하나님이여 내가 주께 영원히 감사하리이다

(시 30:11~12)

13장

성막 안에서 사용하는 기구와 식양(式樣)

- 예배 모범 -

"만군의 여호와여 주의 장막이 어찌 그리 사랑스러운지요"(시 84:1).

나는 지금까지 지난 8여 년 동안 한 달에 온전히 한 주간은 전적으로 35명에서 45명 정도 되는 목회자들 팀만을 만나고 있다. 우리가 목회자로서 어려운 일들과 사역에 관해서 다룬 내용들 가운데는 누구나 알겠지만 '예배하는 교회'에 관한 내용이 들어 있었다. 풍부한 경험을 가진 원숙한 지도자들과—그중에는 20년 이상 사역한 목회자들도 많았다—예배하는 교회에 관해서 많은 내용들을 주고받는 가운데 나는 "시내산에서 어떤 일이 있었습니까?" 하는 질문을 던지고 그에 대한 대답을 들을 때마다 언제나 어이가 없는 일을 보고 있다.

그 질문은 보통 내가 "네가 그 백성을 애굽에서 인도하여 낸 후에 너희가 이 산에서 하나님을 섬기리니"(출 3:12)라는 말씀으로 모세를 부르시는 하나님에 대해서 30여 분 동안 강의를 한 후에 하는 질문이다. 모세가 기적이 일어나서 불붙은 가시떨기나무 가운데서 하나님을 만나는 장면과, 그 후에 하나님께서 이스라엘 백성들을 종노릇하던 자리에서 구원해 내시고, 그들을 그들에 대해서 가지신 은혜로우시고 풍성하신 목적 가운데로 인도하여 들어가시려는 하나님의 의도와 계획을 자세하게 설명했기 때문에, 그 사람들이 가장 중요하게 주목해야 할 내용은 이스라엘 백성들이 시내산에 이르게 되면 그곳에서 경배하라는 부르심이었다. 실제로 하나님께서는 바로 다음과 같이 말씀하신 것과 다름없다: "너희 인생에 대한 나의 목적을 깨닫는 방법은 바로 예배를 배우는 것이다." 예배가 중요하다는 사실은 고린도전서 10장에서도 발견된다. 그 본문은 특별히 이스라엘이 시내산에 머물던 기간의 삶은 신약 시대의 교회가 이스라엘이 시내산에서 했던 일을 배우고 삶 가운데 적용하게 하기 위한 것이라는 사실을 분명하게 밝혀 주고 있다. 즉, 다시 말하면 '우리의 인생에 대한 하나님의 뜻을 깨닫고 발견하는 방법은 바로 예배하는 방법을 배우는 것' 이다!

나는 이러한 내용들을 강조한 후에 곧바로 "시내산에서는 어떤 일이 있었습니까?" 하는 질문을 한다.

처음에는 언제나 뻔한 대답들이 나온다: "하나님께서 십계명을 주셨습니다", "금송아지 사건이 있었습니다", "모세가 십계명이 적혀 있던 돌판들을 깨뜨렸기 때문에 십계명을 새로 쓰는 일이 필요하게 되었습니다". 이런 대답들이 계속 이어진다. 지금까지 목회자들을 훈련하기 위한 JWH 목회자 훈련학교(JWH(Jack W. Hayford) School of Pastoral Nurture]에 등록한 수천 명의 아주 훌륭하고 성경 중심적인 지도자들 가운데 단 한 분만이 이스라엘 백성들이 성막을 지은 사건을 언급했다.

예배와 말씀

마침내 내가 가르치는 수업 시간에 참여하는 사람들 가운데 한 사람이 정확하게 대답하든지, 아니면 결국 내가 직접 말하게 되든지 간에 나는 칠판에 다음과 같은 도표 하나를 그린다.

| 두 돌판 | 말씀 | 율법 |
| 막 | 예배 | 의식(儀式) |

하나님께서 이스라엘의 예배 생활을 위해서 모세에게 주신 율법에 나오는 자세한 명령과 내용들은 더 뛰어난 복음에 그 의미가 완전하게 다 성취되거나 효력이 없게 되었다. 그리스도께서는 죄 없으신 어린 양으로 세상에 사시고, 희생 제사의 대속 제물로 죽으시며, 부활하시고 승천하셔서 하시는 우리의 위대하신 대제사장으로서의 사역―거룩하신 모든 일들을 다 성취하시며 완성하시고, 온전하신 아름다우심과 완전하심 가운데서 중보하시는 사역―을 통해서 모든 부분에서 구속 사역을 온전하게 완성시키심으로써, 지금은 모든 회개하는 죄인들마다 다 하나님과 교제를 누릴 수 있게 되었다. 할렐루야!

성경은―특별히 히브리서에서―지금도 우리가 성막으로 나와서 그리스도에 대하여 아주 놀라울 정도로 자세하게 보여 주는 예언적인 '그림'과 우리가 드려야 할 예배에 관한 '그림'을 보려고 하는 사람들은 그곳에서 예배에 관하여 아주 중요한 교훈을 발견하게 될 것이라고 말하고 있다. 우리 예배의 중심점은 바로 하나님의 말씀이며, 그 말씀은 우리에게 우리와 예수님과의 관계뿐 아니라 성막에서 실제로 예수님을 예배하고 있는 그림들을 하나씩 보여 주고 있다. 바로 예수님께서 우리의 그러한 예배의 중심이 되시는 분이시다. 그리고 그러한 사실은 우리가 성막의 기구들에 대해서 연구해 보는 것이 얼마나 합당하고 중요한 일인지를 말해 준다. 우리가 성막의 예배에 사용되는 각각의 기구들을 연구해 본다면 우리 앞에 예수 그리스도의 아름다우심이 펼쳐지게 될 것이며, 따라서 우리에게는 예수님을 더욱 사랑하며 찬양하는 마음이 생기게 될 것이다. 그러므로 하나님께서 먼저 자신의 말씀을 전달해 주시는 장소인 이 산(시내산)에서 우리 개인이나 교회 생활 가운데서 예배와 말씀 사이에 균형이 맞추어지게 된다. 하나님께서는 이스라엘 백성들 눈앞에서 예배의 광경이 펼쳐지고 예배의 정결함과 능력에 대해서 배우게 되었던 장소인 이곳에서 하나님 앞에서 그들이 어떻게 행하며 살아가야 할 것인지를 가르쳐 주고 있으시다. 이스라엘 백성들은 약속의 백성으로서—자유롭게 해방된 사람들로서—자기들이 어떻게 살아야 하는지에 대해서 배우기 시작할 뿐 아니라, 이제 곧 그들 자신의 운명과 하나님의 목적은 그러한 예배의 삶을 통해서만 온전하게 이루어질 수 있다는 사실을 배우게 될 것이다.

> "세계가 다 내게 속하였나니 너희가 내 말을 잘 듣고 내 언약을 지키면 너희는 모든 민족 중에서 내 소유가 되겠고 너희가 내게 대하여 제사장 나라가 되며 거룩한 백성이 되리라 너는 이 말을 이스라엘 자손에게 전할지니라" (출 19:5~6).

하나님의 목적을 이루는 것보다 더 중요한 것은 이스라엘 백성들이 하나님의 말씀에 순종하며, 하나님께서 행하시는 방법에 대해서 올바르게 반응하는 것이다. 하나님께서는, 전에는 이스라엘 백성들처럼 죄의 포로가 되어 종노릇하며 살다가 이제 예수 그리스도로 말미암아 해방을 얻게 된 여러분과 나를 영적으로 성장하며 더 깊은 목적으로 나아가는 길로서 예배라는 제사장의 사역을 배우라고 초대하시고 있다(벧전 2~3장을 보라). 우리가 성장하여 하나님 나라의 통치권을 행사는 일에 참여하며, 우리 주위의 세상을 섬기는 사역에서 하나님과 동반하여 사역하는 자리로 나아갈 수 있게 되는 환경은 바로 이 중요한 사역인 예배로부터 생겨난다. 따라서 요한계시록에서는 천사들과 장로들과 생물들이, 하나님께서 비싼 값으로 사신 노예인 우리의 운명을 아주 영광스럽게 선언하고 있다. 요한계시록은 우리에게 지식을 가지고 예배하라고 초대한다. 단지 인간에 불과한 우리는 그러한 예배를 통해서 완전하게 회복되어 우리가 사는 매일의 세상 가운데서 생명과 관계된 문제를 다루는 일에 있어서 하나님과 기능적으로 동반자 관계로 들어가게 된다.

> "일찍이 죽임을 당하사 각 족속과 방언과 백성과 나라 가운데에서 사람들을 피로 사서 하나님께 드리시고 그들로 우리 하나님 앞에서 나라와 제사장들을 삼으셨으니 그들이 땅에서 왕 노릇 하리로다"(계 5:9~10).

우리가 드리는 예배에 **목적**이 있는 것과 마찬가지로—즉 하나님의 영광으로 들어가고, 우리의 위치가 회복되어 세상에서는 하나님과 함께 다스리는 동역자 관계가 되는 것—예배에는 **유형**(pattern, 양식)이 있다. 하나님께서는 시내산에서 이스라엘 백성들에게, 그들이 예배를 통하여 그분을 초대하면 그들에게 오셔서 만나 주실 자리인 성막을 만드는 방법에 대해서 아주 분명하게 구체적인 사항을 제시해 주셨다. 하나님께서는 성막을 지을 준비에 대해서 말씀하시면서 네 번이나 그 성막은 어떤 구체적인 양식을 따라 지어져야 한다고 강조하시고 있다.

> "여호와께서 모세에게 말씀하여 이르시되 이스라엘 자손에게 명령하여 … 내가 그들 중에 거할 성소를 그들이 나를 위하여 짓되 무릇 내가 네게 보이는 모양대로 장막을 짓고 기구들도 그 모양을 따라 지을지니라" (출 25:1~2, 8~9).

성막의 모든 사항들과 기구들에는 우리가 배워야 할 교훈들이 있으며, 우리는 거기서도 예수님에 대한 그림을 발견할 수 있다.

성막(장막)

이스라엘 시대의 성막은 가지고 다니는 이동용 천막으로, 사막에서 옮겨 다니면서 잠시 치고 사는 임시 텐트였다. 실제로 장막(tabernacle)이라는 말은 '텐트'라는 의미이다. 그 당시의 이스라엘 백성들은 언제나 옮겨 다녔다. 그래서 그들과 함께 옮겨 다닐 수 있는 구조물이 필요했던 것이다. 전에는 애굽에서 노예로 종살이를 하다가 이제는 하나님과 동행하기를 배우고 있던 이스라엘 백성들에게 이 성막이 주는 교훈은, 그들이 자기들이 드리는 예배를 통해서 하나님의 영광을 그들 가운데로 초청할 수 있다는 것이었다.

하나님께서는 자신의 아들이신 예수 그리스도라는 분 안에서 육신을 입으시고, 우리 안에 '성막(장막)을 치고 거하시는 분' 이시다. 즉 하나님께서 예수 그리스도 안에서 우리 안에 거하시는 것이다. 하나님의 구속을 받아서 '제사장 나라' 가 된 사람들에게는 더 이상 그 성막(성막을 치듯이 임하시는 분)이 건물이나 텐트 안에 갇혀 있는 건조물은 아니다. 하나님께서는 우리가 어디에 있든지 우리를 만나 주시고, 우리 각 사람과 함께 사시기를 원하신다: "보라 하나님의 장막이 사람들과 함께 있으매 하나님이 그들과 함께 계시리니 그들은 하나님의 백성이 되고 하나님은 친히 그들과 함께 계셔서"(계 21:3).

놋 제단(놋으로 만든 제단)

성막으로 들어가는 입구 가까이에 있는 놋 제단은 제사를 드리는 곳이었다. 예배를 드리러 오는 사람들은 제물로 드릴 짐승을 가져왔다. 예배자가 가져오는 제물은 예배자 자신의 죗값을 가져와서 갚는다는 의미였다. 하나님께서는 예배자가 드리는 대속제물을 받으시어 그 예배자의 죄를 용서해 주시고, 그렇게 해서 예배자는 하나님 앞에 서서도 계속 생명을 유지하며 하나님께 예배를 드릴 수 있게 되는 것이었다.

제물을 드리는 일은 아주 깊이 개인적으로 온 인격이 다 수반되는 일이었다. 제사를 드리는 사람(예배자)은 그 짐승의 머리에 손을 얹음으로써 그 짐승이 바로 자기 자신을 대신해서 죽임을 당하고 있다는 사실을 인정하고 고백한다. 그 짐승이 흘린 피는 대야에 받는다. 욤 키푸르(Yom Kippur)라고 하는 대속죄일에는 대제사장이 그 피를 '지성소' (the 'holy of holies')로 가지고 들어간다. 지성소는 두꺼운 커튼을 사이에 두고 성소의 본당과는 별도로 구분되는 특별한 곳이었다. 성소에 들어가는 것은 대제사장에게만 허락된 일이었다. 이 사실은 우리가 하나님께서 마련하신 궁극적이고 결론적인 희생 제사의 제물이신 그리스도와 연합하여 하나가 될 때에만 하나님의 임재하심 안으로 들어갈 수 있다는 사실을 고전적으로 보여 주는 그림이기도 하다(요 14:6).

물두멍

물두멍은 아주 큰 물대야로서 예배를 드리러 오는 모든 사람들이 자신을 정결하게 하기 위해서 씻는 곳이었다. 씻어서 정결하게 한다는 것은 제사(예배)란 단지 대속(代贖)제사만(제물이 예배자의 죄를 지고 대신 죽는)을 요구하는 것은 아니라는 사실을 의미하는 것이었다. 하나님께서는 모세 시대에 하나님을 예배하는 사람들에게 물두멍에서 자신의 몸을 씻으라고 하셨던 것과 마찬가지로 지금 우리에게도 예배 가운데서 하나님의 임재하심을 구하라고 하시며, 또한 우리가 예배 가운데서 그분의 임재하심을 구할 때 하나님께서는 죄의 책임(guilt of sin)으로부터뿐만 아니라 죄의 남은 찌꺼기로부터도 깨끗케 하심을 받고, 딱딱하게 굳어서 우리의 삶 가운데 생긴 죄의 각질까지라도 모두 벗어 버리고, 우리의 기억을 오염시키며 인간의 심성 속에 끊임없는 죄책감과 수치심을 불러 들어오게 하는 모든 것으로부터 해방될 수 있는 길을 가르쳐 주신다. 하나님께서는 그저 우리를 그분께로 나아오라고 하시면서 다음과 같은 약속을 주신다: "만일 우리가 우리 죄를 자백하면 그는 미쁘시고 의로

우사 우리 죄를 사하시며 우리를 모든 불의에서 깨끗하게 하실 것이요"
(요일 1:9). 하나님께서는 우리에게 과거의 수치스러운 일들로부터 우리
를 깨끗이 씻어 주시겠다는 확실한 약속을 주신다.

> "염소와 황소의 피와 및 암송아지의 재를 부정한 자에게 뿌려 그 육체를 정결하게 하여 거룩하게 하거든 하물며 영원하신 성령으로 말미암아 흠 없는 자기를 하나님께 드린 그리스도의 피가 어찌 너희 양심을 죽은 행실에서 깨끗하게 하고 살아 계신 하나님을 섬기게 하지 못하겠느냐"(히 9:13~14).

구약 시대의 제사의식 가운데 '암송아지의 재'를 뿌려서 정결하게 하는 의식은 하나님께서 신약 시대의 우리에게 주시는 그림들 가운데 하나이다. 즉—물두멍에서 깨끗하게 되는 것과 마찬가지로—오늘날에도 용서는 받았지만 기억에 남아서 우리를 심하게 괴롭히는 죄의 흔적이라는 문제를 해결할 수 있는 방법이 있다는 것이다.

진설병(陳設餅)이 놓인 식탁과 촛대

위와 같은 일을 마친 예배자는 이제 성막에 들어가자마자 진설병이라고 부르는 두 덩어리의 빵(떡)이 놓여 있는 식탁을 보게 된다. 진설병은 제사장이 먹는 빵이다. 제사장은 그 빵을 먹음으로써 자신이 그 빵 자체보다 더 중요한 어떤 것을 먹고 있다는 사실을 이해하고 있다. 여기서 우리 인간에게는 영적인 영양이 필요하다는 신비한 사실을 배우게

된다: "사람이 떡으로만 사는 것이 아니요 여호와의 입에서 나오는 모든 말씀으로 사는 줄을 네가 알게 하려 하심이니라"(신 8:3).

더 나아가 진설병은 하나님의 말씀을 의미한다: "말씀이 육신이 되어 우리 가운데 거하시매"(요 1:14). 말씀이신 예수님께서는 그보다 훨씬 더 나아가 아예 자신을 "생명의 떡"(요 6:35)이라고 하셨으며, 자신의 몸을 "산 떡"이라고 소개하신다. 이 떡만이 우리 영혼의 굶주림을 채워 주실 수 있을 뿐 아니라, 영혼을 구원할 수 있는 유일한 떡이다. 우리가 예배하는 삶을 살아가기 위해서는 이러한 성막의 기구들을 통해서 표현되는 예배의 진행 과정과 상황을 배우고 적용해야 할 필요가 있다. 즉, 우리는 우리를 위해서 궁극적인 희생 제물(예수님)로 제사를 드리신 하나님께 찬양을 드리며 나아와서, 그분께 우리의 삶을 정결하게 씻어 주시기를 구한다. 그 다음에는 하나님의 말씀을 펼쳐서 그 안에 담긴 영혼의 양식을 먹는다. 우리는 이러한 모든 일을 신령과 진정(in spirit and truth, 즉, 영과 진리)으로 한다.

진설병이 놓여 있는 테이블 바로 옆에는 촛대가 하나 서 있다. 그것은 성령님께서 하나님의 말씀과 음성으로 우리에게 밝게 비추어 주시는 역사(조명)를 보여 주고 있는 그림으로서, 언제 보아도 영원히 아름답다. 시편 기자는 교훈(성경)을 통해서 우리에게 성령님의 말씀을 선포해 주고 있다: "주의 말씀은 내 발에 등이요 내 길에 빛이니이다"(시 119:105). 이사야는 이것을 우리의 마음에 깨닫도록 해 주시는 **감동**(promptings, 우리의 잘못된 길을 바로잡아 주시는 하나님의 음성)으로 임하는 성령님의 말씀으로 본다: "너희가 오른쪽으로 치우치든지 왼쪽으로 치우치든지 네 뒤에서 말소리가 네 귀에 들려 이르기를 이것이 바른 길이니 너희는 이리로 가라 할 것이며"(사 30:21). 주님께서는 이런 방식으로 우리에게 자신의 말씀으로 먹여 주심으로써 우리의 지식을 더해 주실 뿐 아니라, 친히 보내시는 성령님이 주시는 내적인 음성에 우리가 순종하기를 원하시고, 우리에게 하나님의 말씀을 우리의 인생을 **비추는 빛**("내 발에 등")과 또한 하나님과 동행하는 삶의 지침("내 길에 빛")으로 삼기를 촉구하신다. 우리는 그렇게 역사하시는 주님을 높여 드리게 된다. 그분이 바로 우리의 구원자이시다!

분향단

이 분향단에서는 하나님께서 내려 주신 구체적인 지시에 따라서 준비된 특별한 향을 피웠다. 그 향의 냄새는 아주 아름답고 감미로웠으며, 하나님을 예배하는 목적 외의 다른 용도로 사용해서는 안 되는 것이었다.

이 향은 신약 시대의 그리스도인들에게는 실제로 아름다운 향기를 풍기는 삶과 성령으로 충만한 예배라는 아름다운 의미로 적용된다.

- **세상 앞에서 주님을 증거하고, 언제나 신실하게 믿음직스러움을 지켜 나가는 삶**: "우리는 구원 받는 자들에게나 망하는 자들에게나 하나님 앞에서 그리스도의 향기니 이 사람에게는 사망으로부터 사망에 이르는 냄새요 저 사람에게는 생명으로부터 생명에 이르는 냄새라"(고후 2:15~16).
- **복음 사역을 위해서 충성스럽게 헌금하며 후원함**: 바울은 빌립보의 그리스도인들에게 그들의 재정적인 후원에 대해서 감사의 마음

을 표현하면서 다음과 같이 말하고 있다: "너희가 준 것을 받으므로 내가 풍족하니 이는 받으실 만한 향기로운 제물이요 하나님을 기쁘시게 한 것이라"(빌 4:18).

- 예배라는 존귀하고 합당한 제사는 하나님 앞에서 기도와 중보기도의 삶을 통해서 올라오는 향의 연기와 합하여 하나님 보좌 앞으로 올라간다. 이것은 오늘날도 마찬가지이다: "또 다른 천사가 와서 제단 곁에 서서 금 향로를 가지고 많은 향을 받았으니 이는 모든 성도의 기도와 합하여 보좌 앞 금 제단에 드리고자 함이라 향연이 성도의 기도와 함께 천사의 손으로부터 하나님 앞으로 올라가는지라"(계 8:3~4).

- 나사로와 마르다의 동생 마리아가 드린 예배의 제사는 아주 중요하고 명쾌한 사례이다. 예수님께서는 마리아가 부어 드린 값비싼 향유의 향기가 그윽하게 감돌며 집안을 가득 채우는 동안에 그녀가 드린 제사에 대해서 칭찬하시면서, 신약 시대에 자신을 하나님께 희생 제물로 드리는 겸손한 영혼들의 가슴으로부터 솟아나오는 아름다운 향기가—이 경우에는 세상에서 여러 가지 향 재료를 섞어서 만든 향이 아니라 천국의 향기를 말한다—하나님의 보좌 앞으로 감돌아 올라가듯이, 예배라는 제사장의 사역이 어떻게 눈에 보이지 않는 하나님의 임재하심 앞으로 올라가게 되는지에 대해서 말해 주고 있다(요 12:3).

분향단은 하나님께서 찾으시는 아름다운 헌신, 즉 오직 하나님 한 분만을 위하여 준비한 사랑과 찬양이라는 보배를 가리킨다. 그리스도를 통해서 우리를 자신에게로 돌아오게 하시려는 하나님의 간절하신 소원은 예배로 초대하시는 하나님의 부르심이란 바로 서로에 대한 깊은 헌신에서 나오는 부드럽고 친밀한 관계로의 부르심이라는 사실 속에서 훨씬 더 깊게 드러난다. 이러한 친밀함은 우리의 전 존재를 전심으로, 하나도 남김없이 모두 하나님께 드리며 예배하는 곳에서 발견된다.

휘장

휘장은 지성소(성막에서 가장 거룩한 곳)를 그 외의 다른 예배의 장소와 구분해 주는 장치이다. 대제사장이 1년에 한 번씩 대속죄일(Yom Kippur)에 피의 제사를 드리기 위해서 이 거룩한 장소로 들어가는 것 외에는 아무도 이 휘장을 넘어 들어가는 것이 허용되지 않았다.

구약 시대의 예배의 이 부분은 로마 군인이 창으로 십자가에 달려 있으신 예수님의 옆구리를 찔러서 물과 피가 흘러나오던 순간에 변화가 일어나게 되었다. 우리를 위해서 마지막으로 드린 피의 제사가 완전하게 드려진 것은 바로 이 순간이었다. 성경은 예수님께서 마지막 숨을 거두시고 영혼이 떠나가실 때 "성소 휘장이 위로부터 아래까지 찢어져 둘" 이(마 27:51) 되었다고 말한다. 이것은 사람의 손으로 한 일이 아니라 하나님께서 친히 하신 일이었다.

성부 하나님께서는 그렇게 하심으로써 자신이 친히 우리를 위하여 지성소로 들어가는 길을 직접 여셨다는 사실을 하늘로부터 선언하셨던 것이다. 예수님께서 하신 일들과 "다 이루었다"라고 하신 말씀 때문에 우리는 다음과 같은 약속을 가지게 된다.

- "그러므로 우리에게 큰 대제사장이 계시니 승천하신 이 곧 하나님의 아들 예수시라"(히 4:14).
- "우리에게 있는 대제사장은 우리의 연약함을 동정하지 못하실 이가 아니요 … 그러므로 우리는 긍휼하심을 받고 때를 따라 돕는 은혜를 얻기 위하여 은혜의 보좌 앞에 담대히 나아갈 것이니라"(히 4:15~16).
- "우리가 이 소망(구원에 대한 하나님의 약속)을 가지고 있는 것은 영혼의 닻 같아서 튼튼하고 견고하여 휘장 안에 들어 가나니 그리로 앞서 가신 예수께서 멜기세덱의 반차를 따라 영원히 대제사장이 되어 우리를 위하여 들어 가셨느니라"(히 6:19~20).

언약궤

언약궤는 성막에서 가장 거룩한 지성소에 놓여 있었다. 언약궤 안에 들어 있던 모든 것들에는 다 이유가 있다. 그 내용물들은 각각 하나님께서 자신의 백성들과 맺으신 언약의 속성들 가운데 한 가지씩을 말해 주면서, 우리가 예수 그리스도로 말미암아 하나님과 맺게 될 관계를 미리 보여 주고 있다. 특별히 언약궤는 하나님께서 자신의 백성인 이스라엘로부터, 그들의 예배와 하나님의 말씀을 통해서 찾으시는 관계를 상징해 준다.

히브리서의 기자는(9:1~5) 언약궤 안에 들어 있던 내용물들이 무엇이었는지를 우리에게 요약해 주고 있다. 그 안에는 하나님의 언약을 상징하는 십계명이 기록되어 있는 돌판(출 20장, 신 5장)이 있었다. 만나가 조금 담긴 금 항아리는 광야 생활 가운데서 그들의 필요를 공급해 주셨던 사실을 의미한다(출 16장). 또한 아론의 싹 난 지팡이는 제사장으로서의 아론의 지도력을 상징했다(민 17장).

이스라엘의 예배에서 가장 중요한 초점은 언약궤에 맞추어져 있었지만, 그들이 언약궤 자체나 그 안에 들어 있던 내용물들을 예배하는 경우는 없었다. 오히려 하나님께서는 언약궤가 있는 곳에서 자신의 임재하심을 눈에 보이도록 밝게 나타내 보여 주시는 것으로 자신의 영광을 그들에게 보여 주셨다고 말해야 할 것이다. 언약궤 안에 들어 있는 내용물들은 하나님께 경배를 드리는 사람들에게 주시는 하나님의 약속 안에 있는 우리 자신의 개인적인 잠재력에 대한 그림을 보여 주고 있다. 하나님의 약속이란 다음과 같다.

- 언약궤 안에 보존되어 있는 만나가 증거해 주는 바와 같이, 날마다 우리의 필요를 공급해 주심
- 아론의 지팡이가 기적으로 싹을 틔우게 된 사건이 우리의 삶 가운데서 실제로 날마다 공급해 주시는 부활의 능력을 상징적으로 증거해 주는 것과 마찬가지로, 우리에게 은혜라는 생명의 능력이 언제나 흘러가게 됨(엡 1:18~20)

시은좌(시은소)

언약궤를 덮는 뚜껑은 시은좌(시은소)라고 한다. 하나님께서는 구체적으로 그곳을 친히 자신이 백성들을 만나서 죄를 용서해 주시는 장소라

고 선언하셨다. 제사장은 대속죄일에 지성소에 들어가서 그 시은좌에 희생 제물의 피를 쏟아 부었다. 즉 제사장은 그 안에 있던 하나님의 계명들, 즉 타락한 영혼들이 지키는 것이란 전혀 불가능한 계명들이 기록되어 있는 돌판 위에 피가 넘쳐서 흐르게 하려는 듯이 그곳에 희생 제물의 피를 쏟아 부었다.

그러므로 시은좌는 신약 시대를 사는 우리에게 분명한 증거로서, 친히 '시은좌'(헬라어로는 힐라스테리온, '하나님의 진노를 풀게 하고, 죗값을 배상하는 화해의 장소)가 되시는 예수님께로 우리의 눈을 돌리게 한다(롬 3:23, 히 9:5).

피의 제사가 없이는 그 어떠한 속죄의 행위도 합당하지 않다(레 17:11). 앞으로 오게 될 완전한 구속의 모형과 전조일 뿐인 짐승의 피로는 부족하다. 그러나 지금은 그리스도의 피로 말미암아 구속(redemption, 값을 지불하고 되삼)에 필요한 값이 다 지불되고 요구사항이 모두 충족되었으며, 예수님께 나아오는 모든 사람들의 구원이 영원히 완성되었다(히 9:11~15).

하나님께서 언약궤와 시은좌의 그림을 통해서 우리에게 보여 주시는 사실은, 그분이 우리를 만나 주실 때에는 우리의 조건이나 율법을 지키려고 하는 우리의 노력을 근거로 하는 것이 아니라, 예수님께서 은혜를 통하여 우리에게 주시는 조건에 의하여, 즉 피의 제사로 말미암아 가능하게 된 은혜로 인해서 생겨난 조건에 따라서 우리를 만나 주신다는 사실을 보여 주신다(엡 2:7~8). 하나님께서는 이렇게 시은좌에서 베푸시는 은혜로 말미암아 우리를 받아 주심으로써 실제로는 우리에게 "나는 너의 있는 모습 그대로를 받아 주겠다마는, 내가 너를 어디로 데려가고 싶은지에 대해서는 나의 마음을 바꾸지 않았단다!" 하고 말씀하시는 것이나 다름없다. 따라서 우리가 부족한 모습 그대로의 자리에서 하나님의 은혜를 받게 되었다고 해서 하나님의 말씀의 무게와 중요성이 사라진 것이 아니다. 오히려 은혜의 보좌인 시은좌의 영광은 하나님께서 단지 우리를 죄로부터만 구원하신 것이 아니라, 우리가 예배 가운데서 하나님과 동행할 때, 우리의 인생 가운데서 하나님의 목적을 성취하는 영광의 자리로 우리를 이끌어 올라가시겠다는 사실을 선언해 주고 있다.

예배를 드릴 성막(장막)이 되기

그리스도께서 당신을 구원하셨다는 사실은 당신으로 하여금 당신이 있는 바로 그 자리에 성전, 즉 예배를 위한 장막을 세워 나가기 위한 기초를 쌓아 주시는 일이었다. 하나님께서는 당신이 당신 자신의 인생의 문을 하나님께로 향하여 활짝 열어서, 낭신이 하나님께서 당신과 만나 주시며, 또한 당신과 함께 사시면서, 당신에게 그리고 당신을 통하여 다른 사람들에게 하나님의 임재하심을 나타내 보여 주실 수 있는 거룩한 장소가 되기를 원하신다. 그러한 일을 가능하게 해 주시는 분이 바로 예수님이시다: "너희 안에 계신 그리스도시니 곧 영광의 소망이니라" (골 1:27). 그러므로 먼저는 바로 당신의 집, 즉 당신 자신의 존재라는 성전에 성막의 기구들을 두는 것으로부터 시작해 나가기 바란다: "이 산에서 네게 보인 양식대로" (출 25:40). 예배의 삶을 살아가야 한다. 하나님의 다음과 같은 부르심에 응답하면서 각각의 성막 기구들을 온 집안에 가득한 예배의 삶으로 나아가는 계단으로 삼기 바란다.

- 예수님께서 이미 우리를 위하여 온전하게 드려서 끝마치신 희생

제사를 기뻐하라.
- 우리의 인생을 너절하게 오염시키는 것들로부터 정결케 하심을 받아라.
- 하나님의 말씀을 먹고, 성령님으로 하여금 그 말씀의 의미를 우리에게 조명해 주시고, 우리 삶에 적용시켜 주시도록 해 드려라.
- 우리의 마음으로부터 경배와 찬양의 아름다운 향기를 하나님께 올려 드려라.
- 은혜와 죄 사함의 은총이 언제나 보장되어 있는 은혜의 보좌로 나와라.

그리고 거기에 머물기 바란다.

14장

우리가 마땅히 드려야 할 예배

— 예배의 마음을 신체적으로 표현함 —

"내 마음과 육체가 살아 계시는 하나님께 부르짖나이다" (시 84:3).

예배가 시작된 지 채 10분도 안 돼서 내 마음속에 성령님의 음성이 들렸다. 그것은 단지 마음에 어떤 인상이나 느낌이 아니라, 주님께서 나에게 아주 분명하고 간단하게 주시는 명령이었다: '내 앞에서 **무릎을 꿇어라!**' 그 명령이 그 어느 다른 장소에서 임했다면, 그렇게 하는 것이 별로 어렵지는 않았을 것이다. 그러나 그 명령을 받은 후 몇 분 동안은 마치 실제로 내가 어떤 상대와 맞잡고 씨름이라도 하는 듯이 힘든 시간이었다. 마음에 크게 걸리는 일은 주로 사람들이 나를 어떻게 생각할까 하는 문제였다.

그 사건의 무대는 오리건 주에서 아주 크게 성장하고 있는 교회의 강단 위에서였다. 상황은 아주 간단했다. 나는 대학 시절의 친구가 담임하고 있는 교회에 설교자로 초대를 받아서 방문 중이었다. 그 교회는 교단이 달랐고, 대부분의 교인들도 나를 모르는 상태였다. 더구나 우리는 강단에 올라와서 4백여 명이나 되는 교인들을 정면으로 마주하고 있는 의자에 앉아 있었다. 그리고 그곳에는 몸을 가릴 만한 것도 없었다. 따라서 간단한 명령처럼 보이는 이 일이 내 생각을 스쳐 지나가는 수많은 생각들로 인해서 아주 복잡하게 되어 버렸다. 우리의 구세주이신 분 앞에서 무릎을 꿇는다는 것에 대해서 느끼는 거부감이 아니라, 바로 그 시간에 그 자리에서 무릎을 꿇어야만 한다는 사실에 대해서 느끼게 된 거부감이었다.

나는 이렇게 생각해 보았다: '나는 방문객에 불과하다. 사람들이 나에 대해서 내가 그들에게 깊은 영향을 주려고 애쓰고 있다고 생각하지는 않겠는가? 혹은 내가 사람들의 주의를 흩어서 산만하게 만드는 것은 아니겠는가? 저 사람들 중에는 나를 아는 사람들이 하나도 없다. 그들은 내가 왜 이렇게 하는지 전혀 알지도 못할 것이다. 아마도 내가 늘 하는 일종의 의식 같은 것이라고 생각할지도 모른다. 아마도 내가 '뭔가 시작하려는가 보다' 하고 생각할 것이다.' 그러나 그러한 이유가 점점 많아져 갔지만, 나의 이성의 목소리보다 더 큰 목소리가 내 생각 속으로 아주 분명하게 말하고 있었다. 예수님께서 나의 마음을 부르고 계셨던 것이다.

나는 예배 인도자가 회중을 계속 예배로 인도해 나가는 동안에 속으로는 씨름을 계속하면서도 겉으로는 정성을 다해서 찬양을 부르고 있었다. 결국 나는 세 번째 찬양곡이 절반 정도 지날 쯤에 나의 주님께 실망을 안겨 드리기보다는 차라리 내가 부끄러움을 당하는 편이 낫다고 믿고 주님께 복종했다. 그렇게 하지 않았다면 내가 더욱 나쁘게도 나 자신의 교만한 마음에 복종하게 되는 것이었다.

나는 오랜 기간을 통해서 하나님께서는 그런 상황에서 하나님이 아닌 교만이나 거만한 마음에 굴복한 사람일지라도 쫓아내지는 않으신다는 사실을 알고 있었다. 다시 말하면, 이번 일은 "이 일을 해라. 그렇게 하지 않으면 네가 지옥에 가게 될 것이다!" 라는 문제가 아니었다. 그러나 나는 그리스도를 따르는 삶은 단지 영원한 지옥으로 가는 고속도로만을 피하게 되는 것만은 아니라는 사실도 알고 있었다. 제자도란 현재적인 천국의 상급이 많아지게 해 나가는 삶인 것이다. 즉 하나님의 임재하심을 경험하며 살아가며, 하나님의 영광의 아름다우심이 나의 삶 가운데 나타나는 축복의 삶이다.

그날 저녁에 내가 주님과 나의 자아의 문제와, 또한 내가 누구에게 순종할 것인지를 놓고 고민하며 씨름하던 상황을 기억해 보면, 그날의 경험이 가장 놀라운 일로 기억되면서 아주 마음이 기뻐진다. 내가 한 1~2분 동안 무릎을 꿇고 경배와 찬양을 드리다가 일어나서 다시 의자에 앉으면서 발견한 것은, 내가 감았던 눈을 떴을 때 회중 가운데 단 한 사람도 내가 무슨 일을 했는지를 전혀 눈치 채지 못했던 것이다. 단 한 사람도 말이다! 그들도 찬양을 드리는 동안에 주님을 경배하는 일에 깊이 몰두해 있어서 모두 다 눈을 감고 있었기 때문이다.

우리가 예배 가운데서 근본적으로 드리는 것

나와 하나님 사이를 갈라놓고, 나의 마음이 예배의 심령으로 넘쳐흐르는 축복을 가로막으려고 했던 것은 인간적인 교만이었다. 온전한 마음으로 예배를 드리려고 하면 언제나 방해하려고 찾아오는 것이 바로 이 교만이다. 가인이 하나님께서 인류에게 기대하셨던 대로 이미 정해 주신 방법을 따라 드린 아벨의 제사는 받아 주시고 스스로 만들어 낸 방법으로 드린 자신의 제사를 거절하신 것에 대해서 화를 내다가 저주를 받게 된 이후에, '하나님의 방법으로 예배할 것인지, 나의 방법으로 예배할 것인지'를 결정하는 문제는 궁극적으로는 사느냐 죽느냐의 문제였다. 우리는 성령님으로 충만한 가운데 성경이 말하는 방법대로 산 제사와 같은 생명력 있는 예배를 드리든지, 아니면 생명력도 없으면서 따라서 성장도 없이 그저 인간적인 지혜를 따라서 습관적으로 드리는 예배를 드리든지 사이에서 선택해야 한다.

'예배'라는 단어의 정의는 '하나님 앞에 자기 자신을 내려놓다'라는 의미이다. 예배라는 단어에 해당하는 헬라어 단어인 **프로스쿠네오**(proskuneo)는 '하나님 앞에 납작 엎드리다, 하나님 앞에서 겸손하게 얼굴을 땅에 대다'라는 의미이다. 그것은 하나님의 은총을 얻으려고 기어가서 구하는 비굴한 자세가 아니라, 하나님의 영광의 무게와 가치를 인정하여 그분 앞에서 취하는 자세이다.

하나님께서 나에게 그날 그렇게 하라고 말씀하셨던 것처럼, 사람들이 많이 모인 대중적인 집회에서 문자적으로 그러한 자세를 취한다는 것은 대부분의 경우나 상황에서는 요구하시지도 않을 일이지만, 실제로는 그렇게 할 수도 없을 것이다. 그러나 한번 생각해 보기로 하자. 당신은 집에 혼자 있을 때라도 하나님 앞에서 납작하게 꿇어 엎드려 보았던 적이 있는가? 아니면 지금이라도 기꺼이 그렇게 하겠는가? 우리가 그렇게나 자주 아주 강하게, 심지어는 곁에 다른 사람이 한 명도 없을 때라도 우리 자신의 체면에 대해서만 의식하고 있는 우리의 모습에 도전장을 보내면서 스스로 위와 같이 질문해 보면, 이 문제가 연구해 보아야 할 만한 가치가 있는 주제라는 사실을 알게 된다.

바울이 "너희 몸을 … 거룩한 산 제물로 드리라"고 권하는 예배의 모습은, 바로 그렇게 하는 것만이 우리가 드려야 마땅하고, 영적이며, 논리적으로도 적합하고, 의롭고 올바른 선택이라고 말해 준다. 또한 바울은 "이 세대를 본받지 말고 오직 마음을 새롭게 함으로 변화를 받"으라는 권면을 덧붙이고 있다(롬 12:2). 바울의 이러한 권면의 초점은 '하나님의 뜻'에로 맞추어져 있으며, 따라서 예배—하나님께 순복하는 마음의 핵심—와 우리의 하나님이시며 창조주이신 분께 온전히 합당하게 살아가는 삶 사이에는 직접적인 관계가 있다는 사실을 말해 준다.

어린아이와 같은 순수한 마음으로
하나님을 예배하기로 선택하기

성경에서 예배에 대하여 가장 잘 가르치고 있는 사람인 다윗은 또한 성경에 나오는 가장 위대한 용사들 가운데 한 사람이고, 가장 위대한 왕들 중에 한 명이며, 그리고 어떤 기준으로 보아도 가장 위대하고 훌륭한 사람들 가운데 한 사람이기도 하다. 다윗은 겁쟁이거나 약골이 아니었으며, 바보나 광신자나 생각 없는 사람도 아니었다. 우리가 '자신을 하나님께 드리라', 즉 우리의 모든 것을 하나님께 드려야 한다는 예배의 본질적인 면을 생각해 볼 때, 그러한 다윗이 보여 주는 귀감이 될 정도로 겸손한 모습이 시사해 주는 바는 훨씬 많아지게 된다.

사무엘하 6장은 시사해 주는 바가 많은 사건을 기록하고 있다. 그곳에서는 다윗이 공개적으로 하나님 앞에서 전혀 부끄러워하지 않고 기쁨으로 가득해서 춤을 추는 모습이 나온다.

그 당시에 예루살렘은 다윗이 다스리고 있었으며, 그는 자신이 살고 있는 수도를 살아 계신 하나님께 예배를 드리는 센터로 세워 나가려 하고 있었다. 다윗은 예배가 모든 축복과 열매 있는 삶—이스라엘의 지도자로서, 관리자로서, 통치자로서, 경제와 기타 모든 부분에 있어서-의 원천이라는 사실을 깨닫고 있었을 뿐만 아니라, 자신이 개인적으로 누리는 하나님과의 친밀한 관계로 인해서도 하나님께 대하여 엄청난 열정을 소유하고 있었다. 사무엘하 6장 이전의 본문들에는 사울이 영적으로 쇠퇴해 가던 기간에 언약궤의 위상이 추락했을 뿐 아니라 이스라엘로부터 빼앗겨서 블레셋의 여러 마을을 떠돌아다니다가 다시 이스라엘로 돌아오게 되었던 전체적인 이야기가 나온다. 그러나 6장에는 다윗이 그 언약궤를 다시 하나님의 백성들 가운데로 가져오려고 하는 상황이 나온다. 다윗은 두 번의 시도 끝에 그 일을 마치게 되는데, 우리는 그가 첫 번째 시도에서 상황을 부주의하게 잘못 생각하여 실수하는 모습에서도 많은 교훈을 얻을 수 있다. 그러나 이스라엘의 제사장들의 권고를 받아들여서 언약궤를 옮기는 방법을 다시 정한 후에, 다윗은 지금 하나님께서 친히 자신의 백성들 가운데 거하신다는 사실을 의미하던 이 거대한 상징물을 여호와께서 "내가 … 내 이름을 거기에 두리라"고 말씀하셨던 도시로 옮겨 가고 있다. 다윗은 하나님께서 언약궤를 자기의 집으로 모셔 들여가는 일을 기뻐하시는 것에 대해서 너무나 기쁘기도 하고, 동시에 겸손한 마음이 생겨서 "여호와 앞에서 힘을 다하여 춤을 추"었다(삼하 6:14). 이 이야기는 우리가 하나님께 드리는 예배에 대해서 가지고 있는 생각과도 아주 밀접한 관계가 있다.

우리가 여기서 얻을 수 있는 지혜로운 교훈은, 우리가 모든 예배나 살아가는 모든 일상적인 삶 가운데서 다윗을 본받아야 한다(춤으로 예배를 표현하는)는 명령이 아니다. 그러나 여기에는 반면교사적인 분명한 교훈이 있다. 즉 거기에는 두 부류의 사람들이 있다는 것이다. 자기 자신의 위엄이나 권위나 교만한 마음에 사로잡혀 있지 않은 사람들과, 그러한 것들에 마음이 사로잡혀 있거나 다른 사람들이 나를 어떻게 생각할까 하는 것에만 집착하는 사람들이다.

사무엘하 6장 전체는 경건한 마음으로 읽어야 한다. 다윗의 아내요, 사울의 딸인 미갈은 자아를 보존하려는 사람들과 그러한 태도의 결과가 어떤지를 보여 주는 그림이다. 즉 궁극적으로는 패배하게 되는 삶의 모습이다. 미갈은 창가에서 다윗이 "여호와 앞에서 뛰놀며 춤추는 것을 보고 심중에 그를 업신" 여겼다(16절). 그러고는 나가서 남편을 맞으면서, 그가 춤을 춘 것에 대해서 따지듯이 그를 비난했다(20절). 우리가 여기서 받아야 할 교훈의 범위는 분명하다. 교회 안에서 허용될 수 있는 자유의 범위를 '제멋대로' 하는 유별난 예배자들이 보이는 개인적이고 자기중심적인 행태를 찬성하는 것으로까지 확대해서는 안 된다는 것이다. 또한 우리는 본문의 교훈을 지혜롭게 검토하여, 교회 안에서나 다른 어떤 곳에서라도 '나 자신의 육신적인 생각'을 그대로 유지하려고 하는 태도(즉, 교만하게 체면이나 자기의 육신적인 마음을 유지하려는 태도-옮긴이)에 대한 경고로 받아들여야 한다. 미갈이 평생 동안 아이를 낳지 못했다는(물론 틀림없이 다윗이 그 후로 그녀와 부부관계를 가지는 것을 거부했기 때문에) 사실은 그저 겸손하게 예배하는 대신에, 육신적인 지혜와 교만에 굴복하며 드리는 예배는 아무런 열매도 없으며 공허하다는 사실을 보여 준다. 또한 우리는 예배와 열매 있는 삶 사이에는 직접적인 관계가 있다는 사실을 배우게 된다. 기꺼이 겸손하게 자신을 낮추며, 친히 자신의 은혜를 아주 놀랍고 크게 나타내 보여 주신 구세주 앞에서 투명하게 행하며 기쁨으로 예배하는 사람들이 있는 곳에는 생명이 넘쳐흐른다.

예배를 방해하는 것들

우리가 예배를 드리기 시작할 때 우리가 경험하게 되는 장애물들에는 최소한 세 가지가 있다. (1) 교회로부터(Ecclesiastical) 오는 방해, (2) 정치적인 혹은 사회적인 방해, (3) 우리 안에서 일어나는 개인적인 혹은 주관적인 장애물이다.

교회로부터 오는 방해

예배 중에는 그곳에 전혀 어울리지 않고 우스꽝스러운 광신주의가 나타날 수 있다. 또한 그렇게 자주 나타나는 다른 형태의 광신주의는 경배와 찬양 시간에 오히려 침묵하며 몸을 사리는 것이다. 그것은 교인들이 어떤 편견에 사로잡혀 있기 때문인 경우가 많다. 아마도 그러한 모습은 교회 역사 가운데 영적인 것과 신체(물리)적인 것을 크게 구분하던 시대에 생겨난 사고방식이 오늘날 우리에게까지 영향을 미치게 된 결과일 수도 있다. 예를 들면, 수도원 시대에는 외부 세상에 속한 물리적인 것을 가능한 한 멀리하는 것으로써 영성을 추구했다. 이 시대에는 침묵, 은둔, 독신 생활 등을 성화의 증거로 보기도 했다. 오늘날을 포함하여 다른 시대들에는 지성주의가 등장하여 수도원 시대와 다를 바가 없는 이원주의를 주장하고 있다. 즉, 지성주의는 영적인 것(혹은 정신적인 것)을 물리적이고 신체적인 것보다 뛰어나고 중요하게 생각하는 경향이 있다. 따라서 이들의 예배는 '지성주의화' 되는 경향으로 흐르고 있다. 따라서 회중 위에는 목소리를 아끼고 몸을 사리는 태도가 구름처럼 떠 있어서, 마음으로 느끼면서 자유로운 심령이 되어 우리의 예배의 심령을 마음껏 표현해 드리는 성경적인 예배가 전통이라는 틀을 깨뜨리며 나오는 것을 방해하는 장애물이 되고 있다. 아무거나 허용하고 아무것이나 허용되는 분위기에 대한 두려움이 마음으로 느껴지며 영적으로 민감한 예배, 성경에서 그렇게 표현하라고 말하는 예배가 가장 단순하고 아름다운 방법으로 표현되는 것을 막는 일을 정당화하는 구실이 되고 있다.

역사적인 상황에 의해서 생겨난—잘못된—습관들에 대해서 정직하게 살펴보기 위해서는 성경을 살펴보아야 한다. 시편에서는 하나님께 찬양을 드리는 문제와 관련하여 여러 번이나 아주 강력한 의미의 히브리어 단어를 사용하여, 하나님께서는 자신의 백성들에게 마음을 활짝 열고 예배의 심령을 표현하라고 요청하시고 있다는 사실을 분명하게 밝히고 있다. 예를 들면, 우리는 지금도 때때로 침묵을 '경외감'으로 정의하면서 아주 신성한 것으로 생각하고 있다. 침묵해야 할 때가 있기는 하지만, 침묵과 경건이라는 단어는 동의어가 아니다. 전도서 3장 7절은 "잠잠할 때가 있고 말할 때가 있으며"라고 말한다. 시편 46편 10절은 "너희는 가만히 있어 내가 하나님 됨을 알지어다"라고 말한다. 그러나 하나님의 말씀은, 그보다 더 폭이 넓은 의미에서는 아니라 하더라도, 적어도 그와는 동일한 정도로 우리에게 목소리를 높여 외쳐서 하나님을 찬양하는 노래를 부르라고 말씀하신다. 하나님의 은혜와 그분의 아들이 십자가에서 이루신 승리를 인정하는 마음으로 "너희 만민들아 손바닥을 치고 즐거운 소리로 하나님께 외칠지어다" 하고 말씀하신다(시 47:1). 침묵과 큰 소리로 외치는 것, 잠잠히 있는 것과 높은 목소리로 하나님께 찬양을 드리는 것은 모두 다 경외하는 심령을 표현하는 방법이 될 수 있다. 그러나 몸을 사리는 것과 잠잠히 있는 것을 '경외감'이라고 정의한다면, 자유로운 심령으로, 그리고 크고 높은 목소리로 드리는 예배 가운데 나타나는 온전한 경외감은 제약을 받게 될 수 있다. 그보다 더 위험한 것은 인간의 교만한 마음에서 나오는 고집스러운 자세가 그 예배 시간을 지배할 수도 있는 자유를 부여받게 될 것이라는 사실이다.

사회 – 정치적인 방해

내가 사는 나라에서는 이상하게도 우리 사회의 정치 문화적인 요인들로 인해서 '어떤 방식으로 예배할지는 내가 스스로 결정할 수 있다'는 생각이 점점 크게 일어나고 있다. 다른 나라들에서는 이런 현상이 어느 정도로 나타나고 있는지에 대해서는 나에게 말할 자격이 없다. 그러나 우리에게 '우리 마음(양심)의 지배에 따라서' 하나님께 예배를 드릴 수 있는 법적이고 도덕적인 권리는 보장되어 있지만(아주 소중한 자유이다), 우리가 우리 마음대로 하나님께 예배하며 나아갈 수 있다고 말하고 있는 성경 본문은 없다. 앞으로도 발견되지 않을 것이다.

실상은 이렇다. 일단 우리 중에 누군가가 살아 계신 하나님, 우리를 대신해서 십자가에서 죽으시게 하시기 위해서 자신의 아들 예수 그리스도를 주신 하나님을 섬기기로 한다면, 그것은 기술적으로는 우리가 하나님을 어떻게 예배할 것인지에 대해서 우리 스스로가 선택할 수 있는 특권을 벗어나는 곳으로 들어가는 것이다. 더 이상 예배는 '내 자신의 마음의 지배에' 따르는 것이 아니다. 좀 더 구체적으로, 우리가 만일 하나님의 임재하심이 눈에 보이도록 나타나는 은혜와 권능과 축복이 온전하게 임하는 것이 무엇인지를 발견하며 경험하는 것에 관심이 있다면, 우리는 이미 우리 자신의 생각을 벗어나서 하나님의 말씀 앞으로 나오도록 부르심을 받은 것이다. 예배라는 주제에 대해서 하나님의 말씀을 연구해 본다는 것은 우리가 우리의 생각을 떠나서 신령과 진정(영과 진리)의 영역, 즉 성령님께서 요구하시고 부르시는 예배, 하나님께서 자신의 말씀 안에서 계시해 두신 진리 안에 요약되어 있는 예배의 영역으로 들어가는 것을 의미하는 것이다.

우리가 성막에서 사용되는 기구들에 대해서 공부하면서 살펴보았듯이, 하나님께서는 모세에게 자신의 백성들이 어떻게 예배를 드려야 할 것인지에 대해서 아주 분명하게 지시해 주셨다. 우리는 집을 짓는 사람이 집을 지을 때 초기 단계에서 실수를 하게 되면 전체 건물을 다 못 쓰게 될 수도 있다는 사실을 알고 있다. 아마도 더 큰 재앙을 면하기 위해서 짓고 있는 전체 건물을 다 허물어 버려야 할지도 모른다. 마찬가지로 우리 모두가 다 개인적으로—그리고 교회의 지도자들이 실제적으로—해 보아야 할 질문은 예배를 표현하는 문제에 대해서 나의 혹은 우리의 지금까지의 생각을 어느 정도로 버려야 하는가이다.

이 문제는 우리가 구원을 받았는지 아닌지에 대한 문제는 아니다. 예를 든다면, 구원받기 위한 조건에 우리가 손을 들고 손뼉을 치며, 큰 소리로 외치면서 찬양의 노래를 불러야만 한다는 것은 분명히 포함되어 있지 않다! 구원은—하나님의 사랑과 긍휼히 여겨 주심을 경험하는 것—오로지 단 한 가지 사실에 뿌리와 근거를 두고 있다. 그것은 우리가 하나님의 아들이신 예수 그리스도만이 인류의 유일한 구원자이시며, 찬양과 경배를 받으시기에 합당하신 유일한 분으로 믿는 것이다.

그러나 이 책의 핵심적인 내용은 어떤 부담감으로 인해서 나오게 되었다. 즉 하나님의 임재하심이 눈에 보이도록 나타나시는 것을 경험하고 체험하게 되기를 원하는 간절한 마음에서 나온 것이다. 우리는 하나님의 그러한 임재하심 가운데 들어가 있을 때 하나님 나라의 은혜와 능력과 권세가 하나님의 백성들 가운데 운행하시며, 그 가운데 거하신다는 사실을 알게 된다. 그러한 임재하심을 추구한다는 것은 우리가 살아 있고 생명력을 회복한 성경적인 예배를 통하여, 하나님의 임재하심이라는 충만한 역동적인 능력에 대해서 지금까지 교회 안에 닫혀 있던 문을 활짝 열고, 언제나 우리를 좌지우지하려고 하는 어리석은 광신주의를 거부할 뿐만 아니라 우리의 인간적인 교만을 솔직하게 대면하여 정리하고, 우리를 방해하는 모든 두려움을 벗어 버릴 것을 요구하는 일이다.

예배는 우리의 전 인격이 총체적으로 회복되어 살아나게 한다.
아버지 하나님께서 찾으시는 예배자가—즉 "영과 진리"로 하나님께 예배하는 사람(요 4:24)—된다는 것은 우리의 예배가 단지 지적으로 편향되거나 감정적으로 과장되어 나타나는 것은 넘어서야 한다는 것을 의미한다. 그러한 예배자가 되기 위해서는 우리의 마음이 따라야 하며, 우리의 형식과 틀과 예배의식이라는 공허한 전통을 타파하고 우리의 인생이 하나님께서 받으실 만하게 드리는 살아 있는 제물에 부어 주시는 하나님의 불에 사로잡혀야 한다.

우리는 우리의 전인적인 존재가 온전하게 채워지며, 하나님 앞으로 부르심을 받고 나아가서 그분의 임재하심 앞에서 변화를 받고 풍요롭게 되는 일이 하나님께 드리는 예배를 통하여 이루어진다는 사실을 발견하게 될 것이다. 그렇다면 정상적인 궤도에 오른 예배란 단지 영적인 예배나 마음에서 나오는 예배만은 아니며, 지적인 활동이나 신비주의적인 의식이나 감정적으로 벌이는 잔치도 아니다. 하나님의 말씀에 비추어 볼 때 예배란 우리의 **전 존재를**—즉 몸과 생각과 감정과 영—성령님이 부으시는 불에 붙여서 산 제물로 드리는 것이다. 이것이 바로 하나님의 말씀이 우리가 마땅히 드려야 할 예배라고 선언하는 예배이다.

"그러므로 형제들아 내가 하나님의 모든 자비하심으로 너희를 권하노니 너희 몸을 하나님이 기뻐하시는 거룩한 산 제물로 드리라 이는 너희가 드릴 영적 예배니라 너희는 이 세대를 본받지 말고 오직 마음을 새롭게 함으로 변화를 받아 하나님의 선하시고 기뻐하시고 온전하신 뜻이 무엇인지 분별하도록 하라"(롬 12:1~2).

신약성경에서 구약의 제사에 해당하는 본문인 위의 본문은―그 기본적인 의미에 대해서는 우리가 지금까지 살펴보았다―예배의 표현에 대해서 나오는 성경의 다른 많은 부분들과 함께 우리가 적용할 내용들을 풍성하게 제시해 준다. '드릴 예배'(원문은 'reasonable service', 즉 '마땅히 드릴 예배' 이다-옮긴이)라는 단어로 번역된 헬라어 단어는 로지코스(logikos)로, 이는 두 가지 의미를 전달하고 있다. 지적(intellectual)인 예배라는 동시에 영적(spiritual)인 예배라는 의미이다. 반면에 바울은 같은 절에서 "그러므로"를 사용함으로써, 몇 절 앞에서 표현한 하나님께 드리는 기쁨의 찬양 속에 나오는 모든 예배의 내용의 시각에서 "내가 … 권하노니"("I beseech you", 즉 "내가 간절히 청하노니")라고 말함으로써, 지적이고 영적인 예배뿐 아니라 정서적인 예배에도 불을 붙여 주기 위하여 우리의 감정에 호소하고 있다. 이렇게 바울은 지성, 감정, 영이라는 측면에 한 가지를 더해서 "너희 몸"을 언급함으로써 우리에게 예배에 대해서 4중적인 호소를 하고 있다. 그러므로 우리는 이렇게 전인적인 방법으로 하나님의 제단 앞으로 나아가서 우리의 삶을 그분 앞에 내려놓아야 한다. "하나님께서 구하시는 제사는 상한 심령이라 하나님이여 상하고 통회하는 마음을 주께서 멸시하지 아니하시리이다"(시 51:17)라고 선언하고 있다.

하나님께서 우리에게 구원으로 나오라고 하시는 초대는 지옥에 갈 수밖에 없는 상황에서 상한 마음을 가지고 있는 우리에게 용서와 회복의 자리로 나아오라고 부르시는 것이며, 예배로의 부르심은 우리의 전인격적인 존재를 하나님의 임재하심을 향하여 열어 드림으로써 모든 차원에서 온전함을 얻게 되는 자리로 나오라는 초대이다. 그러나 심각한 죄인 교만이 죄인인 우리로 하여금 구원에 이르지 못하도록 할 수 있는 것과 마찬가지로, 자기중심적이라는 죄도 우리를 두 번째 축복인 예배로 나아가지 못하게 할 수 있다. 바로 그렇기 때문에 나는 그리스도인들로 하여금 전인격적으로 온전한 예배를 드리며, 그렇게 회복되는 예배를 드릴 수 있도록 도와줄 수 있는 방법과 지혜를 주시기를 구하게 되었다. 나는 하나님의 말씀을 가르치며 깊이 묵상하고 생각해서 얻은 결론으로서 그렇게 사역하는 중에, 다음과 같은 것들이 우리의 주의가 산만해지거나 예배의 흐름이 끊어지거나 율법주의적인 경향으로 흐르게 되는 일이 없이, 하나님의 임재하심에 대해서 민감하고 아름다우며 은혜로운 예배를 경배와 찬양의 노래와 신체적인 표현으로 표현해서 올려드릴 수 있는 방법이 된다는 사실을 발견했다.

하나님께서는 우리를 전 인격을 다해서 하나님을 '영과 진리로', 그리고 '거룩한 아름다움으로' 예배하는 자리로 부르신다. 전 인격적인 예배라는 말은 (1) 우리의 거듭난 영과, (2) 변화를 받아서 새롭게 된 지성과, (3) 새롭게 회복되어 살아난 감정과, (4) 우리의 몸을 하나님께 다시 헌신하며 드리는 예배라는 의미이다.

거듭난 영으로 드리는 예배

"내가 그의 아들의 복음 안에서 내 심령으로 섬기는 하나님이 나의 증인이 되시거니와"(롬 1:9). 여기에서 "섬기는"이라는 단어는 구체적으로 인간의 영을 다시 살아나게 해서 하나님을 향하여 살아 있도록 하는 새로운 탄생이라는 강력한 역사를 가리키는 의미로서의 일뿐 아니라, 예배의 개념을 전달하고 있다. 그러한 탄생의 결과는 다음과 같다.

- 영으로 예배함(요 4:23~24)
- 신령한(영적인) 노래를 부름(엡 5:19, 골 3:16)
- 영으로 찬미함(고전 14:15~17)

우리가 앞에서 살펴본 바와 같이, "신령한 노래"란 예배자들이 하나님 앞에서 노래할 때 성령님께서 일으켜 주시는 영적인 노래이다. 또한 우리는 성령님께서 우리에게 노래를 '잘' 할 수 있는 능력을 주시고, 우리의 노래에 거룩한 생명력의 불을 붙여 주셔서, 우리의 노래를 단지 멜로디로부터 거룩한 향연으로, 즉 단지 소리로부터 천상의 찬양의 바람으로 변화시킨다는 사실을 살펴보았다.

변화를 받아서 새롭게 된 지성으로 드리는 예배

"오직 마음(지성)을 새롭게 함으로 변화를 받아"(롬 12:2). 회개가 그리스도로 말미암아 우리를 하나님께로 다시 돌아오게 하는 일인 것과 마찬가지로, 예배는 필수적으로 '마음(생각)의 변화'를 요구할 뿐만 아니라, 우리의 생각이 주님의 영으로 말미암아 변화를 받아 영광으로 영광에 이르도록(고후 3:18) 점진적으로 변화되어 나갈 수 있는 문을 열어 준다.

예배는 복음으로 말미암아 깨어나게 된 지성으로부터 나올 뿐 아니라, 하나님의 말씀이 지성으로 뚫고 들어가서, 우리가 스스로 우리 자신의 두뇌의 능력에 사로잡히기보다는 우리에게 지성을 부여하시는 분이신 하나님을 영화롭게 하는 것을 최고의 우선순위로 삼도록 우리 사고 과정의 우선순위를 의지적으로 다시 조정함으로써 더욱 깊어지게 된다. 하나님께 굴복한 인간의 영은 스스로 왕으로 군림하기를 중단하게 되며, 영을 보다 높은 자리에 두시는 하나님의 성령께 조율을 맞출 때에만 생기는 참된 지혜가 무엇인지를 배우게 된다. 하나님께서는 우리의 지성을 무시하시지 않으신다. 지성과 그 지성이 이루어 낼 수 있는 잠재력을 창조하신 분도 바로 하나님이시다. 그러나 하나님께서는 우리의 거듭난 영 안에서 성령으로 다스리심으로써, 우리에게 비이성적인 사람이 되라는 것이 아니라 이성을 뛰어넘는 믿음, 인간의 생각과 계산의 능력의 범위를 넘어서는 믿음을 행사하라고 정기적으로 말씀하신다. 이와 같이 예배는 우리로 하여금 믿음의 길로 더욱 깊이 들어가도록 해 준다. 그러한 일은 우리의 가장 고차원적이고 최고의 지성을 사용해서가 아니라, 우리가 그러한 지성이 가지고 있는 한계를 뛰어넘어서, 영적이고 이성적인 존재인 우리에게 있는 가장 풍요롭고 완전한 가능성이 실현되는 길로 나아가는 것으로써만 가능한 일이다. 우리는 다음과 같은 방향으로 나아가라는 부르심을 받았다.

- 하나님께 순종하며 지성적으로 드리는 예배 (롬 12:1, 고후 10:5)
- 분명한 이해와 지식을 가지고 드리는 기도 (고전 14:15)
- 분명한 이해와 지식을 가지고 드리는 찬양 (시 47:6~7)

새롭게 회복되어 살아난 감정으로 드리는 예배

"무슨 일을 하든지 마음을 다하여 주께 하듯 하고 사람에게 하듯 하지 말라" (골 3:23), "형제를 사랑하여 서로 우애하고 ⋯ 열심을 품고(fervent in spirit) 주를 섬기라 … 즐거워하는 자들과 함께 즐거워하고 우는 자들과 함께 울라"(롬 12:10~11, 15).

우리 감정의 여러 가지 면모들 가운데서 단지 감정에 원초적이고 본질적인 면이 있다는 사실 때문에 우리의 감정을 믿을 수 없는 것으로 여겨야 할 이유는 전혀 없다. 우리의 감정은 지성과 마찬가지로 하나님께서 확실하게 부여하신 기능이다. 하나님께서는 그 두 가지 중에 어느 하나에 대해서 더 높은 점수를 주지 않으신다. 우리가 지성주의와 지성 자체를 동일한 것으로 혼동하지 않듯이, 감정주의와 감정 자체도 동일한 것으로 보아서는 안 된다. 언제든지 '주의'(ism)는 그 어떤 주제라 하더라도 그 주제의 근본적인 본질로부터 떠나서, 그것을 본질적으로, 그리고 그 자체로 물자체(物自體)가 되도록 만든다. '주의'는 의도를 과장한다. 그래서 하나님께 예배를 드릴 때 감정이 건전하게 사용되면, 감정주의는 사라지고, 하나님의 백성들 가운데 하나님께서 보내시는 건강과 치유하심이 자비롭게 임하여 운행하시면서 그들의 심령에 불을 붙여주게 될 것이다. 예배는 다음과 같이 표현되면서 때로는 열정적인 예배가 되기도 하고, 기쁨으로 가득 찬 예배가 되기도 하며, 혹은 고요한 따뜻함으로 감싸는 듯한 예배가 되기도 한다.

- 하나님께 큰 소리로 외치며 손뼉을 침(시 47:1)
- 온 회중과 함께 큰 목소리로 찬양을 드림(시 22:25)
- 기뻐하며 감사의 마음을 표현함(시 100:1, 4, 빌 4:4)
- 하나님 앞에 잠잠히 침묵함(시 46:10, 합 2:20)

앞에서 살펴본 것처럼 큰 목소리로 외치는 것뿐 아니라 침묵하는 것도 우리의 감정을 표현하는 방법이 되기도 한다. 나의 영혼이 괴롭힘을 당하고, 천만 개의 문제들이 나의 인생을 짓눌러 들어올 때에는 하나님 앞에 무릎을 꿇고 잠잠히 머문다. 그러다가 나는 문득 한 가지 사실을 깨닫게 된다. 하나님께서 지금 보좌에 앉아 다스리신다는 사실이다! 그리고 나는 다시 그러한 의식에 사로잡혀서 하나님 안에서 깊고 안정감 있는 기쁨뿐 아니라 평안과 담대함을 얻게 되면서, 우리의 감정도 진정으로 새롭게 살아나고 하나님으로부터 치유하심을 받고 감싸 주심을 입어서 다시 예배의 기쁨을 누리며 자유로움을 경험하게 된다.

우리 몸을 새롭게 다시 헌신하며 드리는 예배

"너희 몸은 너희가 하나님께로부터 받은 바 너희 가운데 계신 성령의 전인 줄을 알지 못하느냐 너희는 너희 자신의 것이 아니라 값으로 산 것이 되었으니 그런즉 너희 몸으로 하나님께 영광을 돌리라"(고전 6:19-20).

우리가 그리스도 안에 있으면 우리의 육체적인 몸은 모두 성령님께서 거하시는 성전들이며, 예배하러 모인 회중도 똑같은 의미로 하나로 모여서 하나의 통일된 하나님의 전이 된다(엡 2:20-22). 성경은 모세 시대의 성막과 솔로몬 시대의 성전이 모두 하나님께서 눈에 보이도록 자신의 임재하심을 보이시며 찾아오신 장소이며, 하나님의 영광이 임하여 머문 장소임을 증명해 주고 있다. '우리의 몸'을 예배로 하나님께 드린다는 것도 하나님의 임재하심과 영광에 대해서 우리 자신을 활짝 열어 드리기로 하는 결단을 말한다. 즉 우리가 예배를 드린 후에 성령님께서 우리의 삶을 순종과, 하나님께서 창조하시고 구속하셔서 친히 자녀를 삼으신 우리 각 사람을 위하여 하나님께서 계획하시고 의도하시는 목적이 실현되는 방향으로 인도해 가시도록 우리 자신을 활짝 열고 성령님의 인도하심에 내어 드리는 것이다. 성경은 우리에게 우리 자신을 하나님의 성령의 전으로 다시 헌신하고 드리는 몸으로 하나님께 찬양과 경배를 드리는 다양하고 많은 방법들을 보여 주고 있다.

- 무릎을 꿇고 경배를 드림(빌 2:9~10)
- 고개를 숙임(미 6:6~8)
- 머리를 위를 향하여 듦(시 3:3~4, 히 4:16)
- 손을 듦(애 3:40~41, 시 63:3~4)
- 찬양의 의미로 흔들어 드림(요제, 레 9:21)
- 하나님 앞에서 기쁨으로 춤을 춤(시 30:11, 149:3, 150:4)

위와 같은 내용들은 모두 우리 존재의 네 부분에 해당하는 것으로서, 나는 각각의 내용들을 지지하는 성경 본문을 두 곳 이상 제시하지 않았다. 그러나 실제로 그러한 예배의 표현들을 지지하는 성경 본문들은 그보다 훨씬 많다. 그리고 위의 내용들 가운데 어떤 방식에 대해서 지지해 주는 성경 본문들의 숫자가 부족하다 하더라도, 우리에게 예배에 따르는 권능과 능력을 보여 주면서 예배에 적극적으로 참여하라고 명령하는 구절이 성경 한 장에서만 적어도 11구절 이상이 나오는 경우도 있다(대하 20장).

하닫(hadad) — 겸손한 마음으로 허리를 숙이다

나팔(nafar) — ~앞에 납작하게 엎드리다
샤카흐(shakah) — 왕 앞에서 부복하거나 경의를 표현하다
할랄(halal) — 하나님을 자랑하다
가둘(gadul) — 큰 소리로 외치다
야다흐(yadah) — 손을 내밀다
레나흐(renah) — 새가 지저귀다, 짹짹거리다, 노래하다
테헬라흐(tehelah) — 찬송을 부르다
카라크(carah) — 무릎을 꿇다
심카흐(simkah) — 기뻐하다
사마크(samach) — 밝게 빛나다

성경 한 장에 예배를 신체적으로 표현하는 내용이 그렇게나 집약적으로 많이 나온다는 사실은, 본문의 상황 가운데서 나오는 능력의 흐름과 더불어서, 그렇게 서로 다른 다양한 예배의 신체적인 표현들에 대해서 성경이 계시해 주는 내용들이 단지 천여 년 전의 유대인 예배자들의 독특한 문화를 말해 주는 것만은 아니라는 사실을 분명하게 말해 주고 있다. 우리에게 예배 방식에 대해서 계시해 주는 하나님의 말씀은 영원히 어느 세대에나 적용이 가능하다. 변한 것이 있다면 예수 그리스도께서 오셔서 이전의 모세의 율법과, 자신의 몸으로 드리실 완전하고 궁극적인 희생 제사를 모형적으로 미리 보여 주던 모든 의식들을 다 성취하셨다는 사실에 있다.

어떤 사람들은 이렇게 질문하기도 한다: "그러나 예배를 그러한 방식으로 표현하는 것을 받아들이는 것은 임의적으로, 그리고 독자적으로 전체 교회에 자신들의 생각과 의지를 개입시키려고 하는 사람들을

교회로 불러들여서 교회에 혼란을 일으키도록 하는 일이 되지 않겠습니까?" 그러한 질문에 대한 대답은 "그렇다!" 는 것이다. 그렇다고 해서 예배를 완전하게 표현할 수 있는 방법을 개발하라는 부르심이 바뀌지는 않는다. 오히려 그렇기 때문에 지도자들은 가르치고, 본을 보이며, 잘못된 부분들에 대해서는 바로잡고 책망해야 하는 것이다. 진정한 영성의 증거를 개인적인 자발성으로 오해하는 사람들은 아주 적을 것이다. 실제로 자발성과 임의성이 필요한 경우가 있지만, 그러한 경우라도 질서와 통제가 있어야 한다(고전 14장). 지도자—목사와 장로—들은 지도자로서 회중의 예배를 인도해 나가기로 헌신하고 서약한 사람들이기 때문에, 자유란 방종이 아니라는 사실과, 교회는 독창하는 사람들을 한데 모아 놓은 것이라기보다는 하나의 성가대로 모여서 다 함께 하나님을 예배하는 사람들이라는 사실을 인정해야 할 필요가 있는 사람들을 찾아가서 바로잡아 줄 수 있는 자격이 있는 사람들이다.

나는 우리가 경배와 찬양의 노래를 부르거나, 일어서거나, 큰 소리로 외치거나, 무릎을 꿇거나, 머리를 숙이거나 찬양을 올려 드릴 때는 모두 다 같이 해야 한다고 가르치는 교회에서 자랐다. 이것은 누구를 억압하거나 강요하기 위해서 하는 일이 아니다. 그러나 우리는 그렇게 하지 않는 사람들에게 올바로 가르치며 고쳐 주려고 하다가 그렇게 자만에 빠져 있는 사람들이 화를 내거나 불쾌하게 생각한다고 해도 전혀 사과하지 않는다: "하나님은 무질서의 하나님이 아니시요"(고전 14:33). 다 같이 모여서 드리는 회중 연합 예배(개인 예배가 아닌 여러 사람이 드리는 예배—옮긴이), 즉 하나로 통일되고 연합된 몸(혹은 단체)이 예배하며 앞으로 나아가면 개인적인 예배 때보다 더 큰 힘이 있다. 다시 말하면, 전체는 개체의 합보다 크다는 의미이다.

사람들은 때때로 나에게 와서 "Church on the Way는 그렇게 규모가 큰데 어떻게 예배에 통일성을 유지할 수 있습니까?" 하는 질문을 하기도 한다. 그러한 질문에 대한 대답은 간단하다: "교인들의 숫자가 적을 때보다는 많을 때가 훨씬 더 쉽습니다." 이 말은 사실이다. 올바른 질서가 세워져 있는 예배자들은 숫자가 늘어 갈수록 점점 더 서로 협조하는 단체가 되어 나간다. 즉 하나 된 마음과 성령님이 주시는 능력으로 성부 하나님과 그분의 아들이신 성자 예수 그리스도를 예배하고, 찬양하며, 기뻐하며 높여 드리는 한 몸으로 변해 가기 때문이다. 이것은 인간적인 행정이 아니라, 예배에 열매가 나타나며, 예배 자체가 기쁘고 즐거운 일이 되게 할 뿐 아니라, 하나님께서 그 가운데서 영광을 받으시고, 그 결과로는 모든 축복들 가운데 가장 큰 축복이 임하게 되는 거룩한 역사이기 때문이다.

우리가 '마땅히 드릴 영적 예배'를 드릴 때 하나님께서는 우리의 눈에 보이도록 자신의 임재하심을 나타내 보여 주시고, 영혼들은 그 하나님께로 이끌림을 받아 나아가게 되며, 정기적으로 많은 사람들이 영적으로 새로 태어나서 하나님의 나라로 들어오는 일이 일어나게 되는 것이다.

15장

성만찬 상: 승리의 식탁

— 예배의 중심 —

"이것을 행하여 나를 기념하라(원문에는 '기억하라' —옮긴이)"(고전 11:24).

여러분은 거의 모든 예배당의 한가운데서 식탁이 놓여 있는 것을 보게 될 것이다. 예배당에서 보는 식탁의 디자인은 아주 소박하며 간단한 경우도 있을 것이고, 아주 섬세한 상상력을 따라서 우아한 디자인으로 된 경우도 있을 것이다. 그리고 대부분의 경우에는 그 식탁의 정면에 회중이 볼 수 있도록 "나를 기념하라!" 는 성경 구절이 기록되어 있거나 조각으로 새겨 있을 것이다.

여러분의 교회에서는 어떻게 부르는지 모르지만—교제의 만찬(communion), 감사(eucharist), 미사(mass), 주님의 만찬—바로 이 성만찬 상이야 말로 기독교 예배의 중심이다. 성만찬은 구세주께서 십자가에 못 박히시던 전날 밤에 친히 정하신 이래로 지금까지도 교회가 지켜 오고 있는 근본적인 전통이 되었다. 성만찬은 다음과 같이 아주 간단한 방식으로 교회 안에 소개되어 오늘날까지 이어지고 있다: (1) 예수님의 몸과 피에 대해서 상징하며 말해 주는 기본적인 요소인 빵과 포도주를 나누고, (2) 예수님께서 궁극적인 하늘나라에서 자신의 백성들과 다시 만나실 때까지 계속해서 지키라는 분부의 말씀을 기억하고, (3) 경배와 찬양을 드린다(마 26:26~30).

성령님께서는 고린도전서 11장 23~32절에서 초대 교회가 예수님께서 첫 번째 제자들에게 가르치셨던 내용을 어떻게 지켰는지를 살펴볼 수 있는 통찰력을 보여 주시고 있다. 뒤늦게 사도가 된 바울은 자신이 "주께 받은"(성만찬) 예배의 모범을 설명하고 있다. 바울이 자기가 주님으로부터 받았다고 말하는 것이, 주님께서 말씀하신 것을 다른 사도들을 통해서 받았다는 것인지, 혹은 언젠가 구세주께서 직접 자기를 찾아오셔서 가르쳐 주셨다는 것을 의미하는지에 대해서는 분명하게 말하지 않는다. 어떤 경우든지 간에 우리가 '주님의 만찬 상' 앞에 모여서 드리는 예배를 올바르게 드리기 위해서 우리가 가장 많이 참조하며 언급하는 성경 본문은 바로 이 본문이다.

나는 이 성만찬에 대해서 교회의 전통이 만들어 내고, 교회 당국이 법으로 정한 괴상한 내용들에 대해서는 언급하지 않겠지만, 이 책을 읽는 모든 사람들에게는 그리스도 안에 있는 하나님의 은혜의 복음이라는 단순한 빛으로 성경을 비춰 보라고 권하고 싶다. 나는 예수님께서 자신의 십자가를 '기억' 하게 하는 장치로 성만찬을 제정하신 이유는 그들을 종교적인 의무들이나 제한 사항들, 혹은 습관적으로 눈물을 흘리면서 감상적이 되는 거추장스러운 의식을 통해서 붙잡아 두기 위해서라고는 상상조차도 하고 싶지 않다.

그렇다면 예수님께서 우리가 '기억하기' 를 원하시는 근본적인 내용은 무엇이겠는가?

이 질문에 대한 나의 가장 깊은 확신은 예수님께서 우리를 초대하시는 만찬의 식탁은, 우리로 하여금 주님의 고난을 기억하며 후회와 비탄에 잠기게 하려는 것이 아니라, 주님의 고난에 대해서 민감하면서도 기쁜 마음으로 주님의 승리를 기념하는 만찬 상이라는 것이다. 하늘나라의 관점에서 볼 때 십자가의 초점은 예수님께서 십자가 위에서 하신 마지막 말씀인 "다 이루었다"라는 말씀에 가장 잘 요약되어 있다. 우리를 죄와 사망과 사단의 권세로부터 구속하시기 위한 값이 다 지불되었다! 구속의 일이 완전하게 완성되었다! 어린 양의 피가 모든 죄의 문제를 완전하게 해결했다!

예수님께서 십자가에서 당하신 끔찍한 고통을 재현하여 죄책감을 일으키게 하는 수단으로 성체미사를 지키던 여러 세기 동안에는 예수님께서 여전히 십자가에 달려 계시는 모습으로 예배당 안에 등장했으며, 따라서 교인들에게 성만찬 예배란 예수님께서 죽을 때까지 당하신 고난의 자세한 내용들을 어떤 규범처럼 기억하는 우울한 시간이라는 생각이 굳어지게 했다. 특별히 종교개혁이 개인의 구원에 관하여 불확실하게 만드는 결박의 사슬을 끊고, 하나님 앞에서 자신의 신분에 대하여 끊임없이 일어나는 의심의 문제를 확실하게 해결하기는 했지만, 그 후로도 성만찬을 고통의 만찬이 아니라 승리의 만찬으로 지키게 되는 완전한 자유에 이른 적은 한 번도 없는 것 같다!

- 우리가 예수 그리스도의 찢기신 몸과 흘리신 피에 관한 사실을 다시 기억하라는 부르심을 받았다는 사실에 대해서는 **의심의 여지가 없다.**

"떡을 가지사 축사하시고(감사하시고-옮긴이) 떼어 이르시되 이것은 너희를 위하는 내 몸이니 이것을 행하여 나를 기념하라 하시고 식후에 또한 그와 같이 잔을 가지시고 이르시되 이 잔은 내 피로 세운 새 언약이니 이것을 행하여 마실 때마다 나를 기념하라"
(고전 11:23~25).

- 우리는 하나님의 자비로우신 구원이라는 은혜의 선물은 싼 값에 온 것이 아니라는 사실과, 죄 사함과 해방이라는 구원의 능력은 아주 비싼 대가를 치르고 이루어진 것에 대해 의심의 여지가 없다. 또한 예수님의 죽으심이라는 아주 비싼 죗값을 치르셔야 했다는 사실로 볼 때 우리에게 구원이 얼마나 절실하게 필요한 것인지와, 또한 우리가 천국과 영생에 대한 소망을 받게 된 것은 예수님께서 고난을 당하시고 죽으시는 대가와, 지옥의 가장 혹독한 공격을 받으시고 죽으셨다가 다시 살아나시고, 사망과 지옥의 권세를 정복하심으로써 구속 사건이 완전히 이루어졌다는 것을 증명하심으로써 가능한 것이었다는 사실을 기억하면서도, 예수님의 죽으심에 대해서 말할 때에는 반드시 그리스도의 복음을 다시 말하라는 부르심을 받았다는 사실에 대해서도 의심의 여지가 없다. 우리는 주님께서 초대하시는 성만찬에 나올 때마다 이러한 사실들을 선언하며 선포해야 한다.

"너희가 이 떡을 먹으며 이 잔을 마실 때마다 주의 죽으심을 그가 오실 때까지 전하는 것이니라"(고전 11:26).

- 그리스도께서 갈보리 언덕에서 죽음에 굴복하신 일은 우리에게 영원한 구원을 가져다주시는 선물일 뿐 아니라, 하나님의 뜻에 순

종하기 위해서는 반드시 우리 자신에 대해서 죽는 것, 즉 우리 자신의 평안이나 안이함에 대해서 죽는 것, 또한 세상과 세상의 가치관에 대해서 죽는 것, 그리고 우리의 육신과 육신의 정욕에 대해서 죽는 것을 요구한다는 삶의 원칙으로서의 제자도의 모델을 우리에게 보여 주고 있다는 사실에 대해서는 의심의 여지가 없다.

"내가 진실로 진실로 너희에게 이르노니 한 알의 밀이 땅에 떨어져 죽지 아니하면 한 알 그대로 있고 죽으면 많은 열매를 맺느니라 자기의 생명을 사랑하는 자는 잃어버릴 것이요 이 세상에서 자기의 생명을 미워하는 자는 영생하도록 보전하리라 사람이 나를 섬기려면 나를 따르라 나 있는 곳에 나를 섬기는 자도 거기 있으리니 사람이 나를 섬기면 내 아버지께서 그를 귀히 여기시리라"(요 12:24~26).

"누구든지 나를 따라오려거든 자기를 부인하고 자기 십자가를 지고 나를 따를 것이니라 누구든지 제 목숨을 구원하고자 하면 잃을 것이요 누구든지 나를 위하여 제 목숨을 잃으면 찾으리라"(마 16:24~25).

"우리가 사방으로 우겨쌈을 당하여도 싸이지 아니하며 답답한 일을 당하여도 낙심하지 아니하며 … 우리가 항상 예수의 죽음을 몸에 짊어짐은 예수의 생명이 또한 우리 몸에 나타나게 하려 함이라"(고후 4:8, 10).

"그러나 내게는 우리 주 예수 그리스도의 십자가 외에 결코 자랑할 것이 없으니 그리스도로 말미암아 세상이 나를 대하여 십자가에 못 박히고 내가 또한 세상을 대하여 그러하니라"(갈 6:14).

예수님께서는 분명 우리가 자신의 죽으심으로부터 무엇인가를 배우기를 원하셨다. 그러나 예수님의 고통을 통해서 제자로서의 삶의 원리를 배워 나가는 것과, 하나님의 아들이 당신을 대신해서 고통을 당하셨다는 사실에 대해서 당신이 그렇게 큰 죄인이라는 사실에 대해 스스로 해결할 수 없는 수치심과 죄책감을 가지고 살아가는 것 사이에는 큰 차이가 있다. 우리는 그러한 두 가지 가능성들 가운데서 어느 것이 예수님께서 우리를 성만찬으로 부르시는 동기일지를 결정해야 한다. 예수님께서는 우리가 주님께서 초대하시는 성만찬에 나아올 때 어떤 기분과 방법으로 나아오기를 원하시겠는가? 예수님께서 우리에게 바라시는 것이 우리의 죄 때문에 예수님께서 당하신 고통을 생각하면서 스스로 자책감과 수치심에 싸여서 반복적으로 자신을 채찍질하는 듯한 행동을 하며 가슴을 치며 나아오는 것인지, 아니면 성만찬 상 앞에 나와서 다음과 같은 것에 대해서 다시금 묵상하고 살펴보면서 축하하라는 것인지를 질문해 보아야 한다.

- 사랑의 선물로 자신의 아들을 보내시는 아버지의 **목적**
- 예수님께서 피를 흘리시고 죽으셨기 때문에 나타난 죄와 사망의 멍에를 꺾어 버리는 십자가의 **능력**
- 예수님의 몸이 바로 '우리를 위하여 찢기셨기 때문에' 우리에게 영적인 온전함과 힘과 건강을 주시겠다는 **약속**
- 예수님께서 죽으심으로써 이루어진 완전한 승리로 인하여 지금 이 세상에서는 풍성한 삶을 주시며, 앞으로는 영원한 생명을 주

시겠다는 온전한 확신

위의 두 가지 질문들 가운데 가장 자연스럽고 성경적이며 영적인 선택은 후자이다. 그 이유는 다음과 같다.

1. 예수님은 절대로 정신병자가 아니시기 때문에 친히 구원하신 사람들에게 '내가 너희를 위하여 참고 견뎌야 했던 그 끔찍한 고통'에 대해서 반복적으로 기억하면서 예수님께 대해서 불쌍하게 생각하라고 요구하시지는 않으신다. 우리의 구원자가 되시는 주님께서는 집요하게 아들을 괴롭히는 유대인 엄마처럼(Yiddishe Mama) "내가 너를 세상에 태어나게 하기 위해서 겪어야 했던 그 끔찍한 해산의 고통에 대해서는 절대로 마음에 두지 말기 바란다. 그것은 절대로, 절대로 아무것도 아니란다"라고 말하지만, 실제 의미는 그와 정반대로 "너는 나에게 평생에 갚지 못할 아주 큰 빚이 있어. 내가 너를 영원히 조종하기 위한 방법으로 내가 너를 위해서 당한 고통이 늘 너의 뇌리에서 떠나지 못하도록 할 거다"라고 하면서 아들에게 죄책감이 들게 해서 평생 그를 조종하려고 하는 것 같은 분이 아니다.
2. 오늘 구원의 선물을 주시겠다는 복음(Good News)은 구원자께서 과거에 그 구원의 선물을 사 내시기 위해서 고통을 당하셨다는 '어제의 뉴스'가 아니다. 또한 우리가 예수님께서 우리에게 생명의 선물을 주셨다는 사실과, 또한 주님께서는 우리가 돌아온 탕자처럼(눅 15장) 예수님의 의의 옷을 새로 입고 잔치에 들어가서 축제에 참여하기를 원하신다고 하는, 예수님의 간절하신 소원을—이것은

우리를 진정으로 자유롭게 해 준다—선포한다고 해서 예수님께서 자신의 몸으로 단번에 영원한 희생 제사를 드리셨다는 사실의 의미가 감해지는 것은 절대로 아니다. 오히려 주님께서는 "이는 여호와께서 내게 기름을 부으사 … 아름다운 소식을 전하게 하려 하심이라 … 슬퍼하는 자에게 화관을 주어 그 재를 대신하며 기쁨의 기름으로 그 슬픔을 대신하며 찬송의 옷으로 그 근심을 대신하시고 그들이 … 그 영광을 나타낼 자라 일컬음을 받게 하려 하심이라"(사 61:1, 3)라고 하신다.

3. 성령님께서는 은혜의 문으로 들어오는 모든 사람들에게 생명의 말씀을 주시면서, 이사야 선지자가 선포했던 위로와 확신을 주신다: "너희의 하나님이 이르시되 너희는 위로하라 내 백성을 위로하라 너희는 예루살렘의 마음에 닿도록 말하며 그것에게 외치라 그 노역의 때가 끝났고 그 죄악이 사함을 받았느니라"(사 40:1~2). 이분이 바로 우리를 그리스도께로 나아가게 하시는 성령님이시다. 성령님은 우리의 죄를 깨닫게 하셔서 우리로 회개에 이르게 하시며, 자신의 거룩하신 능력으로 우리를 거듭나게 하시고, 지금은 우리를 구세주의 식탁으로 나와서 그 주님과 함께 만찬에 참여하면서 우리를 품에 안아 반갑게 맞아 주시는 주님을 경험하고, 부활하신 우리 주님이신 그분과 날마다 교제를 누리는 축복을 경험하는 자리로 우리를 데려가신다.

물론 예수님께서 죽으셨던 과정은 분명 아주 중요하다. 그러나 예수님의 죽으심에 대한 아버지 하나님의 목적과 예수님께서 자신의 죽음을 통해서 우리에게 주신 축복은 이미 단번에 완전히 완성되고 성취된 일로써, 주님께서 친히 주시는 그러한 엄청난 선물의 영광의 빛을 바래게 하는 죄책감이나 정죄의식 없이, 이미 우리가 받아야 하고, 그 안에서 기뻐하고 누려야 할 사실들이다.

"하나님이 그 아들을 세상에 보내신 것은 세상을 심판하려 하심이 아니요 그로 말미암아 세상이 구원을 받게 하려 하심이라"(요 3:17).

"그러므로 이제 그리스도 예수 안에 있는 자에게는 결코 정죄함이 없나니 이는 그리스도 예수 안에 있는 생명의 성령의 법이 죄와 사망의 법에서 너를 해방하였음이라"(롬 8:1~2).

모든 예배 인도자들은 성만찬 예배에 대한 자신의 마음과 생각과 가치관과 예배를 인도해 나가는 형식의 가상 중심에 다음과 같은 사실을 새겨 두고 예배자들을 성만찬 예배로 인도해 나가야 한다. 즉 그 잔치의 비용을 내신 분은 예수님이시다. '누구든지 원하는 사람들'에게 만찬 상을 활짝 열어 준비하고 계시는 분은 예수님이시다. '죽으셨지만, 부활하셔서 영원히 살아 계시며 사망과 지옥의 열쇠를 가지고 계시는 분'은 예수님이시다! 예수님은 이미 승리하신 분이시며, 그분이 우리를 초대하시는 만찬 상은 승리의 만찬 상이다.

성만찬에 대한 잘못된 자세

슬프게도 주님께서 초대하시는 만찬 상이 율법주의에 사로잡혀서 사람들을 조종하고 통제하는 채찍으로 사용되는 경우가 너무 많다. 전 세계적인 그리스도의 교회 안에서는 성만찬을 엄격한 '권징'의 수단으로 사용하여 교인들을 성찬식에 참여하지 못하게 하기도 한다. 그래서 실수와 잘못을 고백한 거듭난 그리스도인들도—심지어는 이제 죄를 고백해서 이론적으로는 '용서받은' 그리스도인들—목회자나 교회 당국이 허락할 때까지는 성찬식에 참여할 수 있는 특권을 빼앗기기도 한다.

많은 곳에서는 성찬식을 보호하기 위해서 방문객이나 교회의 등록 교인이 아닌 사람들은 함께 성찬에 참여하는 것이 금지되기도 한다. 나는 그러한 교회들이 주님께서 초대하시는 만찬에 대해서 너무나 진지하기 때문에 그렇게 하고 있다고 믿는다. 그럼에도 불구하고 그러한 성찬식에 참여하는 것을 금지하는 조치는 잘못되었고, 불필요하며, 성경적으로도 옳지 않은 일이다. 사실 예수님께서 직접 가르치시는 하나님의 말씀에는 우리가 주님께서 베푸시는 성만찬에 참여할 때에는 어떤 역동적인 일이 일어난다는 사실을 밝히고 있다: "내 살은 참된 양식(영적인 양분)이요 내 피는 참된 음료(영적으로 우리를 시원하게 해 주는 청량음료와 생명)로다"(요 6:55). 잘못을 회개한 그리스도인들이나, 그 교회의 교인이 아니라고 해서 그리스도인들에게 성찬에 참여하지 못하게 하는 것은 구원의 목적과도 맞지 않는 일이며, 성경이 말하는 그리스도인의 교제라는 개념에도 위배되는 일이다. 그렇게 하는 것은 마치 배가 고파서 죽어 가는 사람에게 "먼저 자네의 영양실조 문제를 해결하고 오게. 그러면 자네에게 먹을 것을 주겠네" 하고 말하거나, 외로운 사람들에게 "우리 클럽에 들어오려면 먼저 어느 기간 정도 우리 주위에 머물게. 그 후에야 우리가 자네를 안고 품어 주겠네"라고 말하는 것이나 마찬가지일 것이다.

또한 우리가 성찬식에 '합당하지 않게' 참여하면 우리의 건강이나 목숨이 위태로워질 수 있다는 비성경적인 가르침 때문에 눌려 있는 경우도 너무 많다. 그렇게 왜곡된 논리는 고린도전서 11장 27~32절에서 나온다. 여기서 사도 바울이 자신을 살펴보라고 말하는 것은 우리에게 그리스도께서 베푸시는 성만찬 상에 참여하기에 충분히 합당한 조건을 갖추도록 촉구하기 위해서 하는 말은 아니다. 성경에서 우리가 예수님 외의 그 어떤 사람의 공로에라도 의지해서 하나님으로부터 무엇인가를 받거나 얻을 수 있다고 말하고 있는 본문은 하나도 발견할 수 없다는 사실을 생각해 보면 그 말이 얼마나 어리석은지를 알 수 있다! 그렇다면 바울이 정말로 말하고 있는 것은 무엇이겠는가?

바울이 고린도 지방에서 어떤 그리스도인들이 병에 걸리고 일찍 죽은 것은(30절) 그들이 상당히 높은 충분한 수준의 의라는 조건에 맞추지 못하고 주님의 성만찬에 참여했다는 이유로 하나님께서 그들에게 심판을 보내셨기 때문은 아니었다. 오히려 그들이 '그가 채찍에 맞음으로 우리가 나음을 입었도다!' 라는 말씀처럼 예수님께서 당하신 고난에 근거되어 있는 치유와 내적인 능력에 대하여 성경이 말하고 있는 약속을 받지 못했기 때문이었다(사 53:5, 마 8:16, 벧전 2:24). 그들은 벌을 받고 있었던 것이 아니다. 그럼에도 불구하고 어떤 교회들에서 은밀하게 잘못 가르치고 있는 또 다른 가르침을 무마시키기 위해서 한 가지 중요한 교훈으로 기록되어 있다. 중요한 교훈이란 하나님의 약속을 받아 누리기 위해서는 반드시 **믿음**이 필요하다는 것이다. 이 교훈은 성찬식에 기계적으로 참석하는 것만으로도 성찬식에 내재되어 있는 어떤 자동적인 능력을 받게 된다고 믿는 오류를 반박해 준다.

우리는 이런 혼란스러운 오류들을 청산하고, 거룩하게 정신을 차린 마음으로, 그러나 그와 더불어서 기뻐하는 마음으로 성만찬 상 앞으로 나아가도록 하자.

여기서 지금까지 살펴본 문제를 좀 더 완전하게 접근해 보기로 하자. 주님께서 베푸시는 성만찬에 나오기에 합당한 사람이란 누구이겠는가? 아무도 없다! 예수님께서 죽으신 것은 우리 모두가 다 모든 영광을 받으시기에 합당하시고 존귀하신 예수님께로 나아올 수 있게 해 주시려고 우리에게 하나님의 은혜의 단비를 쏟아 부어 주시는 일이었다. 우리는 "존귀하신 어린 양!"이라는 찬양을 부른다. 나는 성만찬 상 앞으로 나갈 때, 지금 나, 잭 헤이포드의 죄를 포함하여 세상의 죄를 지고 가시는 하나님의 어린 양을 믿고 의지하고 있는 것이다. 나는 앞으로 나아가 성찬에 참여하면서 나에게 영양분을 공급해 주는 하나님의 능력을 받아먹는다. 이것이 바로 '합당하게' 성찬에 참여하는 문제의 핵심이다.

우리가 성만찬 상 앞으로 나아갈 때 우리가 알고 있는 죄와 불순종과 연약한 부분들을 고백하며 나아가는 것은 당연한 일이지만, 우리의 행위를 의지하여 성찬 상 앞으로 나아가는 것은 아니다. 또한 우리가 그렇게 죄와 연약함을 고백하고 전적으로 예수님을 의지하며 성만찬 상 앞으로 나아가면 "예수님을 기억하라", 즉 "세상 죄를 지고 가시는 하나님의 어린 양의 존귀하심을 기억하라"는 말씀을 듣게 된다.

"그러므로 우리는 긍휼하심을 받고 때를 따라 돕는 은혜를 얻기 위하여 은혜의 보좌 앞에 담대히 나아갈 것이니라"(히 4:16).

우리가 예수님께서 초대하시는 성만찬 상 앞으로 나아가는 것은 그분이 존귀하신 분이기 때문이다. 또한 우리는 바로 예수님께서 존귀하신 분이시라는 사실을 근거로 정죄 받는다는 느낌 없이 아버지의 보좌 앞으로 나아갈 수 있게 되었을 뿐 아니라, 성자 예수님이 초대하시는 성만찬 상 앞에도 전혀 주저함 없이 나아가서 환영을 받을 수 있게 된 것이다.

그렇다면 예수님께서 우리에게 기억하기를 원하시는 것은 무엇인가?

우리가 주님께서 초대하시는 성만찬으로 나아갈 때, 우리의 구세주께서는 우리에게 갈보리의 십자가에서 못이 예수님의 살을 뚫고 들어오고, 가시가 이맛살을 찢고 창이 옆구리를 찌르며 들어올 때 자신이 얼마나 아팠고 얼마나 큰 고통을 당하셨는지를 기억하도록 하시려고 그곳으로 우리를 초대하시는 것이겠는가? 예수님께서 우리가 예수님 자신이 그렇게 끔찍한 방식으로 고통을 당하시고 죽으셔야만 했던 것은 바로 우리의 잘못 때문이라는 사실을 기억하기를 원하시겠는가? 예수님께서는 우리가 주님의 제자인 표시로 계속해서 죄책감을 안고 살아가기를 원하시겠는가? 우리를 위해서 그런 끔찍한 일들을 경험하신 은혜가 놀랍고 존귀하고 경이로운 만큼, 그러한 질문에 대한 대답은 "아니오!" 라는 것이다.

오히려 주님께서는 우리에게 주님께서 베푸시는 식탁으로 나아오라고 하신다. 우리는 거기서 자유롭게 주님과 교제를 나누게 될 것이다.

그것은 예수님께서 이미 고난을 받으셨고, 죽으셨기 때문이며, 그래서 지금은 "나와 함께 기뻐하자!"고 말씀하신다.

- 예수님께서는 우리의 모든 죄 문제를 단번에 완전히 해결해 주시기 위해서 자신의 피를 흘리셨으며, 따라서 우리가 다시는 정죄 의식 아래 살아야 할 필요는 없다는 사실을 우리가 기억하기를 원하신다.
- 예수님께서는 이스라엘 백성들이 광야에서 만나를 받았던 것과 마찬가지로, 우리가 이 성찬의 빵을 받아먹을 때 우리가 매일 살아가는 데 필요한 힘을 공급해 주시는 초자연적인 영양분이 들어 있다는 사실을 기억하기를 원하신다.
- 예수님께서는 우리를 위해서, 우리에게 건강을 주시기 위해서 몸이 찢기셨으며, 따라서 우리가 질병으로 고통을 당해야 할 필요는 없다는 사실을 기억하기를 원하신다. 예수님께서는 우리가 사단의 공격을 받을 때 예수님께서 이미 그 원수를 이기셔서 그를 구경거리로 만드셨다는 사실을 기억하기를 원하신다. 사단은 이미 패배한 원수일 뿐이다.

이것이 바로 우리를 위해 찢기신 주님의 몸을 분별한다는 의미(고전 11:29)이다. 즉 예수님의 고난과 죽으심은 주님의 피로 말미암아 새로운 언약을 세우는 고난이요, 죽으심이라는 것이다. 이것이 바로 예수님께서 우리에게 기억하기를 원하시는 것이다. 즉 예수님께서 이미 완전히 승리하셔서, 전쟁도 끝났다는 사실을 기억해야 하는 것이다.

예수님께서는 우리에게 주님께서 베푸시는 승리의 만찬에 함께 참여하라고 초청하신다.

주님께서 초대하시는 만찬의 자리로 나아가자! 그리고 주님께서 이루신 승리의 축배를 마시자!

16장

하늘과 땅을 연결하는 예배

- 손으로 표현하여 올려 드리는 예배 -

"우리의 마음과 손을 아울러 하늘에 계신 하나님께 들자"(애 3:41).

우리는 앞에서 보이는 세상과 보이지 않는 세계가 우리가 단지 인간적인, 혹은 '자연적인' 이성의 눈에 보이는 것보다 서로 더 밀접하게 엮여 있다는 사실을 살펴보았다. 골로새서 1장은 그리스도께서 가장 높고 뛰어나신 분이시며, 예수님께서는 "보이는 것들과 보이지 않는" 모든 것들을 다스리시는 주님이시라는 사실을 강조하고 있다. 이 말은 그 자체로 보이는 세계나 보이지 않는 세계 중에 어느 것도 중요하지 않은 것은 없으며, 그중에 우리 인간이 경험하는 총체적인 것들과 관계되지 않은 세계란 없다는 사실을 분명하게 천명해 주는 말이다(16절). 따라서 나는 우리의 삶과 예배에서 손이 차지하는 역할에 대한 나의 믿음과 확신은 해가 갈수록 더욱 깊어지고 있으며, 따라서 이 주제는 우리가 특별히 좀 더 자세하게 연구해 보아야 할 만큼 중요하다. 여기서는 (1) 결단의 선언과, 중보와 축복을 선포하는 의미로 손을 드는 것, (2) 하나님을 높여 드리며, "주님의 나라가 바로 여기에 임하옵시고, 주님의 뜻이 바로 이곳에서 이루어지기를 구합니다. 하늘에서 이루어진 것처럼 바로 여기에서도 이루어지기를 구하나이다" 하고 구하며 선언하는 의미로 박수를 치는 것 등의 기본적인 신체적인 표현과 관계된 영적인 실체에 대해서 살펴보기로 하자. 하나님의 말씀 가운데 "너희의 손을 들라"는 명령이 우리가 알고 있는 것보다 더 많이 나오는데, 그것은 단지 문화적인 미용 체조를 의미하는 것이 아니다. 손을 드는 것은 이 땅(보이는 세계)에서 손으로 하늘(보이지 않는 세계)을 만지는 것을 의미한다. 그것은 우리의 생각으로는 도저히 설명할 수가 없고, 우리의 흐릿하고 스스로 속고 속이는 이성보다 훨씬 더 지혜로우신 하나님만 아시는 방법으로 하늘과 땅을 연결하는 일이 된다. 우리는 찬양을 표현하여 올려 드리는 손과, 전능하신 하나님의 능력의 손 사이의 관계에 대해서 더 많은 것을 배울 수 있다. 따라서 우리는 이 세상에 사는 동안 하나님 나라의 권세와 다스리심이 절실하게 필요하며, 우리는 우리 가운데 그러한 권세와 다스리심이 임하기를 전심으로 구하며 사모하고 있다.

손을 들어 올림

성경은 손을 드는 목적에 대해서 구체적으로 네 가지 교훈을 주고 있다.

1. 고백. 손을 든다는 것은 주님께 대한 결단과 헌신을 의미한다.
2. 전쟁. 손을 든다는 것을 중보기도로서, 여기서부터 승리가 결정된다.
3. 상황에 대처함. 손을 높이 올려 든다는 것은 하나님의 인자하심에

응답하는 것이다.
4. **축복**. 하나님의 은혜와 권능과 사랑으로 다른 사람들을 향하여 손을 들어 내민다.

여기서는 역사에 있었던 위대한 예배자들 몇 명의 삶 가운데서 그들이 손을 들었던 사례들을 살펴보기로 하자. 여기서는 아브라함, 모세, 다윗 그리고 솔로몬의 생애를 살펴보기로 하겠다.

고백: 우리가 누구 편에 서 있는지를 인정함

성경에서 첫 번째로 하나님의 이름으로 손을 들었던 사람은 아브라함이다. 아브라함은 하나님께 대한 결단과 헌신의 의미로 자신의 손을 들고 있다: "아브람이 소돔 왕에게 이르되 천지의 주재이시요 지극히 높으신 하나님 여호와께 내가 손을 들어 맹세하노니"(창 14:22).

아브라함이 이 말을 할 때는 주변의 여러 민족의 왕들이 연합하여 소돔으로 쳐들어와서 그곳에 살고 있던 조카 롯과 다른 사람들을 포로로 잡아갔었는데, 그가 연합군을 쫓아가서 궤멸시키고, 포로로 잡혀 갔던 이들을 구출하여 돌아오는 중이었다. 그들이 집으로 돌아오는 중에 이교도인 소돔 왕이 나가서 아브라함을 만난다. 소돔 왕은 아브라함에게 그가 구출해 낸 소돔의 백성들을 자기에게 보내 주면 그 대신 아브라함이 얻은 전리품들은 아브라함이 가지도록 해 주겠다고 말한다. 이에 아브라함은 하나님의 말씀에 어긋나는 길을 따르기를 거부하면서, 하나님께 손을 들고 자기가 누구 편인지를 분명하게 밝히고 있다.

성경에 나오는 많은 중요한 원칙들처럼, 처음으로 사용되는 용례의 원리라는 간단한 해석학의 원칙에 따라서 아브라함이 들어 올린 손은 아주 중요한 의미를 지니게 된다. 더 나아가 로마서 4장 12~16절에서는 아브라함을 유대인 가문의 자연적인 **가부장**(paterfamilia)일 뿐 아니라, 신약 시대의 그리스도인들의 영적인 '조상' 이라고 밝히고 있다. '우리의 조상인 아브라함의 믿음의 길을 따르라' 는 교훈을 받은 우리가 기꺼이 손을 들어서 하나님께 대한 우리의 결단과 헌신을 표현한다는 것은 단지 합리적인 일이라고 말해서는 안 될 정도로 당연한 일이다. 성경에서 손을 들어서 결단과 헌신을 표현하는 것은 결단을 의미하는 표시이기도 하다.

전쟁: 영적 전쟁에서 승리를 얻음

모세가 앞으로 손을 펴서 내밀었던 사건은 성경에서 가장 훌륭한 중보기도의 예를 보여 주는 상황이었다(출 17장). 아말렉과의 전쟁은 골짜기 아래서 벌어지고 있었지만, 모세는 지팡이를 들고 있는 손을 치켜들고 아론과 훌과 함께 산 위에 서 있다: "모세가 손을 들면 이스라엘이 이기고 손을 내리면 아말렉이 이기더니"(11절).

모세가 지팡이를 높이 들고 있는 동안에는 이스라엘이 그 전쟁에서 승리했다. 시간이 한참 지난 후에는 모세의 팔이 너무나 무거워지고 힘이 들어서 그는 큰 돌 위에 앉고 아론과 훌이 모세의 손을 떠받쳐 주었다. 모세는 자기의 손을 들고 있음으로써 이스라엘이 전쟁에서 이길 것인지의 여부를 결정했다. 아마도 성경에서 중보기도에 대해서 나오는 가장 위대한 명령은(딤전 2:1~8) 손을 드는 것으로 나와 있다: "그러므로 각처에서 남자들이 분노와 다툼이 없이 거룩한 손을 들어 기도하기를 원하노라"(8절).

어떤 사람은 나에게 위의 본문이 신약성경에서 구체적으로 손을 드는 문제에 대한 유일한 언급이라는 사실을 말하면서 손을 드는 행위가 근거가 있는 것인지를 질문했다. 그래서 나는 다음과 같이 대답했다: "그렇다면 얼마나 많은 성경 본문이 더 있어야 되겠습니까?" 주님께서 말씀하셨다면 한 번으로도 충분하다. 바울은 모든 "남자들"(일반적인 총칭)이 "각처"(모든 곳)에서 중보기도의 거룩한 손을 들라고 말하고 있다. 중보기도 가운데서 승리하기를 구하는 사람들은 하나님을 향하여 손을 들게 될 것이다.

상황에 대처함: 어떤 시련과도 상관없이 찬양을 드림

다윗은 유대 땅의 광야에서 목숨을 유지하려고 도망 다니면서도 다음과 같은 가사로 된 노래를 부르고 있다: "주의 인자하심이 생명보다 나으므로 내 입술이 주를 찬양할 것이라 이러므로 나의 평생에 주를 송축하며 주의 이름으로 말미암아 나의 손을 들리이다"(시 63:3~4, 삼상 21~25장).

위의 본문이 나오는 상황을 이해하면 그 내용이 얼마나 간절하고 절실한 것인지를 이해하게 된다. 다윗은 자기가 언제 죽을지도 모르는 상황에 처해 있음에도 불구하고 자기의 목소리를 높이고 하나님을 향하여 손을 들기로 결심하고 있다. 다윗은 자기의 상황이 어떠하든지 하나님의 인자하심은 전혀 변하지 않는다는 사실을 인정하며 고백하고 있다. 따라서 하나님은 언제나 우리의 찬양을 받으시기에 합당하신 분이신 것이다. 시련의 때에 오히려 경배와 찬양의 노래를 부르면서 하나님을 향하여 손을 펴서 내민다는 것은 전능하신 하나님의 능력으로 하여금 우리를 지금의 시련의 상황을 넘어서 영혼에 안식과 내적인 담대함과 확신을 가질 수 있는 자리로 들어 올려 가 주시도록 초청하는 일인

것이다. 우리도 다윗처럼 헤아릴 수 없을 정도로 우리를 억누르며 우리의 평안을 위협하는 것들과 맞서서 손을 들고 하나님을 찬양해야 할 필요가 있다.

축복: 다른 사람들을 향하여 손을 내밈

솔로몬은 성전 봉헌식을 하면서 자신의 백성들이 하나님께 대해서 한 일들을 높이 평가하며 칭찬하는 아름다운 기도를 드린다. 그리고 나서는 다음과 같은 내용이 이어진다.

> "솔로몬이 무릎을 꿇고 손을 펴서 하늘을 향하여 이 기도와 간구로 여호와께 아뢰기를 마치고 여호와의 제단 앞에서 일어나 서서 큰 소리로 이스라엘의 온 회중을 위하여 축복하며 이르되"(왕상 8:54~55).

바락(barak)이라는 히브리어 단어는 축복하다(bless)라는 의미이다. 원어 사전은 우리에게 바락이라는 단어의 의미에는 구체적으로 '자신의 손을 펴서 내밀다'는 개념이 있는 것으로 해석해 주고 있다. 솔로몬은 먼저 자기의 손을 하늘을 향하여 펴서 들어 올린 후에, 이번에는 자기의 백성들을 축복하기 위하여 손을 들어 올리고 있다.

자기의 손을 올렸다가 내렸다가 다시 올리는 것, 즉 먼저는 하나님을 향하여 중보기도의 손으로 올려 드리고, 그 다음에는 다른 사람들을 향해서 축복하는 의미로 손을 펴서 내미는 것은 깊은 의미가 있는 몸짓이다. 이 두 가지 몸짓은 서로 잘 어울린다. 여기서 영적인 의미를 간과해서는 안 된다. 살아 계신 하나님의 임재하심으로부터 나오는 손은 생명과 은혜를 담아서 다른 사람들을 향하여 축복하며 내밀 수 있는 손이다. 예수님께서도 그렇게 약속하셨다: "믿는 자들에게는 이런 표적이 따르리니 … 병든 사람에게 손을 얹은즉 나으리라"(막 16:17~18).

나는 여러분이 하나님을 향해서 우리의 손을 올려 드리는 것이 정말로 지혜로운 일이라는 사실을 이해하기를 바란다. 그 이유는 우리의 손에는 하나님의 만져 주심이 진정으로 필요하기 때문이다. 그것만으로도 우리가 손을 들어 올려야 하는 충분한 이유가 될 것이다. 실제로 하나님을 향하여 손을 올려 드리는 것은, 예레미야애가의 저자가 선포하는 것처럼 우리가 하나님께로 돌아가는 행위에서 근본적으로 중요한 부분이다: "우리가 스스로 우리의 행위들을 조사하고 여호와께로 돌아가자 우리의 마음과 손을 아울러 하늘에 계신 하나님께 들자"(애 3:40~41).

손뼉을 치는 행동의 타당성과 문제점

전 세계의 교회들이 예배의 마음을 신체적으로 표현해 드리는 방식들 가운데 경배와 찬양을 노래로 부르는 것 외에 가장 자주 등장하는 표현 방법은 손뼉을 치는 일일 것이다. 손뼉을 치는 일은 손을 드는 것과 마찬가지로 왕을 환영하며 모셔 들일 때 당연히 사용하는 환영의 몸짓일 뿐 아니라 찬양과 영적 전쟁의 도구가 되기도 한다. 이 주제에 대해서 가장 많이 인용하는 성경 구절이 시편 47편 1절이라는 사실에 대해서는 의문의 여지가 없다: "너희 만민들아 손바닥을 치고 즐거운 소리로 하나님께 외칠지어다." 이 본문은 손뼉을 치는 행동이 예배의 한 부분이라고 말하고 있을 뿐 아니라, 하나님을 향하여 손뼉을 치라고 권면하고 있다. 시편 47편은 계속해서 다음과 같이 이어지고 있다.

> 지존하신 여호와는 두려우시고
> 온 땅에 큰 왕이 되심이로다
> 여호와께서 만민을 우리에게,
> 나라들을 우리 발 아래에 복종하게 하시며
> 하나님께서 즐거운 함성 중에 올라가심이여
> 여호와께서 나팔 소리 중에 올라가시도다
> 하나님이 뭇 백성을 다스리시며
> 하나님이 그의 거룩한 보좌에 앉으셨도다(2~3, 5, 8절)

위의 본문은 하나님은 전능하시며 영화로운 분이시고, 또한 우리가 그분을 기뻐하며 좋아하기를 원하시며, 우리가 **바로 지금** 여기서 하나님께 찬양을 드리며, 그분이 앉아 계신 보좌가 있는 곳으로 들어가는 것을 기뻐하신다는 사실을 인정하며 선포하고 있다. 우리의 경배와 찬양이 역동적인 이유는 육체적인 에너지 때문이 아니라, 우리의 경배와 찬양이 생산해 내는 열매 때문이다. 경배와 찬양을 드리면 주님께서 임하셔서 거하시며, 그의 백성들 가운데서 영광과 능력으로 역사하실 자리가 만들어진다(시 22:3).

우리가 하나님의 위엄과(Majesty) 하나님의 선하심을 보고, 하나님의 하나님 되심과 그분이 행하신 일, 그리고 그분의 임재하심이 우리 가운데 있다는 놀라운 축복에 대해서 합당하게 반응하면, 하나님께서는 우리 가운데서 더 강력하게 역사하시면서 친히 자신의 찬란한 영광으로 우리를 빛나게 하시며 우리를 변화시켜 주신다. 그러한 일이 일어나면 우리로부터 더 깊고 높은 경배와 찬양이 일어나게 되며, 그것은 하나님께서 임하셔서 거하실 자리를 더 많이 만들어 드리는 일이 되며, 이러한 순환작용이 계속 일어나게 된다. 이것이 바로 하늘나라의 보좌가 있는 곳에서 벌어지고 있는 광경이다. 거기에서는 경배와 찬양의 소리가 끊임없이 울려 나오고 있다(계 4장을 보라). 그것이 바로 영원한 세계에서 일어나는 당연한 질서이다. 그곳에서는 하나님의 백성들이 쉬지 않고 하나님께 경배와 찬양을 드리고 있으며, 그러한 곳에서는 전능하신 하나님의 창조적이며 구속적인 역사가 쉬지 않고 흘러나간다.

이러한 모든 사실들은 우리 그리스도인들이 살아 계신 하나님께 경배와 찬양을 드릴 때 손뼉을 치는 일이란 단지 옳은 일 이상이라는 것을 분명하게 보여 주고 있다. 사실, 성경은 그렇게 하지 않는 것이 오히려 합당하지 않은 일이라고 말하고 있다. 그러나 오늘날 손뼉을 치지 않는 사람들 가운데는 손뼉을 너무 자주 치는 것은 무질서한 일이며, 아무런 의미도 없는 쓸데없는 일이거나, 아무 생각 없이 그저 습관적으로 하는 일이라고 생각하기 때문일 수도 있다.

예를 든다면, 시편 47편 1절에서는 손뼉을 치는 것과 목소리로 찬양을 드리는 것을 하나로 보고 있다. 물론 목소리로 찬양을 하지 않으면서 손뼉을 치거나, 손뼉을 치지 않으면서 목소리로만 찬양을 드리는 것이 잘못된 일은 아니다. 그러나 그리스도인들이 예배를 드리는 상황에서 일단 손뼉을 치기 시작하면 목소리로 드리는 찬양이 중단되는 것을 자주 보게 되는데, 그것은 너무나 실망스러운 일이다. 내가 생각하기에는 교인들이 하나님의 말씀이 선언하는 대로 손뼉을 치는 일과 목소리로 찬양을 드리는 일은 모두 같이 이루어지는 것이 가장 좋은 일임에도 불구하고, 손뼉을 치는 것을 깊이 생각하면서 예배를 표현해 올려 드리는 일을 대신하는 경향이 있는 것 같다.

더구나 손뼉을 치는 일은 예배 시간 중의 '어느 때라도' 진행되던 일에 '마침표'를 붙이거나 결론을 내리는 방법으로 사용되어 왔다. 물론 그렇게 하는 것이 본질적으로 잘못된 일은 아니다. 사실 많은 경우에는 정말로 합당한 경우도 있다. 그러나 우리가 살펴본 대로 모든 의식이 그렇듯이 아무 생각 없이 그냥 하는 일들은 영적으로 공허한 일이 되어 버리고 만다.

손뼉을 치면서(단지 박자에 맞추어 치는 박수가 아니라, 경배와 찬양의 심령을 박수로 표현해 드리는 것) **예배드리기**

성경에는 손뼉을 치면서 예배를 드리는 방법으로 최소한 네 가지 원리가 적용되고 있다.

— 승리와 기쁨의 심정을 선포
— 승인과 확인의 의미를 표현
— 언약을 맺거나 계약이 성사되어 인을 칠 때
— 영적인 전쟁에 필요한 강력한 도구

1. 승리와 기쁨의 심정을 선포

'기쁜 소리를 외치다'(to make a joyful noise)는 말은 손뼉을 치는 것을 의미하는 표현이기도 하다. 많은 성경 본문들이 그것을 확인해 주고 있다.

• "즐거운 소리를 낼지어다 그의 이름의 영광을 찬양하고 영화롭게 찬송할지어다"(시 66:1~2).

- "즐거이 소리칠지어다 … 소고를 치고"(시 81:1~2).
- "즐겁게 소리칠 줄 아는 백성"(시 89:15).
- 세차게 흐르는 큰 강물처럼 "박수할지어다", "즐겁게 노래할지어다"(시 98:4~6, 8).
- "우리를 구원하사 여러 나라로부터 모으시고 … 주의 영예를 찬양하게 하소서"(시 106:47, KJV는 "우리를 모으사 주를 찬양하는 중에 승리케 하소서"로 되어 있음 – 옮긴이).

성경은 찬양 가운데 승리가 있다는 사실을 확인시켜 주며, 그렇게 하라고 지시하고 있다. 또한 우리의 인간적인 경험으로도 승리를 축하하며 전쟁 가운데서 이룬 업적을 높이거나 승리를 선포하기 위하여 사용하는 가장 흔한 표현 방법은 크게 외치면서 손뼉을 치는 것이라는 사실을 알고 있다. 행복한 사람들이 가장 자연스럽게 하는 일은 손뼉을 치는 일이다. 이것은 어린이들이 기쁠 때 그런 기쁜 마음을 표현하기 위해서 자발적으로 하는 일이 무엇인지를 보기만 해도 알 수 있다. 말씀에 나타나는 증거와, 하나님께서 우리에게 주신 경향에 따라서 우리가 기쁠 때 자연적으로 손뼉을 치게 된다는 사실은, 손뼉을 치는 것이 승리와 기쁨을 자연스럽게 표현하는 방법이라는 사실을 지지해 준다. 성경에는 기쁜 마음으로 하나님의 영광스러운 선하심에 대해서 찬양하는 마음이 있다면 박수를 치라는 권면이 종종 나온다. 따라서 박수를 친다는 것은 영적이고, 성경적이며, 올바른 일이다.

2. 승인과 확인의 의미를 표현

열왕기하 11장에서는 아하시야 왕이 죽은 후에 그의 모친이 정권을 차지하기 위해서 왕위를 계승할 수 있는 왕세자들을 모두 죽이는 내용이 나온다. 그러나 요아스는 죽음을 모면하고 6년 동안이나 숨어 지내다가 일곱 살에 왕이 되었다. 요아스가 왕위에 오르면서 대관식(戴冠式)을 하는 날에 백성들은 하나님이 세우신 왕이 즉위하는 것에 대해서 그의 왕권을 인정하는 의미로 손뼉을 친다(12절). 마찬가지로 우리는 손뼉을 침으로써 우리의 주님이신 예수 그리스도께서 왕이심을 인정하고 승인한다. 우리는 손뼉을 침으로써 주 예수님을 왕이신 분으로 우리 가운데로 초청하고 모셔 들이는 것이며, 그 왕을 그분께 합당한 통치의 자리로 맞아들이게 된다.

3. 언약이나 계약이 성사될 때

우리의 현대 문화에서 뭔가 동의하고 계약을 맺을 때 서로 악수를 하듯이, 고대 이스라엘 문화에서는 계약을 맺을 때에 동의나 비밀 계약이 있다는 사실을 나타내는 표시로 서로 손을 쳤다. 부정적인 사례로 잠언 17장 18절과 22장 6절(KJV)은 손을 마주 치거나 손뼉을 침으로써 다른 사람의 빚에 보증을 서 주는 것에 대해서 언급하고 있다. 긍정적인 사례는 욥기 17장 3절이다. 거기서 욥은 자기 곁에 있어 줄 사람을 찾으면서 "나로 더불어 손을 칠 자가 누구리이까"(개역한글)는 질문을 한다. 성경에서 손을 마주 친다는 것은 언약을 맺는 것을 상징한다. 우리는 손뼉을 침으로써 우리에게 주신 하나님의 약속과 언약을 맺는다는 사실을 확인한다. 또한 우리는 예언의 '말씀'을 받을 때도 손뼉을 침으로써 예언의 말씀이 반영해 주는 하나님의 '말씀'의 진리를 기꺼이 받아들인다는 마음을 표현하기도 한다.

4. 영적인 전쟁의 도구

손뼉을 치는 것은 영적 전쟁의 무기로, 원수들을 물리치기 위해서 어느 정도로는 효과적으로 사용되는 도구이기도 하다. 우리는 구약성경에서처럼 박수치는 것을 조롱과 경멸, 조롱의 상징으로 적용하여 사용하기도 한다. 예레미야애가 2장 15절에서 예레미야는 예루살렘의 멸망에 관하여 예언하면서 다음과 같이 말한다: "모든 지나가는 자들이 다 너를 향하여 박수치며 딸 예루살렘을 향하여 비웃고 머리를 흔들며." 욥이 악인에 대해서 "사람들은 그를 바라보며 손뼉치고 그의 처소에서 그를 비웃으리라" 하고 말하는 욥기 27장 23절뿐 아니라 에스겔 25장 6절, 나훔 3장 19절에서도 비슷한 사례가 나온다. 우리는 손뼉을 침으로써 영적인 무기 창고에 있는 장비들 가운데 영적이며 눈에 보이는 영역을 초월하는 무기 하나를 사용하여, 보이지 않는 영역에 속해 있는 어둠의 권세들을 향하여 하나님의 나라를 확장시켜 나가게 된다.

영적인 전쟁 가운데서 손뼉을 치는 것에 대한 개인적인 간증

애나와 내가 후에 Church On The Way라고 부르게 될 교회의 사역을 맡은 후 얼마 있지 않아서, 나는 처음에는 그저 '인간적인' 문제로만 보이던 문제에 부딪히게 되었다. 나는 성령님께서 그때 우리가 직면해 있던 방해의 문제에 대해서 초자연적인 설명을 해 주시기를 구하지는 않았지만, 은혜로 나를 인도하셔서 영적인 흐름을 막고 있는 문제의 근원을 보게 해 주셨다. 그것은 지금까지 그 장소에 존재하고 있던 마귀가 끔찍할 정도로 우리를 억누르고 있기 때문에 생기는 방해였다. 내가 교회 건물에 교회를 억누르는 영들이 있으며, 우리가 그 문제를 해결해야 한다고 말한다면 사람들은 미신적이라고 생각할 수도 있었으며, 다른 사람들은 내가 이상한 말을 한다고 생각할 수도 있는 일이었다. 그러나 그러한 일이 실제로 일어나고 있다는 사실에 대해서는 의심의 여지가 없었다.

나는 처음에는 그 예배당에 때때로 어떤 독특한 일이 일어나고 있다는 사실을 '느낄 수' 있었다. 그러나 나는 어느 날 그 작은 교회에서 믿음이 확실하고 의지와 생각도 분명하고 똑똑하며, 전혀 미신과는 상관없어 보이는 집사님 한 분이 나에게 어떤 말을 할 때까지는 그 문제에 대해서 누구에게도 언급하지 않았다. 그 집사님은 우리 부부가 열여덟 명밖에 안 되는 그 작은 교회로 부임해 갈 때까지 교회에 남아 있던 유일한 분이었다. 그 집사님이 어느 날 저녁에 나를 찾아와서 자기는 교회 안에 끔찍한 존재가 임재해 있다는 사실을 느끼고 있다고 인정하며 고백했다. 그는 나와 함께 교회 안에 '어떤' 억누르는 영이 하나님께서 교인들에게 하도록 인도하시는 모든 일을 억누르며 방해하고 있다는 사실을 발견했다. 그러나 내가 그러한 사실을 발견하게 된 것은 그 집사님의 말 때문이 아니었다. 나는 예배당에 처음 들어가는 순간 그 사실을 느꼈다.

더구나 때로는 이상한 일들이 일어났다(물론 그 일은 내가 그 교회에 부임하기 전부터 일어나고 있던 일이었다). 예를 들면, 아무 이유 없이 예배당의 조명이 들어왔다 나갔다 하거나, 설명할 수 없는 이유로 전기가 나가고(단지 전기가 들어오지 않기 때문은 아니었다), 실내가 어두울 때는 어둠 속에 누군가가 있는 듯한 느낌들이 있었다. 늘 그런 이상한 일들이 일어나는 것은 아니었지만, 어쨌든 때때로 그러한 일들이 일어나는 것 외에도 교회 안의 모든 불이 꺼지고 난 후에 예배당 안을 걸어 다닌다든지, 창문을 통해 들어오는 주변 가로등의 희미한 불빛을 의지해서 짧은 거리지만 출입구 쪽으로 걸어가야만 할 때는 소름이 '오싹' 끼치는 것이 느껴지기도 했다. 아주 이상하게도 불이 꺼진 후 어둠 속에서 교회 안에 있을 때는 무서웠다.

예배 시간에 일어났던 일들 가운데 뭐라고 분명하게 말할 수는 없지만, 우리가 예배를 시작할 때마다 아주 실제적인 장애가 일어나서 예배를 방해했다. 그것은 교인들의 문제가 아니었다. 교인들은 은혜롭고 아주 협조를 잘하는 사람들이었다. 그러나 기쁨을 표현하거나 찬양을 드리는 일이 아주 어려웠고, 교인들의 마음을 하나로 모으는 것도 정말 어려웠다. 그야말로 마치 임신을 할 수 없는 여인의 배처럼, 예배 분위기에는 **생명**이 없었다. 우리 교회의 초창기였던 그 시기에 교회의 예배를 시작해서 인도해 나가는 일은 마치 적수와 맞서서 힘겹게 싸워 나가는 레슬링처럼 힘들었다. 나는 결코 그러한 상황에 굴복하지는 않았다. 오히려 우리는 결박이 느슨해지는 것이 느껴질 때까지 인내심을 가지고 경배와 찬양의 노래를 계속해 나갔다. 그러나 내가 그 교회로 부임해 간지 몇 개월 후에 어떤 일이 일어났다.

내가 배웠던 일이 약간 이상해 보일지도 모르지만, 나는 한 몸으로서의 우리 교회의 힘은 세련된 것처럼 보이려고 노력하는 것으로부터 나오는 것이 아니라, 하나님께서 자신의 친자녀로서 우리에게 응답하시기를 원하시는 원리들을 가르치는 것으로부터 나온다는 사실을 알게 되었다.

나는 언제나 예배당의 옆문을 통해서 교회로 들어오곤 했었다. 교회 정면의 현관문은 안에서 잠겨 있기 때문에 그 문으로는 들어올 수가 없다. 어느 날 내가 교회 안으로 들어갈 때 성령님께서 나에게 환상을 보여 주시면서 강한 느낌으로 그 예배당이 아주 오래전에 마귀적인 존재에게 바쳐졌다는 사실을 깨닫게 해 주셨다. 나는 그런 일이 어떻게 일어났는지는 전혀 알 길이 없다. 그래서 그렇게 작은 예배당에서 누구 혹은 무엇 때문에 교회 안이 이렇게 오랫동안이나 마귀에게 결박된 상황이 되었는지에 대해서는 어느 누구에 대해서라도 비난을 하거나 그 이유에 대해서 어떤 견해도 제시하지 않았다. 그러나 그날부터는(교회의 그 어느 누구에게도 내가 본 사실을 이야기하지는 않고) 혼자 교회에 들어갈 때마다 손뼉을 치면서 경배와 찬양의 노래를 부르기 시작했다.

나는 하나님께 경배와 찬양을 드리는 일은 영적인 억누름과 방해를 물리치는 데 사용할 수 있는 영적인 무기라는 사실을 분명하게 알고 있었다.

> "우리의 싸우는 무기는 육신에 속한 것이 아니요 오직 어떤 견고한 진도 무너뜨리는 하나님의 능력이라 … 하나님 아는 것을 대적하여 높아진 것을 다 무너뜨리고"(고후 10:4~5).

나는 교회 건물에 혼자 있을 때는 종종 크고 높은 목소리로 예수님의 이름을 외치고, 성령으로 찬양하는 동시에 일반적으로 아는 찬양을 올려 드리며, 그렇게 하면서 손뼉을 치며, 그렇게 함으로써 하나님의 말씀대로 원수에 대한 예수님의 십자가의 승리를 붙잡는다(시 47:1, 골 2:14~15).

그 당시에는 내가 그렇게 하는 것을 다른 사람들에게 이야기하는 것조차 필요하거나 합당한 일이라고 생각하지는 않았다. 성령님께서 어떤 사람에게 보여 주시는 일들 가운데는 그 말씀에 따라서 행동은 하되 다른 사람들에게는 말하지 말아야 할 일들도 있다. 그 당시에는 바로 그것이 교회의 그러한 문제에 대한 나의 생각이었다. 그러나 오늘은 내가 「경배」(Worship His Majesty)라는 책에서 "문둥병자의 집"이라는 제목의 장에 썼던 이야기를 여기서 그대로 다시 반복하고 있다. 그러나 여기서 더 이상 그 이야기를 다시 할 필요는 없을 것이다. 나에게 영적인 영역에서 그러한 '방어막'을 쳐야겠다는 도전적인 생각이 들었다는 사실에 대해서는, 내가 그 책에서 설명한 대로, 몇 개월 동안의 중보기도 후에 결국은 우리의 궁극적인 승리로 이어졌다는 말을 하는 것만으로도 충분할 것이다. 그리고 그 이후로 우리 교회는 예배를 체험하며 하나님의 임재하심이 눈에 보이도록 나타나는 면에서 계속 성장해 나갔다.

내가 이 간증으로 이 장을 마치는 이유는 여러분들에게 멜로드라마 같은 이야기를 남겨 주고 싶어서가 아니라, 실제로 있었던 일을 예로 들면서, 우리 모두에게 근본적인 사실 한 가지에 대해서 다시 생각해 보도록 해 주기 위해서이다. 하나님께서는 모든 사람들을 다 축복해 주시기를 원하신다. 그러나 하나님께서는 자신의 길과 말씀을 이해하고 반응하는 사람들에 대해서는 더 풍성하게 그렇게 해 주신다. 즉 모든 사람들이 다 볼 수 있도록 공개적으로 자유롭게 하나님을 예배하며, 그리고 하나님의 말씀의 영적인 특성을 그저 단순하게 믿을 때 나타나는 어린아이와 같은 믿음을 가진 사람들에게 그렇게 해 주신다.

우리가 지금까지 손을 들어 올리고 박수를 치는 문제와 관련된 단순한 원리들에 대해서 살펴보았지만, 나는 내가 어떤 공식이나 마술 같은 일을 제안하는 것은 아니라는 사실을 강조하고 싶다. 절대로 아니다. 그러나 그러한 일들은 성경이 말하는 예배 방식이며, 성경적인 지혜와 영적인 이해력을 가지고 우리의 예배에 적용한다면 하나님의 능력이 그분의 백성들 가운데서, 그리고 그분의 백성들을 통해서 나타나게 되는 일에 아주 중요한 열쇠로 작용할 가능성이 아주 높다. 그러한 예배 방식들은 시대와 관계없이 적용되며, 모든 하나님의 백성들을 위한 영원한 원리이다. 이러한 두 가지 방식은 왕 되신 분의 위엄을 우리 가운데로 환영하고 모셔 들여서, 그분의 위엄과 통치가 우리 가운데로 임하시고, 그분의 영광이 열방과 우리의 이웃에 알려지게 되기 위해서 같이 있어야 할 동반자적인 예배 방법이다.

17장

예배의 질서와 규모

- 다른 사람들을 예배 가운데로 인도하는 문제에 관해서 -

 예배를 드리기에 가장 좋은 분위기를 만들어 주는 것은 무엇인가?
 위와 같은 질문은 아주 중요한 질문이다. 무질서한 분위기는 여러분이 드리는 예배에 살아 계신 하나님은 고사하고, 그 어떤 사람이라도 초대하고 싶은 분위기는 아니라는 것이 사실이기 때문이다. 예배를 언제나 스스로 만들어 낸 엄격한 분위기로 만드는 습관이나, 개인적으로 마음을 표현하지 않고 몸을 사리는 습관이 예배를 통해서 마음을 활짝 열고 하나님께로 나아가는 것을 방해하는 것과 마찬가지로, 전혀 분별력이 없는 무질서한 분위기도 최선을 다해서 최고의 예배를 드리는 일에 방해가 된다. 교회 안에서 질서의 문제는 현대 문화로부터 나오는 마음가짐이나 행동에서 나오게 된 새로운 문제가 아니며, 초대 교회부터 당면하여 해결해야 했던 문제이기도 했다.
 고린도 교회에 있던 문제는 성령의 은사를 행하는 것 자체에 있었던 것이 아니라, 예배 가운데 나타나는 여러 가지 은사들을 모두 잘 사용해서 서로를 세워 주는 예배가 되게 하는 방법을 모르고 있었다는 사실에 있었다. 사도 바울은 교인들이 그러한 문제를 해결할 수 있도록 도와주기 위해서 예배를 위한 질서 유지에 필요한 원리들을 제시하고 있다. 여기서 바울이 말하는 원리들은 지금까지도 그리스도인들이 스스로 자신을 살펴볼 수 있는 성경적인 틀을 제시해 주고 있다. 고린도전서 14장 26~40절은 여러 세대를 뛰어넘어서 지금까지도 우리에게 마음을 활짝 열고 어떤 통제라도 기꺼이 받겠다는 마음이 있다면 질서가 있으며 동시에 열린 예배, 지금까지 교회의 예배 모임을 위한 황금률로 통하는 원리에 뿌리를 둔 예배를 드릴 수 있는 분위기를 만들어 나갈 수 있는 방향을 제시해 주고 있다. 예배를 위한 황금률이란 "모든 것을 품위 있게 하고 질서 있게 하라"(40절)는 것이다.

여기서 "품위 있게"(decently)라고 번역된 헬라어 단어인 **에우스케모노스**(euskemonos)는 형식이나 실제적인 행함에 있어서 아름다움과 우아함이 통합된 개념을 지니고 있는 단어로서, 심미성(審美性)과 적합함이라는 개념과 관계되어 있다. 물론 바울이 바로 이 단어를 사용한 목적은 예배를 하나의 예술 형태로 만들거나 그저 성경공부 스타일로 만들어 나가기 위해서 예배 형식을 '새로 만들어 보자' 고 제안하거나, 인간적인 장애물을 만들어 놓고 예배를 마음대로 '통제' 하기 위해서 제안하기 위한 것은 아님이 틀림없다. 그렇게 해서 인간적으로 성령님을 통제하려고 한다면, 그것이 하나님의 임재하심이나 역사하심에 방해가 될 정도로 심각한 문제가 될 수 있다. 그래서 바울은 우리 **행동**에 어떤 기준을 따르라고 말하고 있다. 그 기준이란 교인들이 믿는 사람들인 교회의 덕을 세우는 일과, 믿지 않는 사람들을 전도하는 일 모두에 계속해서 분명하게 초점을 맞추어 두려고 하는 장로들의 지도 아래, 하나님의 임재하심 앞에 균형 있게 반응할 수 있게 해 주는 원리이다.

여기서 바울은 "품위 있게"라는 헬라어 단어에 포함되어 있는 아름다움과 우아함이라는 개념에 "질서"라는 단어를 덧붙여서 사용하고 있다. 여기서 질서라는 의미로 사용된 헬라어 단어는 **탁시스**(taxis)이다. 이 단어는 어떤 일의 순서 혹은 그러한 일이 일어나는 것과 관계있는 용어로서, 모든 사항들이 '본질적인 특성에 따라서 고유한 자리를 차지함' 이라는 개념을 강조하는 단어이다. 생물학계에서 모든 동물과 식물을 분류하는 **분류학**(taxonomy)이라는 학명은 바로 이 단어에서 나온 용어이다. 따라서 '품위 있고 질서 있게'라는 두 가지 표현은 함께 연결되어 우리에게 우리가 교회로 함께 모여서 회중 예배를 드리려고 할 때는 성령님의 임재하심을 감지하고, 성령님으로 일깨워진 마음의 지배를 받으며, 지혜와 겸손한 마음을 받아서, 우리가 표현하는 예배 행위에 기본적인 아름다움과, 하나님의 보좌 앞으로 들어가는 일에 합당한 질서가 위엄 있게 표현되는 예배가 되어서, 예배에 참석한 모든 사람들에게 위로와 격려가 되고, 덕을 세워 주는 모임이 되도록 해야 함을 의미하는 것이다.

예배 인도자로서의 분별력과 결단력에 관하여

지금까지는 그러한 단어들의 본질적인 의미를 살펴보았다. 이제는 예배드리는 일 자체와는 직접적인 관계가 없지만, 교회 안에서 예배의 분위기와 환경 그리고 태도를 결정하는 데 있어서 여전히 근본적인 요소가 되는 몇 가지 사항에 대해서 간단하게 살펴보려고 한다. 예배 인도자인 우리 모두가 예배의 다음과 같은 부분에 대해서 어떻게 분별하고 판단해야 하는지를 함께 생각해 보도록 하자.

1. 예배의 동기

개인적인 예배나 소그룹이 모여서 드리는 예배와는 대조적으로 교회에서 드리는 예배를 위해서는 미리 '계획'을 세워야 하며, 따라서 다음과 같은 질문들에 대해서 깊이 생각해 보아야 한다: "교회의 지도자들이 '교회 운영에 대해서' 분명한 철학을 가지고 있는가? 아니면 우리의 모임들은, 모든 사람들이 우리가 이렇게 하는 이유와 그 일을 어떠한 방식으로 해야 하는지에 대해서는 스스로 '다 알고 있다'는 가정 아래 그저 '습관적으로' 가지는 행사인가?", "우리의 예배는 교인들을 하나님의 임재하심 안으로 인도해 들어가서, 예배에 참석한 모든 사람들이 하나님을 향하여 마음을 열고 나갈 때, 하나님을 아는 지식으로 모두 하나가 되도록 미리 계획하고 준비한 모임인가? 아니면 우리의 예배들의 목표를 그리스도인들을 하나님의 보좌가 있는 하늘나라의 보좌실로 인도해 들어가는 것으로 성고, 반드시 그러한 문제를 강조하는 것이 아니라, 본질적으로는 더 많은 사람들을 '이 홀'(this room)로 초대하여 불러들이기 위해서 효과적으로 기획하고 짜 맞춘 연출 작품인가?"

교회의 지도자로서 '교회의 예배'에 대한 당신의 이해는 어떤가? 예배란 본질적으로 그저 하나의 '행사'인가, 아니면 어느 곳으론가 '들어가는 일'인가? 당신이 교인들로 하여금 교회에 모이고 싶은 마음이 들도록 만들려는 목적은 유기적인 몸으로서의 성장과 발달을 촉진시키기 위한 마음에서 나오는 것인가? 아니면 단지 사람들을 끌어들이고 싶은 마음에서 나오는 것인가? 즉 사람들에게 호소하고, 군중을 끌어들이기 위한 것인가? 이러한 질문들에 대한 대답에 따라서 교회에는 아주 중요한 차이가 나게 된다. 예배의 가장 큰 목적을 '사람들에게 호감'을 주기 위한 것으로 맞추고 예배를 계획하는 것은 결국 하나님의 임재하심의 경이로움과 거기에 나타나는 능력에 대해서 배우고 이해하는 교인들을 만들어 내는 것이 아니라, 그저 '무리'의 숫자만 늘려 나가는 결과로 이어지게 된다. 우리는 '근사하고'(nice) '대단한'(great) 예배를 만들어 낼 수는 있지만, 교회의 지도자로서 나는 궁극적으로는 내가 얼마나 자주 하나님과의 만남이 실현되는 예배를 인도했는지에 대해서 책임을 져야 한다.

많은 사람들이 예배에 나오도록 하는 것을 목표로 세운다는 것이 잘 못된 일은 아니다. 전도를 할 때에는 바로 그러한 목표를 이루기 위한 전략이 요구되기도 한다. 그러나 나는 더 나아가 조만간에 교회의 지도자로서, (1) 하나님을 축하하며 높여 드리는 것을 목적으로 기획한 행사와(수준 높은 음악과 경쾌한 찬양으로), (2) 하나님을 '만나는 경험'을 하는 것을 목표로 하는 모임(하나님의 임재하심 안으로 들어가는 문으로서 효과적인 배경 음악과 경쾌한 찬양을 사용하고, 하나님 앞에서 우리 자신을 노출시키고 드러내는 계기로 사람들의 심령을 깊이 파고 들어가며, 하나님께 예민하게 반응하는 예배로 이어지는 모임)의 차이를 분별하고 선택해야 하는 책임을 요구받게 된다. 따라서 우리는 어떤 분위기를 선택할 것인지를 결정해야 한다. 지도자로서 나는 다음과 같은 질문에 대답해야 할 필요가 있다. 즉 나는 교인들을 예배 가운데로 인도해 들어가면서 예배의 정도나 수준을 어느 정도로 계획하는지, 혹은 교인들이 하나님의 임재하심과 능력 앞에 완전히 노출되고 드러내는 예배를 계획하고자 하는가 하는 질문이다.

2. 질서와 단정함

교회에서 예배 시간에 지켜야 할 질서와 단정함의 문제에 대해서 생각하며 평가해 보는 교회들은 너무나 적다. 교회들이 예배의 '질서'에 관해서 너무나 무분별하게 모든 것을 다 인정하다가 예배를 망치는 경우가 놀랄 정도로 너무 많다. 교회의 지도자들이, 버릇없이 제 맘대로 하거나 부모들이 그냥 방치해 두는 어린이들, 예배 시간에 맘대로 여기저기로 돌아다니는 사람들, 혹은 '영적 자유'에 대한 혼란과 오해나 다른 문제들을 방임하거나 묵인하는 경우가 너무 많다. 예배와 덕을 세우기 위해서 모이는 모임들은 '내 집의 거실'에서 하는 일이 아니며, 친절이라는 이름으로 '뭐든지 다' 허용해야만 하는 것도 아니다. 그러나 동시에 너무 엄격한 율법적인 금기사항들을 세워 놓고 전혀 사랑이 없이 행정적으로만 진행하는 예배는, 예배 자체를 질식시켜 버릴 수도 있다.

여러분의 교인들은 어떤 분위기의 교회를 원하는가? 그것은 개교회가 결정할 사항이며, 모든 사람들이 다 어떻게 해야 한다고 규정하는 것은 내가 할 일도 아니다. 그러나 우리는 몇 년 동안에 걸쳐서, (1) 우리를 자유케 하시는 성령님의 임재하심을 초청하고, (2) 방문객과 교회에 나온 다른 사람들(교회를 방문한 사람의 어린이들을 포함해서)에게는 친절하고 너그러움을 보여 주며, (3) 왕이신 하나님의 영광에 대해서 마음을 활짝 열고 담대하게 축하하며 찬양하고, (4) 겸손하고 민감하게 경외하는 마음으로 하나님의 위엄 있으신 임재하심 앞에 나아가서 우리 자신을 내어 드리는 가운데, 예배의 질서를 유지하면서도 하나님의 능력이 임할 자리를 만들어 드리는 것이 가능하다는 사실을 발견했다. 이러한 일들은 모두 한 번의 예배 가운데서 다 일어날 수 있다.

단정함(decorum)이란 '타당함, 좋은 입맛, 행동, 외모, 정상적인 자존감에 부합하는 행동, 다른 사람들에 대한 인간적인 느낌' 등을 의미한다. 내가 이런 단어를 쓴다는 것만으로도, 진정으로 영적인 예배 모임이란 평범한 생각도 필요 없는 모임이며, 심지어는 전혀 통제되지 않아서 영성해 보이기까지 하는 것을 의미한다고 생각하는 사람들이 보기에는 '하나님을 기쁘시게 하는 사람'이라기보다는 '사람을 기쁘게 하는 사람'으로 여겨질 위험이 많다.

다시 말하지만, 나는 다른 교회가 하는 일들에 대해서 옳고 그름을 판단하려는 것은 아니다. 그러나 지금까지 나는 너무나 많은 교회들이 그러한 단정함의 기준에 너무나 노골적으로 벗어날 뿐 아니라, 스스로 자기의 의라는 자만에 빠져 있는 경우를 너무나 많이 보았다. 그러나 분명하게 말하겠다. 나는 지금 궁극적으로 '교회 예배 의식'이란 어떠해야 한다고 제안하고 있는 것이 아니라, 전 세계의 모든 교회 안에 시간이 지나면서 축적되어 내려온 예배에 대해서 민감하지 못한 일들을 정기적으로 재평가해 보아야 한다고 촉구하고 싶다. 교인들이 얼마나 진정으로 따뜻하게 서로 인사를 나누고 있는가? 교회의 강단과 강단 위에 선 사람들을 통해서 외형적으로 "여기에서 가장 중요한 손님은 하나님이시다!" 하고 말해 주는 것이 있다면 무엇이겠는가? 어떤 사람들은 그러한 문제들이 영성과는 전혀 관계가 없는 일이라고 말하기도 하지만, 나는 그런 말에 동의하지 않는다. 예배 인도자가 강단의 분위기와 자세 그리고 예배 절차의 민감성과 구조를 통해서 교인들에게 전달되는 내용에 대해서 민감하지 않다면, 그 예배에 참석한 예배자들은 누구라도 그 인도자(하나님은 말할 것도 없고)가 성취하려고 하는 목적과는 전혀 다른 방향으로 나가게 될 수가 있다.

단정함이란 중요하다. 우리의 스타일로 사람들에게 감명을 주기 위해서가 아니라, 우리의 엉터리 같은 모습으로 사람들을 불행하게 만드는 일을 피하기 위해서이다. 즉, 교인들이 산만해지는 것을 방지하고, 예배를 드리러 온 사람들이 그들의 초점을 예배의 진정한 목적에 고정할 수 있도록 도와주기 위해서이다.

3. 교회 시설의 상태

예배를 드리는 건물의 외형과 일반적인 유지 상태도 예배 분위기에 영향을 미치는 요인이 될 수 있다. 예배를 드리는 곳의 상태가 깨끗하지 않거나, 소홀하게 관리되거나, 심지어 때때로 지저분하다면 그것도 최소한으로나마 교인들의 주의를 산만하게 하는 또 다른 요인이 될 수 있다. 더구나 예배당 건물 상태의 문제를 지나치게 영적으로 해석하지는 않는다고 하더라도, 예배의 분위기와 상황이 혼란스럽게 되는 것은 영적 차원의 문제일 수 있다. 나는 교회의 예배 시간에 나타나는 심한 혼란과 무질서로 인해서 고민하는 목회자들을 개인적으로 만나서 제자 훈련을 시킨 일이 있다. 그러는 가운데 우리는 그들이 겪고 있던 문제들이 단지 물질적인 영역에서 일어나는 인간적인 문제만은 아니라는 사실을 발견했다. 결론적으로 우리가 그 문제의 영적인 차원을 발견하고 영적인 문제로 접근했을 때, 문제가 해결되고 하나님의 은혜가 나타나서 교회의 상황에 새로운 질서와 아름다운 모습이 회복되는 것을 경험했다.

나는 두 번 정도 교회의 외형이 볼품없는 작은 교회에서 목회 사역을 했다. 나는 "당신이 가진 것으로 무엇을 하는가 하는 문제가 중요하다!" 는 격언을 이러한 상황에 적용시키는 법을 배웠다. 마지막으로 하고 싶은 말은, 예배의 분위기는 집회 장소가 얼마나 우아한가에 의해서 결정되는 것이 아니라, 우리가 이미 가지고 있는 것을 모일 때마다 얼마나 탁월하고 세심하게 잘 준비하여 사용하는가 하는 것에 달려 있다는 사실이다.

4. 성령의 은사를 사용함

영적인 은사를 행사하는 것에 대해서는 교회 안에 어떤 원칙을 세워 두어야 한다. 앞에서 다른 문제들에 대해서 살펴보면서 언급했던 것처럼, 나는 우리가 성경이 말하는 내용을 존중하고 예배자들이 자유롭게 예배의 심령을 표현할 수 있는 예배의 방식과 절차가 무엇인지를 배우기는 했지만, 내 생각만이 결론적으로 옳은 것이라고 믿지는 않는다.

교회에서 일차적인 중요한 권위에 있는 지도자들은 이 문제에 대해서 함께 분명하게 결정하고 동의하고 있어야 한다. 나는 은사들 가운데 예언의 영의 은사는 선지자에게 복종한다고 말하고 있는 성경이 부분적으로 허락하는 자율성의 정도에—어떤 영을 선택할 것인지에 대해서—대해서 본질적으로 분명한 지침을 제공하고 있다고 생각한다. 즉 지도자들은 거룩하고 아름다우며 인간적이고 받아들일 만한 영이든지, 육신적이고 자기를 섬기며 마귀적이고 괴상하며 종교적으로 가짜며 연극처럼 흥분을 일으키는 영 사이에서 선택할 수 있다고 생각한다.

고린도전서 14장은 성령님의 은사를 환영하며 받아들이는 교회라면 깊이 생각하고 절제력을 발휘하여 은사의 분명한 목적을 유지하는 데 필요한 폭넓은 원리들을 개략적으로 보여 주고 있다. 우리 교회의 장로님들은 이러한 원리들을 깊이 받아들이고 헌신적으로 지켜 나갔다. 우리는 우리 교회의 모든 예배들 가운데서 성령님을 환영하고 초청해야 한다고 믿었다. 우리가 어떤 규칙을 정해 놓고, 어느 예배에서라도 그 규칙에 따라서 성령님을 배제하는 것은 주제넘은 짓이라고 생각한다. 우리는 차라리 성령님의 원칙에 따라서 예배를 인도해 나가는 것이 더 좋다고 생각한다. 그리고 그러한 원칙들은 성경에 이미 나와 있다. 때때로 성령님의 원칙들은 우리의 과장과 불필요하게 과시하려는 태도를 꾸짖으시기도 한다. 그런 행동이 드러날 때에는 부드럽게 잘 설명하면서 바로잡아 주면 질서가 유지된다. 그러나 사랑하는 마음을 가진 목회자의 심정으로 그렇게 하면 교인들 사이에는 성령님께서 예배 중에 때때로 그들에게 나누어 주시는 은사들로 서로를 섬길 수 있는 거룩한 자유로움의 영이 유지될 수 있다.

성경에 나오는 예배의 문제들

예배에 형식과 질서와 위엄과 단정함(decorum)과 아름다움을 유지하기 위해서는 미리 잘 준비하는 일이 필요하다. 예배가 제자리를 찾지 못하는 이유는—특별히 경배 부분에서—우리가 인간적인 마음 때문에 변화에 느리거나 아예 변화를 거부하기 때문이다. 이렇게 변화에 느린 현상은 계산되어 나온 일이라기보다는 가장 진지한 그리스도인들 사이에서조차도 나타나는 문제로서, 인간의 본성 때문인 경우들이 많다. 그러나 우리가 인간적인 거부감 이상의 문제에 직면하게 될 수 있다. 하나님의 능력이 사람들에게 강력하게 뚫고 들어오시는 것과 같은 아주 중요한 일들이 곧 나타나려는 시점에 있을 때는 조만간에 사단의 방해나 종교적인 혼란의 영이 방해할 것이라는 사실을 분명하게 예상할 수 있다.

성경은 최소한 예배가 잘못된 방향으로 나간 네 가지 사례를 보여주고 있다.

- 창세기는 불과 4장으로 접어들어 가자마자 가인이 등장한다. 그는 예배를 거부하고, 하나님의 질서를 받아들이지 않으려고 하는

첫 번째 예이다.

- 일곱 장을 더 읽어 나가다 보면, 11장의 바벨탑 사건에서는 사람들이 하나님께 나아가는 합당한 방법으로 겸손하게 예배하며 나오기보다는 건축물을 사용하려는 인간적인 방법을 보여 주고 있다. 더 좋은 예배당 건물만 있어도 성공적인 예배를 드릴 수 있겠다고 생각하거나, 건물을 잘 꾸미기만 한다면 하나님을 만나는 장소가 될 것이라고 생각하는 분위기에서는 지금도 언제나 이런 속임수가 다시 등장하지 않겠는가? 예배당 건물과 준비된 건물이 중요하지 않은 것은 아니지만, 마음이 건물에만 온통 사로잡혀 있는 것은 속이는 일일 수 있다.

- 민수기 3장 4절에서는 나답과 아비후가, 하나님께서 이스라엘 백성들에게 예배 가운데서 마땅히 올려 드려야 할 향으로 규정하신 대로가 아니라 "여호와 앞에 다른 불을"(원서에는 "불경스러운 불"―옮긴이) 드리려고 한다. 그들의 그러한 어리석은 일은 하나님께서 미리 경고하셨던 대로 재앙의 결과로 이어졌다. 마찬가지로 우리도 하나님께 '이상한 불'을 드릴 가능성이 있다는 사실을 잘 분별하고 경계해야 한다. 성경에는 신약의 예배에 근본적으로 요구되는 지침들과 합당한 예배 행위와 원리들 뿐 아니라 절대로 범해서는 안 되는 개념들이 이미 나와 있다. 그런 개념들을 범한다고 해서 죽은 몸이 되어 실려 나가지는 않겠지만, 교회가 '죽은 몸'처럼 되는 결과를 야기하게 될 수도 있다. 우리의 '불'이 '하늘에서 오는 불'―즉 하나님께서 예수 그리스도를 높여 드리며, 하나님의 말씀을 귀하게 여기고, 하나님을 만나기 위해서 예배하러 오는 사람들에게 부어 주시는 성령님―을 대신해서는 안 된다. 또한

예배가 우리의 일정과 순서를 따르면 안 된다.
- 출애굽기 32장은 아론이 자신에게 주어진 제사장으로서의 임무를 끔찍하게 잘못 수행함으로써 이스라엘 전체에게 임했던 재앙 같은 일을 기록하고 있다. 아론은 자신이 인도하던 회중의 생각에 양보하여 자신의 손으로 직접 금송아지를 세웠다. 그것이 바로 자기가 인도하던 회중의 입맛이 요구하는 것이었기 때문이다. 이 이야기는 지도자가 교인들에게 인내심을 가지고 성경의 권위로 하나님께서 우리에게 요구하시는 대로 그분을 예배하며 섬기라고 충성스럽게 가르치며 인도해 나가기보다는, 사람들의 요구에 따라 예배를 제멋대로 바꾸어 나갈 수도 있다는 사실을 고통스럽게 보여 주고 있다.

교인들을 죽이는 형식적인 예배의식을 피하라

우리 자신이 우리가 하는 일이 무엇인지, 그리고 우리가 왜 그렇게 하는지를 이해하지 못하고 그저 지금까지 그렇게 해 오던 일이기 때문에 하는 일이라면, 그것이 무엇이든지 간에 전혀 가치가 없다. 우리가 세심하게 주의를 기울여서 교인들에게 가르치지 않는다면 예배 중에 하는 일들은 전혀 의미가 없으며, 더 이상 생명력 없이 그저 습관적인 반응으로 전락하게 된다. 그러한 현상은 반드시 마음이 완악하다거나 하나님께 대해서 원망하는 쓴 뿌리이기 때문에 생기는 일만은 아니며, 단지 유능한 지도자가 없기 때문인 경우들이 있다.

예수님께서는 이사야서를 인용하시면서 다음과 같이 말씀하셨다:

"이 백성이 입술로는 나를 공경하되 마음은 내게서 멀도다"(마 15:8).

지혜로운 지도자라면 교인들을 끊임없이 도와주고 경종을 울려서, 그들로 하여금 심령으로 드리는 예배는 없이 단지 입술로만 예배를 드리는 증후군에 굴복하는 일을 피하도록 도와줄 것이다. 이러한 문제는 우리들 가운데 가장 훌륭하며, 가장 진지한 사람들 가운데서도 일어날 수가 있다. 예배에 생명력을 상실하도록 만드는 형식적인 예배의식을 피하는 문제에 대하여 좋은 통찰력을 얻으려면 하나님께서 이스라엘에게 유월절을 지키는 방법에 대해서 말씀하시는 내용을 살펴보아야 한다. 하나님께서는 부모들에게 유월절 의식을 지키는 이유에 대해서 자녀들에게 가르치라고 말씀하신다. 그렇게 하기 위해서 그들이 드리는 예배는 어린이들에게 "왜 이렇게 하지요?"라고 질문하도록 유도하는 형식으로 되어 있다. 이 부분에 대한 성경의 기록은 간단해 보이기는 하지만, 이 말씀의 핵심은 예배 행위가 너무나 쉽게 아무런 의미도 없는 반응이나 공허한 형식으로 전락해 버릴 수도 있는 사실에 대한 하나님의 경고인 것이다. 우리 중에 그 어느 누구라도 어떤 형식에 따라 진행되는 예배 순서를 다 따라서 마치고도 예배의 본질은 놓치는 일이 일어날 수 있다.

전통적인 오순절 교회에 속해 있는 나 자신이 참석했던 예배의 특징들 가운데는 내가 결국 '17초 증후군'이라고 부르는 현상이 있다. 17초란(내가 실제로 시간을 재어 본 적은 한 번도 없다) 교인들에게 다 함께 찬양을 드리자고 제안하는 시간부터 교인들의 목소리가 용두사미처럼 수그러져서 완전히 조용해질 때까지 걸리는 대략적인 시간을 말한다. 대개 어떤 사람이나 전체 회중의 일부는 나머지 사람들보다는 목소리도 크게 더 오랜 시간 동안 찬양을 드린다. 그래 봐야 30초를 넘지는 못한다. 그러한 현실이 나에게 제기한 문제는 찬양이 지속되는 시간이나 목소리의 크기에 관한 것이 아니다. 예배 인도자의 의도가 얼마나 진지하든지 간에 그들의 찬양 습관이 인도자의 제안에 대해서 너무나 형식적이고 조건화 되어 있는 반응으로 변하고 굳어 버려서, 지금은 아예 찬양이 지속되는 시간까지 예측할 수 있을 정도라는 사실에 있다.

이러한 현실이 말해 주는 가장 중요한 사실은, 그러한 예배가 전통을 유지하기는 하지만 초점이 없는 공허한 형식일 뿐이라는 것이다. 간단히 말하면, '우리가 교회에서 하나님을 다 같이 크게 찬양했다' 는 사실은 좋은 일이지만, 찬양이 지속되는 기간을 예측할 수 있었다는 사실은 실제로 그 예배에 그러한 찬양의 이유로서 신선하고 의식적인 주제가 없었다는 사실을 증명해 주고 있다는, 별로 좋지 않은 일이었다. 간단히 말한다면, 찬양의 이유가 찬양을 드린다는 행위 자체였지, 우리가 예배하는 대상이신 하나님이나, 그분이 우리에게 주시는 구체적인 축복으로 인해서 그분을 우리의 찬양을 받으시기에 합당한 분으로 새롭게 이해하기 때문은 아니었다는 것이다.

물론 내가 이렇게 말한다면, 나를 비판적인 사람이라거나 다른 사람들을 쉽게 정죄하는 사람으로 생각하는 이들도 있을 것이다. 나는 그런 사람이 아니다. 그러나 나는 예배 인도자들에게, 우리는 우리가 예배로 인도하는 사람들로 하여금 단지 '예배의 순서를 따라가는 것' 이상의 예배를 드리도록 도와주어야 할 필요가 있다는 사실을 지적하려고 할 뿐이다.

성경은 더 나아가 예배 주변에 쌓여 나갈 수 있는 잡동사니들에 대해서도 말해 주고 있다. 예수님께서 세상에서 사역을 하시는 동안에 있었던 성전에서 돈을 바꾸는 사람들과, 안식일에 대한 바리새인들의 태도가 바로 그에 대한 두 가지의 전형적인 예이다(마 12장, 눅 13장, 요 2장). 유대인들의 생각에는 이 두 가지 문제가 예배에 있어서 중심적이고 아주 중요한 문제들이었다. 이론적으로 볼 때, 돈 바꾸는 사람들이 성전에 있었던 이유는 먼 곳 사람들과 이방 지역에서 온 외국인들이 성전 구역에 도착하자마자 그곳에서 통용되는 돈을 사용할 수 있게 해 줌으로써 결론적으로는 그들의 예배를 돕기 위한 일이었다. 유대교 지도자들이 안식일에 대해서 가지고 있던 열정도 그들의 생각에 따르면 그들이 결론적으로 율법이 요구하는 바라고 해석하게 된 하나님의 계명을 사람들이 합당하게 존중하며 지키도록 하기 위한 열심이었다. 그러나 예배자들은 바로 이 두 가지 문제들 때문에 오히려 인간의 전통이라는 굴레에 갇히고 묶여 버리게 되었던 것이다. 그것이 바로 예수님께서 돈 바꾸는 사람들의 상을 뒤집어엎으시며, 자신이 안식일의 원칙을 적용하시던 방식에 대해서 도전하며 문제를 제기하던 바리새인들에 대해서도 강력한 논리로 반박하셨던 이유였다. 예수님의 그렇게 강력한 말씀은 사람들이 현장에서 예수님을 죽이려고 달려들 정도로 큰 반향을 불러일으켰다!

    이러한 문제와 관련 있는 또 하나의 사례는 방언에 관한 것이다. 고린도 교회의 그리스도인들은 방언이라는 아름다운 은사를 행사하고 있었지만, 영적인 습관이 되어 버려서 교회에 나오는 많은 사람들은 그 소중한 은사의 가치를 인식하지 못하고 있었고, 믿지 않는 사람들은 오히려 그들이 하는 방언을 듣고 혼란스러워져서 주님을 찾는 일로부터 관심이 멀어지게 되는 상황이 되었다. 방언의 은사 활용이 잘못됨으로써 원래 목적을 남용하고 있었다. 고린도 교회의 이러한 문제를 파악하는 것이 중요한 일이지만, 바울의 말을 그가 방언을 인정하지 않는 것으로 오해해서는 안 된다. 고린도전서 14장 전체를 그냥 읽어 보기만 해도 사도 바울뿐만 아니라 사도 시대의 교회들에서는 전체적으로 방언의 은사를 소중하게 생각했으며, 그리스도인의 삶 가운데 이 은사가 있어야 할 자리가 분명히 있다는 사실을 확인할 수 있다.

지금까지 살펴본 성경의 사례들은 현재 예배를 위하여 모이는 집회들 가운데서 일어나는 문제들은 우리 시대에만 있는 문제가 아니라는 사실을 보여 준다. 그러한 문제들은 모든 시대마다 있었으며, 현명한 지도자들이라면 그러한 문제들에 대해서 책임지는 것을 두려워하거나, 우리보다 이 문제에 대해서 더 잘 알고 있거나 우리가 책망을 해야 할 사람들의 반응이 두려워서 그러한 문제들에 대해서 피하거나 우유부단하게 넘어가는 대신에, 그러한 문제들을 해결할 수 있는 방법들을 발견해 낼 수 있을 것이다.

때와 상황에 대하여 민감해야 한다

나는 목회자들과 지역 교회의 지도자들―특별히 담임 목회자들―에게 '지금 이 예배 시간' 이후에 대해서도 생각하는 습관을 가지라고 촉구하고 싶다. 나는 설교를 하거나 가르치면서도 언제나 이 예배 시간이나 집회는 내가 목회자로서 섬기는 이 교인들에게 시행하고 있는 더 큰 제자 훈련 프로그램의 연장이라는 사실을 늘 염두에 두고 있다. 물론 각각의 예배는 모두 특별하고 고유하며, 현재 일어나는 일을 즐길 수 있는 경우들도 많다. 그런 경우들은 우리가 예배를 통해서 하나님의 시간과 목적에 사로잡히게 되는 순간들이다. 그러나 (1) 더 많은 교인들이 모이는 집회와, (2) 여러분이 살고 있는 도시와, 교회들의 연합 기구와, 여러분의 나라와, 우리가 살고 있는 세상에서 일어나는 일과 때에 대해서 민감해야 한다. 모든 예배는 교회의 예배 인도자가 보는 대로의 그러한 더 큰 상황들에 대한 인식 가운데서 진행되어야 한다. 물론 특별한 일들이 일어나는 경우도 있고, 하나님께서 그 가운데로 들어오심으로써 우리의 심령이 거의 터질 듯한 순간들도 있다. 그러나 지속적인 교회 생활 가운데서 중요한 일들이 형성될 때는 대개 3주에서 6주나 두 달에서 세 달 정도의 긴 시간을 두고 일어난다. 그 기간은 성령님께서 말씀하시고, 감동시키시고, 인도하시고, 역사하시는 기간이다. 따라서 교회의 지도자들은 반드시 성령님께 대해서 민감해야 한다.

성탄절, 부활절, 여름휴가, 학생들의 방학 후 9월에 있는 새 학기 개학, 신년 등은 새로운 자세와 각오로 시작할 준비가 되어 있는 기회이며, 명절이나 휴가 기간 등도 단지 문화적인 순간이 아니다. 이러한 절기들은 자연히 생기게 되는 새로운 마음의 각오와 준비된 마음 상태를 영원한 차원에서 일어나는 영적인 실체들과 연관 지을 수 있는, 영적으로 아주 중요한 시기이다. (예를 들면) 성탄절이니까 하나님께 '나에게 이렇게 저렇게 해 주셔야 한다' 고 명령하듯 요구하려고 하는 것은 말도 안 되는 일이다. 오히려 하나님께서는 우리가 피조물이라는 사실을 이해하고 계신다는 사실을 우리가 인정하는 것이 지혜로운 일이다: "이는 그가 우리의 체질을 아시며 우리가 단지 먼지뿐임을 기억하심이로다" (시 103:14). 하나님께서는 세상의 여러 가지 다른 계절들이—기후적이거나 문화적인 시기—우리에게 감정적으로나 신체적으로 그리고 정신적으로도 모두 서로 다른 의미를 가진다는 사실을 알고 계신다. 그러므로 하나님께서 예민한 지도자들에게는 '시기' 라는 기회를 최대로 사용할 수 있는 방법을 가르쳐 주심으로써, 친히 자신의 백성들의 심령과 삶을 개발해 나가신다는 사실에 대해서 놀라지는 말기 바란다.

지도자의 조건

1. 다양한 방법들을 민감하고 영적으로 분별력 있게 사용하라

우리는 예배드리기 위해 모일 때마다 똑같은 방법으로 하나님을 예배하는 함정을 피해야 한다. 이것은 너무나도 중요한 일이다. 우리는 때로는 무릎을 꿇고, 손뼉을 치기도 하고, 영으로 찬양을 드리기도 한다. 그러나 우리가 이 중의 어느 한 가지나 모든 방법을 모일 때마다 반드시 다 사용하는 것은 아니다. 분위기를 새롭게 하기 위해서 예배 방법을 바꾸는 것이 아니라, 기도하는 가운데 하나님의 시시를 구해야 한다.

아마도 여러분은 어떤 상황에 대해서 어떤 방식이 가장 좋은지를 어떻게 결정하느냐고 물을 수도 있을 것이다. 사실 우리가 막상 그 상황에 들어가기 전까지는 어떤 방식이 좋은지를 전혀 모르고 있는 경우도 있지만, 그런 경우에도 성령님께서 우리의 마음을 움직여 주신다. 그러나 대부분의 경우에는 우리가 예배를 위해서 기도하면서 하나님께서 우리의 예배를 어느 방향으로 인도해 나가시기를 원하시는지를 여쭈어 보면, 그분이 우리가 나아갈 방향을 인도해 가시기 시작한다. 일단 우리가 예배가 진행되어 나아가야 할 전체적인 방향이 무엇인지를 알게 되었으면, 이제는 그러한 목적에 맞는 예배 표현 방식이 무엇인지에 대해서 좀 더 구체적으로 생각할 수 있게 된다.

우리는 예배를 준비하기 위해서 다음과 같은 세 가지 질문을 해 보아야 할 필요가 있다.

1. 하나님께서는 이 예배가 어떤 예배가 되어야 할 것이라고 말씀하시는가?
2. 하나님께서는 지금 우리 교회에서 어떤 일을 하고 계시는가?
3. 우리는 지금까지 찬양과 경배의 심령을 표현하기 위해서 어떤 노래와 표현 방법을 어떤 방식으로 사용해 왔는가?(불필요한 반복은 없었는가?)

의사를 전달하고 표현하는 방식에는 반드시 변화가 필요하다. 우리가 교인들을 예배 가운데로 인도해 나가면서 하는 말들이 교회의 표어처럼 늘 천편일률적으로 똑같아서는 안 된다. 예배 인도자가 하는 모든 말에는 통일성과 진지함이 있어야 한다. 쓸데없는 말이나, 진부한 표현을 사용하거나, 미사여구를 사용하려고 해서는 안 된다. 오히려 "만일 누가 말하려면 하나님의 말씀을 하는 것 같이"(벧전 4:11) 해야 한다. 예배 시간은 제한되어 있기 때문에 그 예배를 통하여 사람들을 세워 나가고, 제자의 삶으로 인도하며, 위로하거나 복음을 증거하기 위해서는 시간을 조금이라도 낭비할 수가 없다. 유머를 사용하는 문제도 아주 바람직한 일기는 하지만, 미리 아주 세심하게 고려해 봄으로써 그 유머를 통해서 영원한 진리가 가벼운 것으로 보이게 되거나, 유머가 그 자체로 목적이 되지 않도록 해야 한다. 예배의 여러 가지 다른 표현들을 얼마나 자주 사용해야 하는지에 대해서는 성령님께서 그 예배 시간에 대해서 지시해 주시는 것을 따라야 한다. 우리 교회의 상황에서는 거의 모든 예배 시간마다 노래뿐 아니라 우리의 목소리로 하나님께 드리는 찬양을 표현해 드리며, 기쁨으로 머리를 들고 찬양할 뿐만 아니라, 손을 들고 찬양하는 방향으로 인도해 나간다. 그러한 표현 방법들은 언제나 사용할 수 있는 방법들이다. 그러나 내가 예배를 신체적으로 표현하는 방법에 대해서 이미 앞에서 언급한 것 외에도 예배에 대해서 다음과 같은 요소들을 추가해서 고려해 본다면 유익한 지침을 발견할 수 있을 것이다.

2. 경배와 찬양 곡을 선택하는 데 있어서 실제적으로 민감하게 주의해야 할 사항

우리가 예배 시간에 사용하는 경배와 찬양의 노래들은 다양해야 할 필요가 있다. 예배 인도자들은 스스로 다음과 같이 질문해 보아야 한다: "우리가 지금 어떤 찬양 곡을 자주 부르는 이유는 성령님께서 우리 교회에 말씀하시고 계시는 내용을 그 노래가 더 확실하게 표현해 주는 것이기 때문인가? 그 노래는 우리 교회가 배운 지 얼마 되지 않기 때문에 교인들이 쉽게 부를 수 있는 노래들 가운데 하나로 만들어야 할 필요가 있는 곡인가? 그 노래는 우리가 너무나 많이 불러서 이제는 얼마 동안 부르기를 중단해야만 하는 노래는 아닌가?"

지금까지 경험에 의하면 대개 교회에서 1년 동안에 새로 소개되는 찬양 곡들 가운데 교인들이 실제로 오랫동안 부르게 되는 경배와 찬양 곡은 한 곡을 넘지 않는 것 같다. 어떤 노래들은 시간이 지나도 아름다움이 계속 유지되어서 여러 해 동안 지속적으로 부르게 될 곡들인 반면, 수백, 수천이 넘는 많은 곡들은 작곡되어 한동안은 많이 불리며 교인들에게 은혜를 끼치다가 사라지는 노래들이 대부분이다. 그러한 노래들은 '부분적'이다. 즉 '특정한 기간 동안' 사용하시기 위하여 성령님께서 주신 노래들이며, 그러한 의미에서는 그 시기에 대한 예언적인 노래들이기도 하다. 그러나 현명한 지도자들이라면 교인들이 그러한 노래들을 영적으로 유익한 기간 이상으로 부르면서 이제는 더 이상 '생명력 있는 말씀' 이 아니라 '죽은 문자' 가 되어서, 오히려 지금은 주님께서 앞의 기간에 어떤 목적을 이루시기 위해서 사용하셨던 목적에는 해로운 방향으로 작용하는 것을 분별해 낼 수 있을 것이다.

새로운 노래를 소개할 때에는 기도하면서 많이 연구하고 생각한 후에 그렇게 해야 한다. 이것은 너무나 중요한 문제이다. 성경은 여덟 번이나 "새 노래로 여호와께 노래하라"고 말한다. 그러므로 전 세계의 교회에서 쏟아져 나오는 그렇게나 많은 경배와 찬양 곡들 가운데서 교회의 예배 생활에 힘이 나게 하고 신선함을 더해 주는 찬양 곡을 찾아내서 사용하는 것이 바로 예배 인도자들의 책임인 것이다.

3. 목회자는 종의 심령으로 경배와 찬양을 담당한 사람들 및 악기 연주자들과 함께 동역해야 한다

예배 팀과 담임목사 사이의 협력 관계는 근본적이라고 할 정도로 중요하다. 그러나 담임 목회자와 예배 팀 사이에서는 협력 관계가 이루어지지 않을 가능성이 아주 많다. 악기 연주자들과 찬양을 맡은 사람들이 어떤 사람들이든지 간에 교회의 최고 지도자는 그 팀과 지속적으로 만나서 정기적으로 함께 기도하며, 성령님께서 지금 교회에 대해서 하고 계시는 말씀을 함께 나누어야 할 책임이 있다. 이러한 일이 원활하게 이루어지지 않으면 담임 목회자는 교회 생활 가운데서 예배가 우선순위가 되는 축복을 잃게 된다.

담임목사가 자기는 예배 팀을 믿는다고 말하는 것은 아주 영적인 말처럼 들리기도 한다. 그러나 이 문제는 담임 목회자가 예배 팀을 믿고 있는지의 여부의 문제가 아니라, 목회자 자신이 영적으로, 사랑하는 마음으로 그리고 종의 마음으로 섬기며 다스리는지에 관한 문제이다. 또한 이 문제는 하나님께서 그 교회 안에서 행하고 계시는 일에 온 예배 팀이 다 같이 이해하며 참여하고 있는지의 여부에 관한 문제이다. 따라서 이 문제는 교회의 리더로서의 목회자의 책임에서 빼놓을 수 없는 항목이다. 담임 목회자와 예배 팀 간에 협의와 논의가 이루어지는 것은 교회의 예배 생활에서 중요한 한 부분이어야 한다.

담임 목회자와 예배 팀 사이에서 논의되어야 할 구체적인 문제들은 아주 폭이 넓다. 나는 그중에서 몇 가지를 언급하려고 한다. 예배 가운데서 다음 순서로 넘어갈 때는 어떻게 할 것인가? 예배 시간에 찬양으로 들어갈 때나, 다른 순서를 소개하는 문제는 어떻게 할 것인가? 새로운 찬양 곡들은 어떻게 소개하며 배워 나갈 것인가? 예배를 끝마치는 부분은 어떻게 마무리할 것인가? 이러한 문제들은 모두 예배가 자연스럽게 흘러가게 하는 데 있어서 아주 중요한 문제이다. 교인들은 그러한 순서들이 아무렇게나 진행되는지의 여부를 금방 알게 되며, 그것은 교인들의 반응에도 영향을 미치게 된다.

예배 순서를 자연스럽게 흘러가도록 정리하는 일이 심리적인 일처럼 보일 수도 있지만, 그런 문제를 잘해 나가지 않으면 교인들이 예배에 집중하지 못하고 산만해질 수도 있다. 이 문제는 예배에 전문적이고 세련된 광택을 입혀 주기 위한 일이 아니라, 교인들로 하여금 하나님을 온전한 마음으로 예배할 수 있도록 도와주기 위해서 할 수 있는 모든 일을 다해 보자는 것이다. 우리는 인간의 본성적인 문제를 다루고 있다. 지금 우리는 인간의 타락한 본성에 대해서 이야기하고 있는 것이 아니라, 사람들이 심리학적으로 어떻게 움직이며 반응하는지에 대해서 말하고 있다. 이러한 문제에 대해서 관심을 두지 않는 것은 교회가 예배를 통해서 이루려고 하는 목적을 이루는 일에 역효과를 일으키게 될 것이다. 또한 그렇게 하는 것은 성령님께서 하시는 일에도 방해가 될 것이라고 말하는 것이 더 안전한 일일 것이다. 그것은 성령님께서 담임 목회자에게 이런 문제에 대해서도 지도자로서의 역할을 하라는 임무를 주셨기 때문이다. 우리는 교인들로 하여금 예배 안에서 함께 반응하고 질서와 아름다움 가운데서 순조롭게 흘러 나가도록 도와주는 구조를 만들어 가려고 노력해야 할 필요가 있다. 목회자가 그러한 목표를 이루기 위해서 찬양 팀과 함께 시간을 보내는 것은 아주 중요하며 가치 있는 일이다.

같은 맥락에서 성가대의 역할에 대해서도 신중하게 생각해 보아야 할 필요가 있다는 사실을 말하려고 한다. 성가대와 특별 찬양은 쉽게 예배 전체의 분위기를 좌우할 수 있다. 이스라엘 백성의 예배 생활에서 성가대의 존재 목적이 공연인 경우는 한 번도 없었다. 성가대는 하나님의 백성들이 직접 드리는 찬양을 대신하기 위해서 있는 것이 아니라, 오히려 하나님의 백성들의 찬양을 북돋우고 힘을 실어 주기 위한 목적으로 존재했다. 그러나 우리는 그와는 정반대 방향으로 나아가고 있으며, 그래서 찬양 담당 부서는 지나가는 말이기는 하지만 쉽게 교회의 '전쟁 부서'로 변하게 되는 경우가 많다. 그러한 표현은 그저 경구(警句)가 아니다. 이것은 우리가 지켜 나가야 할 영적인 전쟁터이다. 찬양 사역은 원수가 가장 분명하게 공격할 것이라고 예상되는 곳이며, 따라서 원수 마귀가 찬양 사역 팀을 공격한다고 해서 놀랄 필요는 없다. 루시퍼도 자기의 자리를 잃게 될 때까지는 우주의 경배와 찬양을 인도하던 존재였다(사 14장). 예배가 그렇게나 논란이 많고 치열한 경쟁이 일어나는 문제가 될 수 있다는 사실은 전혀 이상한 일이 아니다! 마귀는 지금도 전혀 지치지 않고 하나님의 백성들의 마음을 산란해지게 만들어서 그들로 하여금 하나님을 예배하지 못하도록 하고, '모든 관심을 나 자신에게 혹은 다른 것에' 쏟게 만들려고 애쓰고 있다.

나는 예배 시간에 어떤 예배 행위를 하든지 간에, 그것이 몇몇의 엘리트 집단만의 사적인 일이 되면 언제나 마음이 크게 불편해진다. 즉 예배가 자기들보다 재능이 많지 않거나 자기들 외의 다른 사람들에 대해서는 전혀 참아 주지 못하는 소수의 재능과 은사가 많은 집단이 보호받는 영역이 되는 경우가 그렇다. 진정한 예배 인도자들은—악기 연주 팀이나 보컬 찬양 리더—자신들의 은사의 영역을 자기들만의 영역이라며 지키고 보호할 것이 아니라, 자신들의 은사들을 다른 사람들에게 나누어 주는 방법으로써 다른 사람들에게 동일한 사역이 개발되도록 노력해야 할 것이다.

4. 교인들의 참여도를 높여야 한다

나는 사람들—회중이나 온 교회—을 생명력 있는 예배로 인도하는 데 있어서 가장 중요한 열쇠는 기도하면서 열심히 준비하는 가운데 정말로 필사적으로 하나님을 구하는 것이라고 생각한다. 가장 기본적으로 필요한 일은 예배 인도자들이(예배를 인도하는 목사) 시간을 내서 예배를 위해서 기도하며 신중하게 준비하는 것이다.

내 경험으로는 예배를 인도하는 예배 팀이 그렇게 하면서, 하나님께서 우리에게 맡아서 인도해 나가도록 특권을 주신 그분의 백성들 가운데서 이번의 예배를 통해서 친히 하시려는 일이 무엇인지를 분별하며 구하는 일에는 세 시간 혹은 네 시간이 소요된다. 나는 교인들에게 예배에 대해서 사모하는 마음과 우리가 인도해 나가는 예배에 반응하는 심령이 일어나도록 하기 위해서는 이 일이 아주 중요하다고 믿는다. 그러한 기도 모임에 있어서 가장 중요한 사실은, 사람들이 예배하러 모이기도 전에 이미 우리에게는 하나님 앞에서 그 사람들을 소중히 여기며 그들을 위한 열정이 일어나게 된다는 것이다.

내가 Church on the Way에 새로 부임하여 약 5, 60명의 교인들과 함께 목회를 시작하던 초창기에, 토요일 저녁 시간은 예배를 준비하며 보내곤 했다. 나는 교회의 예배당에서 모든 좌석에 손을 얹고 짧게 기도하고 예배당 안을 돌아다니면서 하나님께 내 마음을 민감하게 만들어 주시기를 기도하곤 했다. 나는 예배를 드리러 모이게 될 모든 사람들에 대한 하나님의 마음을 알고 싶었다. 그래서 "하나님, 여기에 오는 사람들 가운데 단 한 사람도 빠지지 않고 모든 사람들이 다 하나님께서 그들에게 주시고자 하시는 축복을 받고 돌아가게 해 주시옵소서!" 하고 기도했다.

그 당시에는 내가 모든 교인들의 이름을 다 불러 가며 기도할 수가 있었다. 사실 나는 교인들의 이름을 적은 카드를 가지고 있었기 때문에 그 카드들을 의자에 올려놓고(물론 반드시 그 사람이 앉았던 의자는 아니었다) 한 사람씩 이름을 불러 가며 기도하곤 했다. 그 뒤로 35년이나 지난 지금은 그런 카드가 없지만, 우리 교회의 지도자들은 아직도 매주 토요일 저녁마다 교회 건물을 돌아다니면서 살아 계신 하나님께서 다시 한 번 우리 가운데로 오셔서 운행하시면서 모든 사람들을 만져 주시고 모든 필요들을 채워 주시도록 초청하며 기도하고 있다. 내가 작곡한 노래들 가운데 다음의 노래가 그렇게 교인들에 대해서 하나님의 임재하심을 갈구하는 마음을 표현하고 있다.

주님의 만져 주심과, 만져 주심으로 인하여 임하는 생명이
이곳에 오는 모든 사람들에게 머물게 하소서.
주님께서 은혜로 우리를 채워 주시듯이
주님의 사랑에 관한 진리와,
주님의 참되심으로부터 오는 사랑으로 우리를 채우소서.

잭 W. 헤이포드

또 다른 찬양의 가사는 다음과 같다.

우리가 이 자리에, 당신 앞에 다시 모였습니다.
우리는 여기서 주님을 찬양하며 송축하기 위해서
다시 여기에 모였습니다.
우리의 찬양이 주님의 임재하심으로 가득하게 하소서.
우리가 주님을 향하여 손을 내밀 때,
우리가 송축 받으실 주님께 경배하며 나아갈 때
우리의 손을 통하여 당신의 사랑을 쏟아 부으소서.

잭 W. 헤이포드

나는 그 당시에 기도하면서 하나님께 내가 어떻게 해야 각 사람들을 예배 가운데로 들어오도록 이끌어 갈 수 있는지를 여쭈어 보곤 했다. 나는 그 사람들이 하나님의 은혜로 말미암아 예배에 적극적으로 참여하기 시작하도록 인도해 나갈 수만 있다면, 결국에는 예배에 돌파구가 열리게 될 것이라는 사실을 알고 있었다. 그 사람의 개인적인 예배 생활뿐만 아니라, 그의 가정과, 또 그 사람이 더 넓게 영향력을 미칠 수 있는 삶의 영역에까지 어떤 돌파구가 열리게 되는 것이다. 첫 번째 사람이,

그리고 두 번째, 세 번째 사람이, 그리고 교인들 가운데 다른 사람들이 예배 가운데 자유롭게 되면서, 결국은 온 교회가 '여호와의 선하심'을 향해서 몰려 들어오기 시작할 것이라는 사실을 분명하게 알게 되었다 (렘 31:12, KJV).

교인들을 예배로 인도한다는 것은 순간적인 감동의 문제가 아니다. 예배 인도는 사람들은 편견과 걱정거리들과 갈등의 문제들을 가지고 교회로 나온다는 사실을 인정하는 것으로부터 시작된다. 더구나 나는 주일 아침마다 그리스도인의 가정을 오로지 지옥에서나 볼 수 있는 끔찍한 혼란과 아수라장의 연장이 되도록 만들려는 목적을 가진 지옥의 사자들이 찾아와서, 하나님의 백성들로 하여금 예배의 장소로 가지 못하게 하거나, 최소한 좌절감 혹은 일어나서 준비하고 교회에 도착하기까지의 두 시간 동안에 일어난 일들로 인해서 혼란스럽고 산란해진 마음으로 교회에 도착하도록 만들려고 노력한다는 사실을 알고 있다.

여러분은 여러분이 주일에 예배로 인도해야 할 사람들 가운데 10퍼센트의 사람들은 바로 주일 아침에 갈등이나 정신을 산란하게 만드는 어떤 일을 겪은 후에 교회로 도착하게 된다는 사실을 고려해야 한다. 우리는 사람들을 그들이 현재 처한 자리에서 만나야 할 필요가 있다. 그리고 민감하게, 목자가 양을 사랑하는 마음으로 그들을 그들에게 필요한 곳으로 인도해 나가야 한다. 우리는 궁극적으로 교인들을, 그들이 여러 날 동안 우리의 공동의 원수로부터 쫓겨 다니면서 피곤한 상태로 굶주린 양 떼처럼 교회에는 있을 것이라고 기대하며 찾아 나온 바로 그것이 있는 곳으로 인도해 나가야 한다. 교인들은 하나님께 예배를 드리고 싶어 한다. 그렇지 않다면 교회에 나오지 않았을 것이다. 비록 그들이 자기들에게 하나님을 만날 만한 자격이 있다는 사실을 스스로 의심하는 상황에 있다고 하더라도 그들은 하나님을 만나야 할 필요가 있다. 또한 하나님도 그들을 만나고 싶어 하신다! 그러한 사람들의 지도자로서 여러분들과 나는 우리가 예배하러 모이기 전에 먼저 기도하면서 그 길을 준비하는 일에 전념해야 하는 중개자이다. 그리고 양 떼가 도착하면 그들을 사랑으로 인도해야 한다. 우리는 그들이 자원하여 예배를 드리고자 하는 마음이 생기도록 그들과 하나님 사이가 연결되고, 그들이 예배에 참석함으로써 영적으로 건강한 몸무게와 풍요로움을 얻을 수 있도록 도와주어야 하는 것이다.

주님의 나라가 임하옵시며

나는 어느 토요일 저녁에 평소처럼 예배당 안을 돌아다니며 기도하고 있었다. 내가 모든 의자 사이를 천천히 돌아다니며 좌석마다 가볍게 안수하고 있을 때 나는 환상 가운데 우리 구세주이신 예수님의 모습을 보았다. 예수님은 사도 요한이 요한계시록 19장에서 묘사하고 있는 것처럼 흰 말을 타고 계신 모습이었다. 요한계시록 19장은 예수님께서 오셔서 전 세계적으로 만왕의 왕이요, 만주의 주님으로 선언될 궁극적인 날을 선포하고 있다.

그러나 나의 느낌은 바로 지금 당장에 관한 것이었다. 그것은 예수님께서 **내일, 바로 여기로** 말을 타고 오실 준비가 되어 있으시다는 느낌이었다! 내 심령에 어떤 예언의 음성이 임한 것은 아니었지만, 그리스도께서 아주 혈기 왕성하고 튼튼하며, 앞으로 박차며 달려 나가기 위해서 앞발을 치켜든 군마(軍馬)를 타신 정복자로 오시는 모습이 나를 사로잡았다. 그리고 바로 그 순간에 한 노래가 내 마음으로부터 솟아 올라왔다. 그 가사는 내일 있을 예배를 위해서 내가 간절하게 사모하는 마음을 요약해 주는 노래였다. 나는 지금까지도 그 노래로 하나님께서 눈에 보이시는 것처럼 우리 가운데 자신의 임재하심을 보여 주시기를 사모하는 나의 마음을 표현해 드리고 있다.

내가 지금까지 우리 예배 인도자들이 '품위 있고 질서가 있도록' 예배를 인도하는 문제에 대해서 내 생각을 제시한 것은 어떤 문제에 대해서라도 내가 최종적인 권위를 가지고 있다는 사실을 여러분에게 알려 주기 위해서가 아니다. 그러나 나는 지금까지 예배를 인도해 오면서 몇 가지 사실을 배우게 되었으며, 그래서 여러분이 내가 작곡한 다음과 같은 찬양이 부르짖어 구하는 내용을 따라 기도하는 동안에 어떤 유익이라도 나타나게 되고, 또한 여러분의 교회가 그러한 기도에 대한 온전한 응답이라는 하나님의 은혜로우신 선물을 경험하게 되기를 바라는 마음으로 내가 배운 사실들을 여러분에게 제시하고 있는 것이다.

당신의 나라가 임하소서! 당신의 나라가 임하소서!
예수님의 전능하신 이름으로 구하오니,
당신의 나라가 임하소서!
오, 모든 시간과 공간을 초월하여 계시는 하나님,
당신의 능력으로 오셔서,
위대하신 용서하심과, 사랑과 은혜로 이곳을 채워 주소서.
당신의 나라가 임하소서!

잭 W. 헤이포드

18장

보좌에 계신 하나님을 만남

- 예배의 절정 -

    그리스도인들 가운데 해롤드 제퍼리라는 이름을 아는 사람은 거의 없을 것이다. 해롤드 제퍼리는 목사로서 목회 기간의 거의 대부분을 오리건 주 포틀랜드의 포스퀘어교회를 중심으로 70년 동안 목회 사역을 하면서 교회의 연합과 일치 운동에 영향력을 미친 모델적인 분이었다.

    해롤드 목사와 그의 아내인 이오네는 거의 모든 오순절 교회의 지도자들이 최소한 아주 큰 오류를 범하고 있다거나, 최악의 경우에는 사단적이라는 비난을 듣던 시기에 복음주의 진영 전체로부터 폭넓은 인정과 특별한 존경을 받았던 분들이다. 해롤드 목사의 지도력은 빌리 그레이엄 목사의 초기 전도 집회들이 전 세계적인 영향력을 막 행사하기 시작하던 시기인 1950년에 전 도시가 협력할 수 있는 길을 엶으로써 교회들이 연합하고 일치하는 일에 새로운 기준을 세웠다. 해롤드 목사는 월드비전이라는 단체의 후원 아래 열리던 아시아의 목회자들을 위한 컨퍼런스들에 자주 강사로 초청되면서, 전통적인 침례교회와 성서교회(Bible Church, 성서교회는 한국에서도 아주 보수적인 교단임-옮긴이), 그리고 전통적인 오순절 교회와 은사 운동 협회 사이를 가로막고 있던 서로간의 불신의 벽을 제거할 수 있는 길을 열어 놓았다.

나는 1970년대에 해롤드 목사가 자신의 교단의 연례 총회에서 전했던 메시지의 내용을 잊을 수가 없다. 해롤드 목사는 사도행전 2장 1~4절을 본문으로 들고 나왔다. 그 본문은 누구나 알고 있는 대로 오순절에 관한 본문이었다. 그러나 그가 그 본문에 대해서 했던 설교는 오늘날까지도 내 마음에 깊이 남아 있다. 희망과 기대감으로 가득했던 그의 설교는 우리의 시대에 실현될 일에 대한 예언이라고도 할 수 있는 내용이었다.

해롤드 목사는 다음과 같이 말했다: "본문은 어떤 순서에 주목하고 있습니다. 첫 번째로, 본문은 '그들이 다같이 한 곳에 모였더니' 라는 말로 시작하고 있습니다. 그들은 주님 앞에 함께 기도와 예배하기 위해서 모였습니다. 두 번째, 본문은 모든 사람들이 '한마음이 되어' 라고 말합니다. 그들은 한마음이 되어 하나님의 임재하심과 능력 앞에 마음을 열고 있습니다. 세 번째로, 본문은 '갑자기 하늘로부터 성령님이 그들 위에 부으신바 되었다' 고 기록하고 있습니다."

나는 해롤드 목사의 설교를 계속 인용해 나가기 전에 먼저 여러분에게 이 설교는 1970년대 중반에 한 설교라는 사실을 다시 밝혀 두고 싶다.

> 나는 본문에 나오는 이러한 순서에 대해서 큰 감명을 받았습니다. 나는 여러분들 가운데 많은 사람들과 마찬가지로 마음에 아주 깊은 감동을 받고 있습니다. 우리는 하나님께서 지금 전 세계의 교회들 안에서 하시는 일로 인해서 마음에 깊은 감동을 받습니다. 그 어떤 교단적인 차이나, 교리나 역사적인 전통이 서로 얼마나 차이가 나든지 **상관없이** 교회들에는 지금 성령님의 능력이 다시 나타나는 부흥의 역사로 말미암아 예배당마다 하나님의 백성들로 차서 넘치고 있습니다.

이런 사실로 비추어 볼 때 나는 한 가지 가능성이 궁금해지고 있습니다. 바로 우리가 이 시대에 이러한 세 가지 일들이 **정반대의 순서로** 일어나기 시작하는 것을 체험할 수도 있지 않겠습니까? 즉 교회사의 마지막 시대에, 우리가 교회가 처음 시작될 때 일어났던 그러한 영적인 돌파구적인 사건의 순서를 바꾸어 **역으로** 거슬러 올라감으로써 또 하나의 사이클이 완성될 수도 있지 않겠습니까?

역순서라는 것은 아마도 다음과 같은 순서일 것입니다. 첫 번째로 우리는 하나님께서 초대 교회에 그 사람들에게 성령님의 능력을 부어 주셨던 것과 마찬가지로, 지금도 성령님께서 전 세계의 전체 교회들에 아주 놀라울 정도로 강력하게 역사하시면서 자신의 능력을 부어 주시고 계시는 것을 눈으로 보고 있습니다.

두 번째, 초대 교회의 사도들이 한마음으로 모여서 기도와 예배 가운데서 하나님을 구했던 것과 마찬가지로, 오늘날 성령님께서 예배를 새롭게 변화시켜 나가기 시작하시는 일은, 하나님께서 교회를 새로운 연합과 일치가 이루어지는 자리로 나오라고 부르시는 방법일 수가 있지 않겠습니까? 그래서 지금 그리스도인들이 새로운 방식으로 하나님을 찬양하며 높여 드리는 일로 점점 더 '한마음이' 되어 가는 것이지 않겠습니까? 그게 사실이라면 초대 교회에 일어났던 일과 역순서로 일어나는 일의 마지막 사건에 주목해 보시기 바랍니다: "저희가 다 같이 한곳에 모였더니."

해롤드 목사는 이 말을 하면서 특별히 흥분이 되는 모습이었다.

나는 우리가 이제 막 그러한 축복을 경험하게 되는 것은 아닌가 하는 생각이 듭니다. 또한 전 세계적으로 성령님을 부어 주시는 일과, 교회들이 예배를 통하여 더 깊은 차원의 연합으로 나아가게 되는 현상은 우리가 곧 한 곳으로 부르심을 받아 모이게 될 것이라는 사실에 대한 신호는 아니겠습니까? 이제 곧 우리 주 예수 그리스도께서 오시는 때에 우리 모두가 하나님의 임재하심으로 들어오라고 부르시는 나팔 소리를 듣게 되지 않겠습니까?

나는 그때 전 세계의 모든 교회들을 그러한 비전으로 채워 주시기를 원하시는 성령님의 마음을 깨닫고는 나의 가슴에 고동이 일어나던 일을 아주 잘 기억하고 있다. 물론 모든 사람들이 다 해롤드 목사가 말하는 대로, 마지막 시대에는 사도행전 2장과의 역순위적인 상황들이 일어날 것이라는 생각에 동의하지는 않을 것이다. 그러나 모든 그리스도인들은 우리에게 개인적으로 임하셔서 역사하시는 것 이상의 일로 우리를 부르시는 성령님의 부르심에 대해서도 마음의 문을 활짝 열어야 한다. 성령님께서는 우리를 예배 가운데서 개별적으로 새롭게 하시는 것 이상의 일을 하신다.

하나의 작은 노력

해롤드 제퍼리 목사는 그리스도의 몸인 교회 가운데서 성령님께서 찾으시는 연합, 서로 사랑하는 연합 관계에 대해서 모델이 되는 분이었다. 그분이 자신의 교단이라는 범주를 넘어서 그렇게나 폭넓게 다른 교단들에까지 기꺼이 환영의 손을 내미는 존귀한 마음을 보고 나는 그분에게 한 가지 부탁을 했다. 그 당시에 나와 나의 아내는 제퍼리 목사 부부가 인도하는 목회자 컨퍼런스에 참석하고 있었고, 그때는 제퍼리 목사님이 내가 위에서 인용한 설교를 한 지 얼마 되지 않던 비슷한 시기였다. "제퍼리 박사님, 제 아내 애나와 저는 이 집회가 끝나기 전에 잠시 목사님과 사모님과 개인적으로 짧게라도 꼭 만나고 싶습니다." 우리는 제퍼리 목사님이 은혜로운 마음으로 우리를 교단 내에서 자기보다 젊고 떠오르는 지도자로 인정해 주고 있었기 때문에 우리의 부탁을 무례하다고 생각하지는 않을 것이라고 믿었고, 우리 생각은 옳았다. 나는 "목사님, 그저 우리에게 안수하시면서 우리의 미래의 사역을 위해서 기도해 주셨으면 합니다" 하고 말했다.

그 다음 날 있었던 일은, 적어도 나에게는 제퍼리 박사님이 갖고 계셨던 마음인 '그리스도의 몸 안에서 서로 마음을 열고 받아들여 주는 심령'의 망토를 나에게 입혀 주시기를 하나님께 구하는 엘리사의 심령으로 가득해진 시간이었다. 내 개인적으로는 주님께 그렇게 구하기는 했지만, 제퍼리 목사님께는 구체적으로 그러한 제목으로 기도를 부탁하지는 않았었다. 그러나 나는 오랜 후에 다시 제퍼리 목사님께 그때 우리가 같이 기도할 때 나의 마음에 느껴졌던 그러한 소망을 이야기할 수 있는 특권을 누렸다. 나중에 그분을 다시 만났을 때 그분은 90세가 훨씬 넘은 분이었고, 하나님께서 나의 삶과 사역에 은혜를 부어 주셔서 거의 모든 기관이나 교단을 초월하여 환영받는 목회자가 되었다는 것도 알고 계셨다. 우리의 만남은 정말로 감동적인 시간이었다. 나에게 교회를 향하여 종의 마음으로 섬기는 마음과 자세에 대해서 모델이 되실 정도로 큰 영향을 미쳐 주신 하나님의 사람에게 존경을 표현할 수 있는 시간이었기 때문이다.

킹스 칼리지에서 주최하는 가을 지도자 컨퍼런스

그 후 여러 해가 지나면서 나는 지금까지 30년 이상이나 1년에 한 번씩 어떤 행사를 개최하며 인도하고 있다. 우리는 우리가 예배를 드리기 위해서 예수님의 발아래 함께 모이기로 결심하기만 한다면, 교회가 강력한 교제를 나누는 가운데서 함께 모이고 뜻을 합하여 축제를 개최할 수 있으며, 또한 우리가 그러한 일이 가능해지도록 하기 위해서 작게라도 힘을 쓰고 있다는 것을 보여 주기 위한 노력의 일환으로 지금까지 그 일을 계속해 오고 있다. 킹스 칼리지에서 주최하는 가을 지도자 컨퍼런스는 그리스도의 교회의 모든 교단과 영역들에서 온 목회자와 지도자들이 예배를 위하여 모이고, 예배 안에서 함께 성장해 가며, 실제적이고 성경적인 진리를 예배와 연결시킬 수 있는 기회를 제공해 왔다. 우리는 매년 11월마다 둘째 주에 월요일부터 수요일까지 그리스도의 성품을 본받은 연합과, 그리스도를 높여 드리는 예배와, 그리스도께 초점을 맞춘 제자 훈련을 통하여 주님께서 교회 안에 세우신 지도자들이 확립되어 나가는 것을 눈으로 보아 왔다.

내가 가을 지도자 컨퍼런스에 대해서 이야기하는 이유는 그 행사가 아주 적당한 사례가 되기 때문이다. 매년 열리는 이 행사는 시편 133편 1~3절이 우리 안에 그대로 실현될 때 일어날 수 있는 서로에 대한 믿음과 연합에 대한 작은 그림을 보여 주고 있다.

> 보라 형제가 연합하여 동거함이 어찌 그리 선하고 아름다운고
> 머리에 있는 보배로운 기름이 수염
> 곧 아론의 수염에 흘러서 그의 옷깃까지 내림 같고

헐몬의 이슬이 시온의 산들에 내림 같도다
거기서 여호와께서 복을 명령하셨나니 곧 영생이로다

만일 내가 여러분들에게 우리가 개최하는 컨퍼런스에서 강사로 초대할 때 초청에 응한 사람들의 목록을 공개한다면 여러분은 거기서 북미의 그리스도의 교회 출신의 아주 다양한 사람들이 있는 것을 발견하게 될 것이다. 그러한 사람들이 우리가 개최하는 행사에 올 것이라고 기대하는 사람들은 아주 적었다. 그러나 바로 그러한 사람들이 정말로 우리의 컨퍼런스에 오고 있으며, 또한 나는 그 강사들 한 분, 한 분 모두가 우리에게 아주 강력한 도움이 되고 있다고 믿는다. 그분들은 특별히 아주 넓은 범위에서 모인 사람들이 섞여서 모이는 우리의 교제들을 더욱 풍요롭게 해 준다. 그 이유는 세 가지이다.

1. 모든 강사들과 나 사이에는 서로 믿는 신뢰 관계가 있기 때문이다. 우리는 서로 다른 차이점들과 특성들을 이미 잘 이해하고 있기 때문에 오히려 서로를 신뢰하고 있으며, 따라서 그들은 나와 함께 다른 사람들을 섬기는 일에 동역하며 섬기고 있다.
2. 그 사람들은 자신들이 우리가 주최하는 컨퍼런스에 와도 그들 자신이 아닌 어떤 다른 사람이 될 것을 요구받지 않는다는 사실을 알고 있다. 따라서 우리는 강사들에게 그들이 믿는 바가 아닌 다른 내용을 참석한 사람들에게 말하라거나, 컨퍼런스에 강사로 온 사람들이 대표하는 모든 사역들이나 사람을 인정할 것을 요구하지 않는다. 간단히 말하면, 우리는 모든 강사들이 그리스도께서 그 사람을 만들어 오신 모습 그대로 컨퍼런스에 오는 것을 환영한다.

3. 모든 사람들은 우리가 다 경배하기 위해서 하나님의 보좌 주위로 나아와 모이고 같이 말씀을 연구하기 위해서 하나님의 말씀 주위에 모이고 또한 그 자리에 성령님을 환영하고 초청하지만, 어리석은 광신자들의 집단처럼 "아무 것이든지 다 좋다"라고 하는 무리는 아니라는 사실을 이해하고 있다.

여러분은 우리가 컨퍼런스에 초청하는 강사들 가운데서 여러분이 잘 알고 좋아하는 강사들이나, 더 큰 그리스도의 몸인 우주적인 교회들로부터 많은 지도자들도 온다는 사실을 확인할 수 있을 것이다. 나는 여러분에게 우리가 컨퍼런스에 초청하는 강사들 가운데는 내가 좋아하는 분들도 많다고 말할 수 있다(물론 내가 모든 사람들을 다 초대할 수는 없었다. 그러나 일정상의 어려움 등 실제적인 문제 때문인 경우를 제외하고 다른 이유로 강사들이 오는 것을 거부한 적은 없다. 특히 서로 다른 '차이점'들 때문인 경우는 한 번도 없었다).

지금 우리는 지금까지 살펴본 모든 본문들에 대한 연구의 결론 지점을 향해 나아가고 있다. 나는 여기서 그리스도의 온 교회가 바로 지금 예배 가운데 하나로 모이기를 원하는 나의 열정에 대해서 강조하고 싶다. 궁극적으로는 우리가 그렇게 하게 될 것—한 몸으로 그리스도께 경배를 드리게 될 것—이라는 사실에 비추어 볼 때, 나에게는 성령님께서 오늘 우리 가운데서 하시는 일을 더욱 확장시키고 늘려 나가기를 원하는 마음이 더욱 간절해진다. 그러나 이해해 주기 바란다. 나는 마음의 폭이 더 넓은 사람이라면 이러한 일을 사모하게 될 것이며, 우리가 그리스도의 가슴에서 울리는 고동소리를 들으며, 주님의 심장의 고동소리의 박자에 우리 걸음의 속도를 맞추기를 원한다면, 우리는 예배에 초점을 맞추는 지혜로운 사람들이 될 것이라는 사실을 알고 있다.

지금까지 계속되는 예수님의 부르짖음

교회의 창설자이신 분의 입술에서 십자가에 달리시기 바로 전날 저녁에 기도가 시작되었다. 그리고 주님께서는 불붙은 심정으로 다음과 같이 기도하셨다: "내가 비옵는 것은 … 아버지여 … 그들도 … 하나가 되게 하옵소서." 예수님께서는 요한복음 17장에서 이 말을 다섯 번이나 하셨다! 예수님께서 지금까지 그렇게 간절하게 부르짖고 계심에도 불구하고, 교회는 아직도 집요하게 다른 것을 고집하면서 우리만이 더 올바르고 뛰어난 견해를 가졌다거나, 하나님의 정확한 방식에 대해서 더 순수하고 정제된 방식으로 하나님의 더 정확한 말씀을 따르고 있다고 증명하려고 한다.

- 예배 의식을 정확하게 지킬 것을 고집한다(궁극적으로는 교회를 분열시키게 된다).
- 자기들의 교리적인 견해와 의미를 밀어붙이며 강요한다(궁극적으로는 교회를 분열시키게 된다).
- 형제들이 오래전에 범한 잘못이나 오류를 계속 들먹인다(궁극적으로는 교회를 분열시키게 된다).
- 서로 다른 다양한 예배나 사역 방식을 비판한다(궁극적으로는 교회를 분열시키게 된다).

우리가 이렇게 하는 동안에는 성경이 말씀하는 대로 "화평을 구하며 그것을 따르라"(벧전 3:11)는 명령을 다 노골적으로 거부하는 것일 뿐 아니라, 심지어는 지금처럼 서로 씨름하듯 싸우는 일이 의로운 일을 하는 것이라고까지 주장하게 된다.

이렇게 내부적으로 서로 싸우거나, 자신을 정당화시키는 것으로 나타나는 수동적인 분리주의라는 우스꽝스러운 행태를 계속하는 사람들이 주장하는 논리는 다음과 같은 두 가지의 어리석은 명제들에 근거를 두고 있다. 여러분과 내가 다음과 같은 내용을 기꺼이 인정한다면, 서로에 대한 겸손과 궁극적으로는 연합과 일치에 이르는 일도 그렇게 먼 일은 아닐 것이다.

- 하나님께서 '철저하게', 언제나 결국에는 그분의 생각이 우리의 가장 좋은 생각을 뛰어넘으며, 하나님의 길은 언제나 우리의 가장 진지한 방식을 능가한다는 사실을 우리에게 다음과 같이 상기시켜 주심에도 불구하고, 어떤 사람이나 단체라도 자기들만이 하나님의 모든 말씀과, 하나님께서 역사하시는 방식에 대해서 궁극적이고 결론적인 이해를 가질 수 있다고 믿는 것은 어리석은 일이다: "이는 내 생각이 너희의 생각과 다르며 내 길은 너희의 길과 다름이니라 여호와의 말씀이니라 이는 하늘이 땅보다 높음 같이 내 길은 너희의 길보다 높으며 내 생각은 너희의 생각보다 높음이니라"(사 55:8~9).
- 예수 그리스도를 믿는 모든 사람들에게 연합과 일치에 참여하자고 초청하거나, 어느 정도로 연합과 일치가 분명하게 나타나는 경우에, 그것이 개인적인 신앙의 확신을 양보하거나, 교리적인 입장이나 예전(禮典, 즉 예배의식)의 통합 혹은 예배 방식, 사역 혹은 강조점에 대한 획일적인 통일을 의미하는 것으로 믿는 것은 어리석은 일이다. 성경은 결코 그러한 통일을 요구하지 않는다. 성경은 타협

이나 획일적인 통일을 통해서 연합과 일치를 이루는 것을 말하지 않고 있다. 연합과 일치에 대한 성경적인 근거는 우리가 기꺼이 성령님께 우리 모두가 다 동의할 수 있는 유일한 자리인 예수님의 발아래로 우리를 불러 모으시도록 해 드리려는 마음에 있다.

- 예수님의 발아래에서는 우리 모두가 다 예수 그리스도께서 주님이시라는 사실에 동의하며, 그분의 절대적인 주권 아래 복종하게 된다.
- 예수님의 발아래에서는 우리 모두의 초점을 우리 자신이 얼마나 존귀하며 가치 있는 존재인가 하는 것보다는 예수님의 존귀하심에 맞추게 된다.
- 또한 그곳은 우리가 우리에게 남아 있는 그 어떤 자기 의의 찌꺼기라도 다 깨끗하게 씻어 버리게 되는 곳이다.
- 예수님의 발아래에서는 우리 자신의 개인적인 신념이나 신조보다는 예수님 자신을 진리로 받아들이게 된다.

에베소서 4장 13~16절은 많은 사람들이 아주 흔하게 주장하는 위와 같은 논리들(공개적으로나 개인적으로, 혹은 내부적으로는 우리도 자주 빠지게 되는 사고방식)과는 반대로, '믿는 것에 하나가 되는' 일의 목표의 초점을 예수 그리스도를 아는 일과 사랑으로 진리를 말하는 것에 맞추고 있다. 또한 실제로 위의 본문은 거짓된 사람들과 교리적인 오류라는 교활한 풍조를 조심하라고 경고하고 있다. 성경은 그러한 일들에 대해서 경고하는 일을 게을리 하지 않고 있다. 그러나 동시에 정직하고 겸손한 영혼들은 예수 그리스도 그분이 우리의 어떤 교리 체제나 교단보다 더 중요한 분이라는 사실을 인정하기에 이르게 될 것이다. 그리고 바로 그러한 정직함과 겸손이 우리를 하나로 엮어 줄 것이다. 물론 이것은 인간이 만들어 낸 제도적인 체제나 구체적으로 명시된 교리에 모두 동의하는 자리로 나아가게 되는 것으로 하나가 된다는 것이 아니라, 우리가 다 함께 연합하여 예수 그리스도를 예배하며 경배하게 된다는 것이다.

여기서 우리는 많은 사람들의 사랑을 받고 있는 퀘이커 교단의 신학자일 뿐 아니라 그리스도인들이 초교파적으로 모이는 요크펠로우즈(Yorkfwellows)의 창설자인 엘톤 트루블러드(Elton Trueblood)의 지혜로운 말을 들어 볼 필요가 있다. 트루블러드는 다음과 같이 말했다: "진리 그 자체보다 진리에 대한 자신의 견해를 더 사랑하는 것으로 시작하는 사람은 그리스도보다 자신의 교단을 더 사랑하는 것으로 마치게 될 것이며, 궁극적으로는 그 무엇보다도 자기를 더 사랑하는 것으로 끝나게 될 것이다."

충만을 사모하는 열정

나는 15년 전에 위와 같은 제목으로 쓴 책에서, 내가 지금 이 책의 결론을 이렇게 내릴 수밖에 없는 열정의 많은 부분을 표현했었다. "(그리스도의) 온 몸이 … 연결되고 결합되어 … 그 몸을 자라게 하며 사랑 안에서 스스로 세우느니라"(엡 4:16)는 말씀을 기억한다면, 진리에 대한 입장에 따라서가 아니라 서로 사랑하기로 하는 결심에 따라서여야 한다는 것은 성경에 분명하게 나오는 원리일 뿐 아니라, 예수님의 모든 제자들에게 다 주신 명령이다.

이것은 윤리나 도덕적인 기사도 정신을 발휘하라는 것이 아니며, 나도 (1) 최종적이고 절대권위적인 기준으로서의 하나님의 말씀과, (2) 문자적으로 인류의 유일한 구세주가 되시는 예수 그리스도께—십자가 위에서 대속적으로 죽으시고, 문자적으로 다시 살아나셨으며, 아버지 하나님의 우편으로 승천하시고, 높임을 받으시기에 합당하신 교회의 주님이 되심으로써 증명하신 대로—대한 결단과 헌신을 간단하게 피해 갈 수 있는 방법을 가지고 있지는 않다. 그러한 사실은 예수 그리스도를 우리가 다 같이 그 앞으로 나와서 경배를 드리기에 합당하신 분으로 만들어 준다. 여기서 '다 같이'라는 말에 주의해야 한다. 그것은 우리가 다 하나가 되어 하나님의 말씀을 우리 믿음의 동일한 토대로 삼고, 하나님의 아들을 그분의 교회의 머릿돌로 삼아서 함께 그리스도를 예배하라는 것이며, 예수 그리스도께서는 우리가 "성령 안에서 하나님이 거하실 처소가 되기 위하여 그리스도 예수 안에서 함께 지어져"가는 것을 보기를 원하신다(엡 2:22).

이러한 근거들이 여러분 바로 옆에 무릎을 꿇고 경배할 자리—예수님께 초점을 맞추고 그분 앞에서 경배할—를 만들어 주고 있는데도 불구하고 혼자서 그 자리를 박차고 나가는 것은 종교적인 율법주의에서 나오는 불길하고 자기만을 합리화시키는 자기 의의 영에 사로잡혀서, 또한 그러한 율법주의에서 반드시 나오게 되는 바리새파적인 의지에 굴복하여, 나 자신의 교리나 체제보다 더 크신 주님의 부르심에 굴복하기보다는 그리스도의 몸을 망가뜨리며 상하게 하는 일이 된다.

그러나 나는 예수 그리스도를 자신의 구세주라고 부르며 그분의 말씀 안에서 제자로 훈련받고 있는 수많은 그리스도인들 가운데 점점 더 많은 사람들이 그리스도를 예배하며, 또한 **함께** 예배하라는 이중적인 부르심에 응답할 준비가 되어 가고 있다고 믿는다.

이 시대의 마지막을 향하여 나아가는 운동

교회의 연합과 일치에 대한 해롤드 제퍼리 목사의 이해는 초대 교회 그리스도인들에게서도 발견되며, 따라서 오순절에 '하나'로 태어나게 될 교회는 어떤 식으로 연합과 일치의 문제에 대해서 준비되었는지를 살펴보는 것은 아주 의미 있는 일일 것이다. 초대 교회의 연합과 일치의 역사는 120명의 제자들이 함께 무릎을 꿇고 기도하며, 하나님의 보좌 앞에서 머리를 숙이고 경배할 때 나타나는 연합의 능력을 발견하게 되었을 때 일어났다. 그들은 예수님께서 하나님의 보좌로 승천하시는 것을 함께 목격했다. 해롤드 목사님이 오늘날 점점 더 많은 교회들이 예배에 대한 성령님의 부르심과 초청에 대해서 기꺼이 마음을 활짝 열어 드리려고 하는 것과 성령님의 역사가 전 세계적으로 점점 더 많이 일어나고 있는 현상이 서로 깊은 관계가 있다고 말하는 것도 마찬가지로 중요하다. 지금 우리가 살고 있는 이 시대에는 지구의 대단원의 막을 내리는 시대가 될 수도 있음을 말해 주는 놀랍고도 경이로우며 압도적인 증거들이 많이 나오고 있다. 따라서 우리에게는 바로 이 시대에 하늘나라로부터 들려오는 마지막 나팔 소리를 듣게 될 것을 기대할 수 있는 모든 이유가 다 있다.

"이 모든 것이 이렇게 풀어지리니 너희가 어떠한 사람이 되어야
마땅하냐 거룩한 행실과 경건함으로 하나님의 날이 임하기를 바

라보고 간절히 사모하라 그 날에 하늘이 불에 타서 풀어지고 물질이 뜨거운 불에 녹아지려니와"(벧후 3:11~12).

성령님께서 하신 위의 말씀은 우리가 지금까지 함께 연구해 온 예배라는 주제에 대한 모든 것의 결론으로 아주 적절하다. 우리는 예배 이상의 것으로 부르심을 받고 있다. 즉 우리는 우리가 드리는 예배를 통하여 어떤 '유형의 사람', 하나님의 임재하심 안에서 기꺼이 서로 함께 연합하며 유대관계를 가지고 하나님의 나라를 확장해 나가는 사람이 되라는 부르심을 받은 것이다. 바로 그러한 날이 올 때까지 함께 다음과 같은 찬양을 올려 드리도록 하자.

오, 우리가 얼마나 주님을 사모하는지요.
다시 오시옵소서.
인류의 구세주이신 예수여, 다시 오시옵소서.
지금도 이미 우리가 당신의 권능 가운데서 기뻐하오나,
우리는 기다리는 마음으로 그 시간이 오기를 구하나이다.
나팔 소리가 울리고, 구름이 걷히리니
그 때에는 모든 눈이 주님을 보게 되리라.
그 날이 올 때까지 우리는 계속 주님을 찬양하리니
주 예수여, 오셔서 우리의 왕이 되시옵소서![2]

---

2) "오셔서 왕이 되시옵소서"[Come and be King, 잭 W. 헤이포드, Copyright©1981 by Annamarie Music. ASCAP. All right reserved)

하나님의 임재를 경험하는 예배

JACK HAYFORD

부록 1

예수 그리스도를 인생의 주님과 구세주로 영접하는 기도

　예배에 대해서 진지한 질문을 가지고 탐구해 보고자 하는 마음으로 이 책을 읽은 사람들 가운데에도 예수 그리스도를 자신의 개인적인 구세주로 영접한 적이 한 번도 없는 사람이 있을 수 있을 것이다. 만일 바로 당신이 그런 사람이라면—만일 바로 당신이 주 예수님께서 당신의 구세주가 되셔서 인생의 문제들 가운데서 당신을 인도해 주시도록 개인적으로 그분을 당신의 마음에 영접하며 모셔 들인 적이 한 번도 없다면—당신에게 그렇게 하도록 격려하며 도와주고 싶다.

　정직한 마음을 가진 사람이라면 언제라도 사랑하시는 하나님 아버지께 나아갈 수가 있기 때문에, 예수님을 영접하는 일을 조금도 뒤로 미룰 필요는 없다. 그러므로 나는 당신에게 나와 함께 그렇게 하자고 권하고 싶다. 지금 당장 하나님께 기도하기로 하자.

　지금 당신이 있는 자리에서 가능하다면 머리를 숙이거나, 할 수 있다면 무릎을 꿇기 바란다. 내가 먼저 간단히 기도하고 나서, 당신이 직접 하나님 앞에서 읽음으로써 기도할 수 있는 기도문을 제시하겠다.

나의 기도

하나님 아버지, 지금 이 책을 읽고 있는 당신의 자녀와 함께 기도할 수 있는 특권을 주셔서 감사드립니다. 이분의 마음이 당신을 향하여 열리게 해 주셔서 감사드리며, 우리가 주님께 기도할 때 응답해 주시겠다고 하신 약속을 인해서도 감사드립니다.

저는 _____ (이)가 진정으로 하나님 앞에서 진지한 마음을 가지고 있다는 사실을 알고 있습니다. 이 사람은 지금 진지하게 다음과 같은 기도를 따라 할 준비가 되어 있습니다. 그래서 우리가 지금 당신의 아들 예수 그리스도의 이름과 십자가를 의지하여 하나님께 나아갑니다. 우리의 기도를 들어 주셔서 감사드립니다.

이제는 당신이 직접 다음과 같은 기도를 드리기 바란다.

당신이 해야 할 기도

사랑하는 하나님, 하나님께서 저를 사랑하신다는 사실을 믿기 때문에 이 기도를 드립니다. 저는 제가 당신께 나아가듯이 당신께서도 저에게 오시기를 구하고 싶습니다. 간구하오니, 지금 저를 도와주옵소서.

먼저는 하나님께서 저를 위해서 당신의 아들 예수님을 세상에 보내시고, 저를 위해서 십자가에서 죽으시게 하신 것에 대해서 감사를 드립니다. 당신께서 지금 저에게 제가 지은 모든 죄를 용서하시는 놀라운 선물을 주시겠다고 말씀하시는 것에 대해서 감사드립니다. 기도하오니 바로 그 선물을 주시옵소서.

예수 그리스도의 피로 나를 용서해 주시고, 나의 인생을 당신이 보시기에 깨끗하도록 씻어 주시옵소서. 당신이 보시기에 합당하지 않았던 모든 일들에 대해서, 그리고 내가 모를지도 모르는 어떤 죄에 대해서도 죄송스럽게 생각합니다. 예수님께서 나의 모든 죗값을 치르시기 위해서 죽으셨으며, 그분으로 말미암아 내가 지금 이 세상에서는 용서를 받았으며, 천국에서는 영생을 받은 것을 믿사오니, 죄에 대한 모든 책임과 수치를 제거해 주시옵소서.

주 예수여, 기도하오니 지금 나의 인생에 들어오시옵소서. 주님께서 죽은 자 가운데서 다시 살아나셔서, 지금도 살아 계시는 분이심을 제가 믿사오니, 주님께서 지금부터 영원히 저와 함께 사시기를 원합니다.

지금 저의 인생을 주님께 온전히 맡기며 넘겨 드립니다. 내 길을 따르지 않고 주님의 길을 따르겠습니다. 주님, 주님의 성령님을 초청하오니, 저를 충만하게 채워 주시고, 저의 앞날의 인생이 하늘에 계신 아버지를 기쁘시게 하는 인생이 되도록 인도해 주옵소서.

저의 기도를 들어 주셔서 감사합니다. 오늘부터 제 자신을 하나님의 아들이신 예수 그리스도께 온전히 맡겨 드립니다. 예수 그리스도의 이름으로 기도드립니다. 아멘.[3]

---

3) Jack W. Hayford, *The Anatomy of Seduction*,(Ventura: Regal Books, 2004), p. 111

부록 2

주님께 당신의 인생을 성령으로 채워 주시도록 초청하는 기도

사랑하는 주 예수님, 저에 대한 주님의 크신 사랑과 신실하심에 대해서 감사와 찬양을 드립니다. 주님께서 값없이 저에게 주신 그 큰 구원의 선물에 대해서 생각할 때마다 저의 가슴은 기쁨으로 충만해집니다. 그리고 주 예수님, 주님께서 저의 모든 죄를 다 용서해 주시고 저를 아버지께로 데려다 주신 것에 대해서 겸손한 마음으로 주님께 영광을 돌려 드립니다.

이제 주님의 부르심에 순종하여 주님께 나아갑니다. 저는 성령으로 충만하게 채워 주심을 받기 원합니다. 제가 주님께로 나아오는 것은 제가 자격이 있기 때문이 아니라, 주님께서 저에게 나아오라고 초청하셨기 때문입니다. 주님께서 저의 모든 죄를 깨끗하게 씻어 주셔서 저의 인생을 성령으로 충만하게 채워 주시기에 합당한 그릇으로 만들어 주신 것에 대해서 하나님께 감사드립니다.

주 예수님, 주님의 생명과 사랑과 권능으로 차고 넘치기를 원합니다. 주님의 은혜와, 주님의 말씀과, 주님의 선하심과 주신 선물들에 대해서 할 수 있는 대로 모든 사람들에게 나타내 보여 줄 수 있기를 원합니다. 그래서 주님, 간단하고 어린아이와 같은 믿음으로 구하오니, 성령으로 충만하게 채워 주옵소서. 내 자신을 온전히 주님께 열어 드리고, 주님을 제 안에 온전히 받기를 원합니다.

주님, 주님을 사랑합니다! 저의 목소리를 높여서 주님을 찬양합니다! 주님의 능력과 기적을 초청하며 환영하오니, 제 안에 그러한 능력과 기적이 나타나서 주님께 영광과 찬양이 되게 하옵소서.[4]

이 기도를 마치고 나서 "아멘!" 이라고 말하라고 하지는 않겠다. 그것은 예수님께 당신을 충만하게 채워 주시기를 구하며 기도한 후에는 믿음으로 주님을 찬양하며 나아가기 시작하는 것이 좋기 때문이다. 그저 성령님께 당신이 예수님을 찬양하고, 그분께 경배를 드릴 수 있게 도와주시도록 해 드리면서, 주님께 찬양과 경배를 드리기 바란다. 그러면 성령님께서 그리스도를 영화롭게 해 드리는 방법으로 자신을 나타내 보여 주실 것이다. 그 다음에는 당신이 성령님께 주 예수 그리스도의 임재하심과 능력을 알게 해 주심으로써 이 순간을 풍요롭게 해 주시기를 구할 수 있을 것이다.

전혀 주저하지 말고 성경에 나오는 사람들에게 일어났던 것과 똑같은 일들이 당신에게 일어날 것이라고 기대하기 바란다. 찬양의 영이야말로 그러한 기대감을 표현하는 적합한 방법이다. 예수님을 당신의 초점으로 삼기 위해서는 주님께 찬양을 드리면서 경배하기 바란다. 예수 그리스도께 영광을 돌리고, 그 외의 일들은 성령님께 맡겨 드리기 바란다.

---

4) Jack W. Hayford, *The Anatomy of Seduction*,(Ventura: Regal Books, 2004), p. 113

Seorosarang

서로사랑 도서안내

도서명	저자	정가	분류
11시 59분 시간이 다가오고 있다(본케 시리즈 2)	라인하르트 본케	12,800	전도
12가지 유형으로 본 전략적 중보 기도자(기도 시리즈 11-2)	엘리자베스 알베스 외	9,000	기도
21세기 교회 행정 전략	주상지	10,000	교회행정
4가지 감정의 치유	제임스 돕슨	5,000	치유
가장 큰 선물(소책자)	류영모	1,200	전도
간이식 두려운 게 아니에요	다음카페 리버가이드 엮음	11,000	건강
강력한 성령의 나타나심(본케 시리즈 4)	라인하르트 본케	11,000	전도
개혁주의 입장에서 본 침례교의 정체성	R. 스텐튼 노만	9,000	침례교
거꾸로 날기	랜디 화이트	7,000	신앙일반
결혼	니키 & 실라 리	11,000	알파코스
결혼 알고 합시다(결혼을 위한 지침서 1)	J. 존	10,000	가정,결혼
결혼을 위한 기도	김경수	10,000	가정,결혼
결혼준비코스	니키 & 실라 리	7,500	알파코스
결혼코스	니키 & 실라 리	11,000	알파코스
교회개척 이렇게 하라	피터 와그너	5,000	교회개척
교회개척 컨설팅	이상대	6,000	교회개척
교회 사역자들을 위한 리더십 개발의 12가지 열쇠	주상지	11,500	교회행정
구별된다는 기쁜 의미	로드니 클랩	13,500	신학
그들에게 기회를 주라	게르하르트 넬스 외	5,000	이슬람
그리스도인의 권세와 치유	채안	3,500	치유
금식기도를 통한 영적 승리(기도 시리즈 8)	엘마 타운즈	9,500	기도
기도는 전투다(기도용사 시리즈 1)	피터 와그너	6,000	기도
기도와 치유사역(기도 시리즈 16)	전용복	7,500	치유
기도하는 교회들만이 성장한다(기도용사 시리즈 4)	피터 와그너	7,000	기도
기적의 삶에 다가가라	빌 존슨	9,000	영성
까리타스의 기적	이종우	10,000	간증
꾸란과 성경의 비교 연구	존 길크리스트	4,500	이슬람
나는 여기에 왜 있는가?	사라 보울링	9,800	신앙일반
나는 한 영혼을 위해서라면 어떤 대가라도 치를 수 있다	이월희	9,500	간증
나의 인생 나의 신앙의 점프	조나단 브랜트	7,500	간증
날마다 새롭게	코리 텐 붐	7,300	신앙일반
내 안에 역동적으로 역사하시는 성령님	오랄 로버츠	10,000	성령
능력 전도	강요셉	12,000	전도
능력으로 기도하라(기도용사 시리즈 6)	피터 와그너	7,500	기도
다 빈치 코드 바로잡기 (CD1)	니키 검블	3,000	신학
다시 시작하기	밥 가스	4,500	신앙일반
닭이 먼저냐? 알이 먼저냐?	권혁주	3,500	전도
닭이 먼저냐? 알이 먼저냐?(소책자)	권혁주	1,600	전도
당신의 교회는 준비되어 있는가?	레비 사가리아스 외	10,000	교회성장
당신의 영적 은사를 알라	마크 스티브	12,000	영성
도시교회 개척부터 폭발적인 성장까지	하비 콘 외	17,800	교회성장
돌봄	김경수	9,500	상담
동행의 은혜	김경수	7,000	사순절묵상

도서명	저자	정가	분류
두 날개로 비상하는 교회	류영모	14,500	설교집
뒤에 있는 것은 잊어버려라	밥 가스	7,000	신앙일반
땅 위에 임한 하나님의 나라	앨런 빈센트	14,000	영성
룻기 새롭게 보기(성경으로 돌아가자 3)	류영모	6,000	설교집
린다 올슨의 듣는 기도(개정판)(기도 시리즈 12)	린다 & 데이브 올슨	10,000	기도
마음의 치유를 넘어	조안 헌터	10,000	치유
마태복음 새롭게 보기(상)(성경으로 돌아가자 1)	류영모	14,500	설교집
마태복음 새롭게 보기(하)(성경으로 돌아가자 1)	류영모	14,500	설교집
만들어진 신 VS 스스로 있는 신(개정판)	니키 검블	10,000	신학
만성통증 극복하기	시앙 양 탄	7,000	건강
말하는 기도(기도 시리즈 14)	토마스 콘스태블	6,500	기도
매력적인 교회	그레이엄 톰린	10,000	교회성장
메이저리그 대드	팀 크리스틴 외	8,000	간증
무릎 꿇는 교회	제레미 제닝스	2,500	알파코스
미국 종교 시장에서의 승자와 패자 1776-2005	로드니 스타크 외	15,000	신학
미래로 가는 다리(사랑의 선물 시리즈 1)	존 맥스웰	6,700	신앙일반
믿음으로 사는 지혜	리차드 포스터 외	9,500	신앙일반
믿음의 선한 싸움	앨런 빈센트	10,000	영성
믿음이란(사랑의 선물 시리즈 3)	파미라 리브	3,500	소책자
바이 드림	류영모	11,000	설교집
반패기도(기도용사 시리즈 2)	피터 와그너	6,000	기도
변화하는 세상 가운데 살아 숨 쉬는 소망	레슬리 뉴비긴	7,000	신학
병상에서 드리는 하얀 기도	김효현	10,000	신앙시집
복음 전도의 열정이 타오르는 안디옥교회	켄 헴필	12,000	교회성장
부흥의 본질	니키 검블	9,000	알파코스
부흥의 혁명	닐 앤더슨	14,000	신학
불신자들에게 열린 교회가 성장한다	조지 G. 헌터 3세	11,000	교회성장
불의 전도(본케 시리즈 1)	라인하르트 본케	12,000	전도
비전과 목적으로 성장하는 건강한 교회	데이비드 비어	9,000	교회성장
비전에서 행동으로	트리샤 닐	4,500	알파코스
빼앗은 축복도 유효한가	류영모	11,000	설교집
사도의 은사	데이빗 캐니스트러시	8,000	영성
사도적 삶으로 부르심	마이크 브린	9,500	영성
사사기 새롭게 보기(성경으로 돌아가자 2)	류영모	11,000	설교집
살아 계신 하나님 경험하기 1(성경으로 돌아가자 4)	류영모	9,000	설교집
살아 계신 하나님 경험하기 2(성경으로 돌아가자 4)	류영모	9,000	설교집
삶을 변화시키는 기도(기도 시리즈 18)	베키 티라바시	10,000	기도
삶을 변화시키는 하나님	마크 엘스던 듀	7,500	알파코스
삶의 스타일에 도전하기	니키 검블	10,000	알파코스
새로운 패러다임의 교회 성장	최동규	6,000	교회성장
생각·믿음·꿈·말이 바뀌면 인생이 바뀐다	류영모	5,000	설교집
생명으로 생명을	이상준	9,500	간증
생명으로 인도하는 다리(현대인을 위한 기독교 변증)	알리스터 맥그라스	11,500	신학

도서명	저자	정가	분류
선교신학	노먼 토머스 편	21,000	신학
선교학 개론	개린 밴 뤼넨	17,500	신학
성경이 말하는 기적	더글라스 코넬리	7,000	신앙일반
성경 읽기 30일	니키 검블	6,000	알파코스
성령 세례 받으면 방언하나요?	김신호	11,500	영성
성령, 계시와 혁명적 사건(본케 시리즈 6)	라인하르트 본케	9,000	전도
성령님과 당신	데니스 & 리타 베넷	11,000	성령
성령 안에서 걸어가는 세상 속의 전도자	존 피터스	7,000	알파코스
성령을 믿사오며	마이클 그린	14,500	성령
성령의 불꽃에로 더 가까이	찰스 R. 스윈돌	7,500	성령
성령의 임재를 구하는 기도	데니스 베넷	5,000	성령
세상에서 가장 아름다운 말	한나 게벨	7,000	소책자
셀교회에서 G 12교회로	김삼성	11,500	셀
셀그룹 셀교회	박홍래	9,500	셀
소통	김경수	8,000	상담
시냇가에 심은 나무	류영모	5,000	셀
시대 (하나님의 세계 경영)	최바울	7,500	신앙일반
시장터 영성	주명수	8,000	신앙일반
신앙의 미로를 항해하며	마이클 그린	5,800	신학
신학대학에서 배우지 않는 일곱 가지 능력 원리	피터 와그너	4,000	기도
십자가를 통한 즐거운 교환	류영모	6,500	설교집
싱글 하나님의 뜻	엘버트 Y. 쉬	12,500	가정,결혼
아 위대한 주님의 이름, 주님의 보혈	황임기	9,000	영성
아르헨티나의 폭발적인 부흥 운동	피터 와그너	9,500	교회성장
아름다운 기적	김영하	8,500	신앙일반
아무도 멸망치 않기를(기도 시리즈 9)	에드 실보소	8,500	영성
아버지 상처 넘어 축복산에 오르라	류영모	7,500	설교집
아주사 부흥	로버츠 리어든	10,000	신학
악보를 덮어 버린 찬양 인도자	채경록	12,000	찬양
안방 속의 돼지 떼들(개정판)	프랭크 D. 하몬드	9,000	영성
알파 유머집 2	김택원	10,000	유머,예화
알파 유머집(개정판)	알파코리아연구위원회 편	8,500	유머,예화
알파 찬양집 두 번째	편집부	7,500	찬양
알파코스 운영방법(개정판)	니키 검블	10,000	알파코스
어게인 1907	류영모	5,000	설교집
어떻게 해야 신유를 경험할 수 있나요?	김신호	11,500	영성
열매로 맛보는 성령 충만	류영모	7,000	설교집
영적 각성	프리드리히 쥔델	7,000	영성
영적 전투를 통한 교회성장(기도용사 시리즈 5)	피터 와그너	7,500	기도
영적인 싱글	제리 오델	7,500	가정,결혼
영혼을 깨우는 예배 기도(사랑의 선물 시리즈 2)	이효상	5,000	대표기도
영혼을 깨우는 예배 기도(기도 시리즈 7)	이효상	8,500	대표기도
예배 그 이상의 예배	마커스 그린	10,000	예배

도서명	저자	정가	분류
예수님께 칭찬받고 싶었어요	문형순	11,000	간증
예수님의 12제자 비전	류영모	6,000	셀
예수님의 기도(기도 시리즈 17)	캔 헴필	6,500	기도
예수님이 시장이라면	밥 모피트	8,500	신앙일반
오늘날 세상에서 역사하시는 성령	제인 윌리엄스	10,000	성령
오늘날에도 귀신이 있나요?	김신호	11,500	영성
오늘은 당신에게 기적이 일어나는 날입니다	베니 힌	7,500	영성
오전 9시, 성령이 임하는 시간	에니스 J. 베넷	12,000	영성
온전한 치유를 위하여	폴라 쉴즈	7,000	치유
왕의 사역	리치 마샬	8,000	직장사역
왕의 사역 2	리치 마샬	9,500	직장사역
왜 예수님일까?	니키 검블	500	알파코스
왜 크리스마스일까?	니키 검블	500	알파코스
우리 가족 행복 매뉴얼	짐 번즈	13,500	가정,결혼
유머 자바라	심상철	8,000	유머,예화
유익한 삶	니키 검블	5,500	알파코스
율법의 늪에서 은혜의 바다로	류영모	5,800	설교집
은혜(하나님의 경이로운 선물)	셀린 휴즈	6,500	신앙일반
인생의 의문점들(최신개정판)	니키 검블	12,000	알파코스
일터의 하나님	켄 코스타	8,500	알파코스
잊혀진 다이너마이트	마이클 그린	9,800	신학
재미있는 믿음의 이야기	레베카 커링턴 (편저)	14,500	유머,예화
재생산하는 교회	김종환	17,000	교회성장
재키 플린저의 장벽을 부수고	재키 플린저	5,000	간증
전도자 하나님	데이비드 F. 웰스	7,000	전도
전인 치유 핸드북	조안 헌터	12,000	치유
족한 사랑	샌디 밀러	6,500	신앙일반
존 웨슬리의 소그룹 사역을 통한 제자 만들기	D. 마이클 헨더슨	10,000	소그룹
종말을 향한 카운트다운	토니 피어스	12,000	종말
좋은 책 속에 좋은 양식 있다	류영모	6,500	설교집
주기도문을 통한 영적 승리(기도 시리즈 10)	엘머 타운즈	9,000	기도
주의 성령을 거두지 마옵소서	제이미 버킹햄	12,000	영성
죽음이 우리를 갈라놓을 때까지(결혼을 위한 지침서 2)	J. 존	10,000	가정,결혼
지역 사회에서 마귀의 진을 헐라(기도용사 시리즈 3)	피터 와그너	7,000	기도
창조와 타락으로 본 구속사	강성구	10,000	신학
청소년 알파 지침서	조나단 브랜트	14,000	알파코스
치유 핸드북(개정 증보판)	찰스 & 프랜시스 헌터	10,000	치유
치유의 능력	조안 헌터	14,000	치유
치유의 방법	찰스 & 프랜시스 헌터	12,500	치유
치유의 임재	린 페인	13,500	치유
침례교의 정체성(개정판)	월터 B. 셔든	9,000	침례교
침례교인들은 무엇을 믿는가?	허쉘 홉즈	4,000	침례교
칼빈의 갈라디아서 강해(상)	존 칼빈	16,500	설교집

도서명	저자	정가	분류
칼빈의 갈라디아서 강해(하)	존 칼빈	16,500	설교집
칼빈의 신명기 강해 1	존 칼빈	15,000	설교집
칼빈의 신명기 강해 2	존 칼빈	18,000	설교집
칼빈의 신명기 강해 3	존 칼빈	18,000	설교집
칼빈의 신명기 강해 4	존 칼빈	18,000	설교집
크리스마스 메모리(개정판)	코리 텐 붐	5,000	성탄절
탈무드의 고급 유머	강문호	12,000	유머,예화
탈무드의 고급 유머 2	강문호	12,500	유머,예화
텅 빈 십자가	마이클 그린	14,000	신학
텅 빈 지옥 가득한 천국(본케 시리즈 5)	라인하르트 본케	16,000	전도
특별한 의문점들을 찾아서	니키 검블	5,500	알파코스
팀워크	주상지	9,000	교회행정
파이브 스타 교회(개정판)	스탠 툴러 외	13,000	교회성장
포스트모던 시대의 전도 알파코스	마이클 그린	11,000	알파코스
피리 부는 여인	사라 지 카르발류	10,000	간증
하나님 나라의 복음(개정판)	조지 앨든 래드	8,000	신학
하나님의 가슴앓이	류영모	11,000	설교집
하나님의 능력과 연결되는 믿음(본케 시리즈 3)	라인하르트 본케	14,000	전도
하나님의 능력에 놀라다	프랭크 디센소 주니어	12,500	영성
하나님의 병고치는 권세	켄 브루	7,000	치유
하나님의 음성 듣기	조이스 허기트	11,000	기도
하나님의 임재를 경험하는 예배(개정판)	잭 W. 헤이포드	13,000	예배
하나님의 치유의 법칙을 이해하라	오퐁 아모아벵	9,000	치유
하나님이 쓰신 책	제임스 맥도날드	8,500	성경읽기
하나님이 주신 것으로 승리하라	황정식	10,000	설교집
하나님이 지으신 이름	김영하	11,500	신앙일반
하나님이 찾으시는 사람	이영수	9,000	간증
하늘 문이 열리는 은혜	우바울	12,000	영성
하늘을 담는 사람	김영하	12,000	신앙일반
하늘이 땅을 침노할 때	빌 존슨	9,500	영성
힐링 터치	노마 디어링	9,000	치유
힘	류영모	9,000	설교집
C. S. 루이스 삶과 사랑	샘 웰만	11,500	신앙일반
C. S. 루이스와 필립 얀시의 보이지 않는 하나님을 찾아가는 여정	김병제	18,000	신학
EKG(교회 성장을 바라시는 하나님의 마음 소리)	장택수	11,500	신앙일반
I SAY I LOVE YOU 1	안미영	10,000	간증
I SAY I LOVE YOU 2	안미영	10,000	간증